www.standort-deutschland.com

Wirtschaftsstandort Nordrhein-Westfalen

Chancen und Perspektiven eines Landes

Opportunities and Prospects of a State

Europäischer Wirtschafts Verlag
Nordrhein-Westfalen
2002/2003

Sehr geehrte Damen und Herren,

Weltweit konkurrieren die Städte und Regionen heute um die Gunst von Investoren. Dabei wird es immer wichtiger, sich von anderen Wirtschaftsstandorten durch seine standorteigenen Vorteile positiv zu unterscheiden. Ganz vorn in diesem Wettstreit steht Nordrhein-Westfalen. Es ist das mit großem Abstand wirtschaftsstärkste Bundesland in Deutschland, mit rund 18 Millionen Einwohnern auch das bevölkerungsreichste. Hier werden 22 Prozent des deutschen Bruttoinlandprodukts erwirtschaft. Und auch der Anteil am addierten Bruttoinlandsprodukt aller 15 EU-Staaten ist mit etwa 10 Prozent beachtlich.

Diese Spitzenposition ist das Ergebnis eines beispielhaft gelungenen Strukturwandels. In Nordrhein-Westfalen ist der Umbau von einer klassischen Industrieregion zu einer Metropole von Wissenschaft, Wirtschaft und Kultur gelungen. Darauf schaut heute die ganze Welt. Nordrhein-Westfalen ist, wie schon oft in seiner Geschichte, ein Modell für die Modernisierung ganzer Regionen. Von Rhein und Ruhr aus ist Deutschland industrialisiert worden, die moderne Sozialpolitik machte hier ihre ersten Schritte und der Streit um den Schutz von Natur und Umwelt führte hier zu den ersten Ergebnissen.

Gewiss, politische Entscheidungen haben diesen Weg flankiert, auch geebnet, aber Motor des Wandels waren immer die Bürger und die Unternehmen des Landes. Mutige Männer und Frauen haben neue Industrien aus dem Boden gestampft, als die Wirtschaft dem globalen Wettbewerb angepasst werden musste. So traten an die Stelle traditioneller Wirtschaftszweige wie Kohle und Stahl neue Branchen mit attraktiven Arbeitsplätzen. Deshalb steht Nordrhein-Westfalen heute auch weltweit für Innovation. Hier werden gezielt die neuesten wissenschaftlichen und ökonomischen Erkenntnisse genutzt, um sich auf dem Weltmarkt zu behaupten. Immer neue Impulse kommen von den 52 Hochschulen, den 114 außeruniversitären Forschungseinrichtungen, den 69 Technologiezentren. So ist sicher: NRW bleibt auch im neuen Jahrhundert der besondere, attraktive Standort.

Dieses Buch will Ihnen das Land aus verschiedenen Perspektiven näher bringen. Es beleuchtet die wesentlichen wirtschaftlich relevanten Faktoren und portraitiert eine repräsentative Auswahl von in Nordrhein-Westfalen ansässigen Unternehmen. Außerdem vermittelt es einen Einblick in Kultur, Kunst, Geschichte und Landschaft.

Dieses in Zusammenarbeit mit dem Land Nordrhein-Westfalen entstandene Werk soll neben dem informativen und unterhaltenden Stellenwert auch eine praktische Aufgabe erfüllen. Es soll Kooperationen und neue Geschäftskontakte mit den in diesem Buch präsentierten Firmen und Ihnen als Leser dieses Werkes fördern.

Es ist wichtiger Bestandteil des Standardwerkes zu europäischen Wirtschaftsregionen und international auch im Internet unter „www.ebn24.com“ präsent.

Möglicherweise ist das Land Nordrhein-Westfalen ja auch Ihr „Unternehmensstandort der Zukunft“?!

Dear Reader

All over the world cities and regions are competing for the favours of investors, making it increasingly important to cast the advantages of their respective business locations in a positive light. North Rhine-Westphalia leads this competition, which, from an objective point of view, makes it the most economically powerful State in Germany. With its 18 million inhabitants it also the most densely populated. It produces 22 per cent of Germany's GNP and a remarkable 10 per cent of the combined GNP of 15 EU countries.

This lead is the result of a successful example of structural change. In North Rhine-Westphalia the conversion from a classical industrial region to a scientific, commercial and cultural metropolis has succeeded and today the whole world is looking on. As was often the case in its history North Rhine-Westphalia is a model for the modernisation of entire regions. The Rhine and the Ruhr were the centre of Germany industry, modern social policies took their first steps here and the controversy about the protection of nature and the environment led to the first moves being taken in this field. To be sure, this progress was assisted by decisions at political level, but the motor of change was always the people and the firms in this State. Courageous men and women stamped new industries out of the ground when the economy had to adapt to global competition, and new industries with attractive jobs took the place of traditional sectors such as coal and steel.

It is for this reason that North Rhine-Westphalia also stands for innovation today. This is where the latest scientific and economic knowledge are put to direct use in order to hold their own on the international market. The 52 universities and colleges of applied science, the 114 extra-mural research institutes and the 69 technology centres provide more and more new stimuli. One thing is certain – in this new century NRW will remain a special, attractive location.

This book is designed to better acquaint interested readers with North Rhine-Westphalia from a range of different perspectives. It illustrates key economic factors and profiles a representative selection of companies based here. It also provides a glimpse of the area's culture, art, history and countryside. Besides being a source of information and entertainment this book, which came into being in cooperation with the State of North Rhine-Westphalia, is designed to fulfil a practical function. It will promote cooperation and new business contacts with those firms presented here and with you, the reader. It is an important part of the standard work on German business regions and is also accessible internationally on the internet at „www.ebn24.com“.

Perhaps the State of North Rhine-Westphalia will also become your „business location of the future“ too?!

Christian Kirk
Managing Director of
MEDIEN GRUPPE KIRK AG

Wirtschaftsstandort Nordrhein-Westfalen
Business Location North Rhine-Westphalia

Christian Kirk Vorstandsvorsitzender der Medien Gruppe Kirk Holding AG	Vorwort Foreword	3
Wolfgang Clement Ministerpräsident des Landes Nordrhein-Westfalen	Zukunftsland NRW – neue Wege, neue Chancen, neues Handeln North Rhine-Westphalia: Heading towards the Future – going down new Paths, seizing new Opportunities, doing new Things	6
Ernst Schwanhold Minister für Wirtschaft und Mittelstand, Energie und Verkehr des Landes Nordrhein-Westfalen	NRW ist ein Land des Wandels – hier entsteht überall und ständig das Neue North Rhine-Westphalia in a constant State of Change – new Developments everywhere	14
Jörg Bickenbach Staatssekretär im Ministerium für Wirtschaft und Mittelstand, Energie und Verkehr des Landes NRW	Riesen-Markt als Standortvorteil – im Umkreis von 250 km leben 60 Millionen A giant Market as an Advantage of its Location – a Population of 60 Million whithin a Radius of 250 Kilometres	24
Petra Wassner Geschäftsführerin der Gesellschaft für Wirtschaftsförderung Nordrhein-Westfalen mbH	GfW Nordrhein-Westfalen – Global Business Partner GfW North Rhine-Westphalia – Global Business Partner	36
Heinz Lison Präsident der Unternehmensverbandsgruppe Ruhr-Niederrhein und Stellv. Präsident der IHK zu Essen, Mülheim und Oberhausen	„move" – Mittelstands-Offensive fördert Bewegung, Kreativität und Visionen "move" – a Job-Offensive by the medium-sized Sector of the Economy promotes Movement, Creativity and Vision in the Job Market	48
Hans-Joachim Peters Vorsitzender der Geschäftsführung der Flughafen Düsseldorf GmbH	Flughafen Düsseldorf International – Motor für Wirtschaft und Beschäftigung Düsseldorf International Airport – Motor for Business and Employment	54
Karlheinz Wismer Vorsitzender der Geschäftsführung der Messe Düsseldorf GmbH	Qualität sichern, Ideen fördern, neue Wege gehen – der Messestandort NRW Ensuring Quality, promoting Ideas, going down new Paths: North Rhine-Westphalia – the Trade Fair Location	66

Gabriele Behler Ministerin für Schule, Wirtschaft und Forschung des Landes Nordrhein-Westfalen	Vielfältigkeit, Exzellenz und reibungsloser Technologietransfer Variety, Excellence and smooth Technology Transfer	78
S. E. Issei Nomura Außerordentlicher und Bevollmächtigter Botschafter Japans in der Bundesrepublik Deutschland	Nordrhein-Westfalen – ein attraktiver Standort für ausländische Investoren Overseas Trade: North Rhine-Westphalia – an attractive Location for foreign Investors	88
Dr. Michael Vesper Minister für Städtebau und Wohnen, Kultur und Sport und stellvertretender Ministerpräsident des Landes Nordrhein-Westfalen	Ab in die Mitte! – Die City-Offensive NRW Boots and all! – North Rhine-Westphalia's Campaign	96
Hartmut Mehdorn Vorstandsvorsitzender der Deutschen Bahn AG	Bahnflächen NRW: Partnerschaftliche Entwicklungskonzepte Railway Property in North Rhine-Westphalia: Ideas for Development based on Partnership	104
Dr. Gabriela S. Jaworek Geschäftsführendes Vorstandsmitglied der Deutsch-Polnischen IHK in Warschau	Polen – traditioneller Handelspartner von Nordrhein-Westfalen Poland – a traditional Trading Partner of North Rhine-Westphalia	112
Dr. Ron Sommer Vorstandsvorsitzender der Deutschen Telekom AG	NRW-Schulen online: Weichenstellung für die Bildung in der Internet-Ära NRW-Schools Online: a Change of Direction for Education in the Age of the Internet	122
Evi Carola Ahrendt KPMG Essen	Good Citizens – Unternehmen werden zu Bürgern Good Citizens – Companies become Citizens	134
	Verzeichnis der vorgestellten Unternehmen List of Companies	142
	Impressum Imprint	144

Zukunftsland NRW – neue Wege, neue Chancen, neues Handeln

North Rhine-Westphalia: Heading towards the Future – going down new Paths, seizing new Opportunities, doing new Things

Landsmannschaftliche und landschaftliche Vielfalt, wirtschaftliche und industrielle Dynamik und soziale Stabilität, das sind die Kennmarken Nordrhein-Westfalens. Wir wollen sie auch in Zeiten von Strukturwandel und Globalisierung sichern und stärken. Dabei können wir uns auf eine breite Übereinstimmung in unserem Land stützen.

Nordrhein-Westfalen ist das mit großem Abstand wirtschaftsstärkste Bundesland in Deutschland. Rund 18 Millionen Einwohner erwirtschaften 22 Prozent des deutschen Bruttoinlandsprodukts und etwa 10 Prozent des Bruttoinlandsprodukts aller 15 EU-Staaten. Für diese Wirtschaftskraft gibt es gute Gründe

Einer dieser Gründe ist die zentrale Lage in der Mitte Europas. In einem Umkreis von 500 km um die Landeshauptstadt Düsseldorf leben fast 140 Millionen Einwohner. Das entspricht rund 40 % aller Verbraucherinnen und Verbraucher der EU. Nordrhein-Westfalen ist Teil eines seit Jahrhunderten eng verbundenen Kulturraums und eine der Kernregionen der Europäischen Union. Schon aus dieser Tradition sind wir ein weltoffenes Land, das mit einer sehr engmaschigen Straßen-, Schienen-, Wasserstraßen- und Telekommunikations-Infrastruktur, mit drei internationalen und weiteren drei überregional bedeutsamen Flughäfen eng mit seinen Nachbarländern verflochten ist. Die internationale Zusammenarbeit ist hierzulande schon seit Jahrzehnten tägliche Praxis.

Eine wichtige Rolle hat sicher auch die frühe und äußerst intensive Industrialisierung gespielt. Zugleich hat die Industrialisierung eine sehr gut qualifizierte, selbstbewusste Facharbeiterschaft hervorgebracht, die keine Probleme hat mit einer Wirtschaftspolitik, die auf die Zusammenarbeit aller für das Wirtschaftsleben Verantwortlichen

Mit weltweit rund 160 Flugzielen und 16 Millionen Passagieren jährlich ist Düsseldorf International nach Frankfurt und München der drittgrößte deutsche Verkehrsflughafen.

With some 160 air destinations around the world and 16 million passengers annually, Düsseldorf International Airport is the third-largest passenger airport in Germany after Frankfurt and Munich.

Wolfgang Clement

Der 1940 in Bochum geborene Autor studierte Rechtswissenschaften in Münster. Parallel dazu arbeitete er journalistisch, volontierte bei der Westfälischen Rundschau und war dort Redakteur. Nach einem Jahr als wissenschaftlicher Assistent am Institut für Prozessrecht in Marburg kehrte er 1968 wieder als Redakteur zur Westfälischen Rundschau zurück, wo er bis zum Stellvertretenden Chefredakteur aufstieg. Ab 1987 leitete er knapp zwei Jahre als Chefredakteur die Hamburger Morgenpost, bis er 1989 als Chef der Staatskanzlei in die Politik und nach NRW zurückkehrte. 1995 übernahm er die Leitung des Ministeriums für Wirtschaft und Mittelstand, Technologie und Verkehr von NRW. Seit Mai 1998 ist Wolfgang Clement Ministerpräsident des Landes Nordrhein-Westfalen.

The author, who was born in Bochum in 1940, studied Law at the University of Münster. At the same time he worked as a journalist, doing a traineeship at the Westfälische Rundschau (Westphalian News) newspaper, finally becoming an editor. After a year as a research assistant at the Institute of Trial Law in Marburg he returned to the Westfälische Rundschau in 1968 a an editor, where he rose to be Deputy Chief Editor. From 1987 he was Chief Editor of the Hamburger Morgenpost (Hamburg Morning Post) for not quite two years, when he returned to North Rhine-Westphalia and entered politics as Head of the State Chancellery of the State Government. In 1995 he took over as Head of the State Ministry of Commerce and Middle-Sized Industry, Technology and Transport in North Rhine-Westphalia. Wolfgang Clement has been State premier of the State of North Rhine-Westphalia since May 1998.

Different types of people, different landscapes, a dynamic economy an industrial base and social stability - these are the hallmarks of the State of North Rhine-Westphalia. In these times of structural change and globalisation we want to strengthen it and make it safe. In doing this we can count on the support of the population. Seen objectively, North Rhine-Westphalia is the State with the strongest economy in Germany. Some 18 million people produce 22 % of Germany's gross domestic product and about 10 % of the g. d. p. of 15 of the EU member-states. There are good reasons for this economic strength.

One of these reasons is our position in the geographical centre of Europe. Almost 140 million people live within a radius of 500 km around the State Capital Düsseldorf. That corresponds to some 40 % of all consumers in the EU. North Rhine-Westphalia is part of a centuries-old cultural region and one of the central regions of the European Union. By virtue of this tradition alone we are a cosmopolitan State, linked to the neighbouring countries by a very finely-meshed road, rail, water and telecommunications network, three international airports and three further regional airports. International cooperation here has been daily practice for decades.

There is no doubt that early and extremely intensive industrialisation played an important role. At the same time this industrialisation produced a very well-educated, confident labour force which has no problem with economic policies directed at the cooperation of everybody for successful economic existence. The Ruhr Valley was one of the world's largest hard coal mining and iron and steel centres. In other regions of the State there was and is a strong tradition of mechanical engineering, an efficient chemical industry and car manufacturing, together with related downstream and upstream industries. Still other areas in the State with processing industries have been able to retain their rural character and the distinct structure of a medium-sized industry sector. So North Rhine-Westphalia consists of many, very differently-structured areas that fit together to a harmonic whole - if one overlooks the well-known rivalry between Rhinelanders, Westphalians and the people from the Lippe region.

Another reason for the region's economic power is that in the North Rhine-Westphalia of today, there is much emphasis given to research and development. Fifty-two universities with over 500,000 students, 114 extra-mural research institutes, 69 technology centres and 31 technology transfer centres ensure constantly new stimuli, which result in new products and processes. Located in an area of some 34,00 km^2 - relatively small when compared to other European countries - is the most densely populated scientific and research landscape in Europe.

These reasons are also a deciding factor in the successful structural change that North Rhine-Westphalia went through in the last few years and which is still continuing. In 1970 some 42 % of the State's labour force was employed in the service sector; today it is some 69 %. This process is being continued on within the worldwide transition from the industrial society to the service-oriented knowledge society. In addition, every company and region will have to adapt to the increasing worldwide network with the help of modern communication and information media. In North Rhine-Westphalia we must help shape these developments and expand on the leap ahead in the wake of the changing international division of labour.

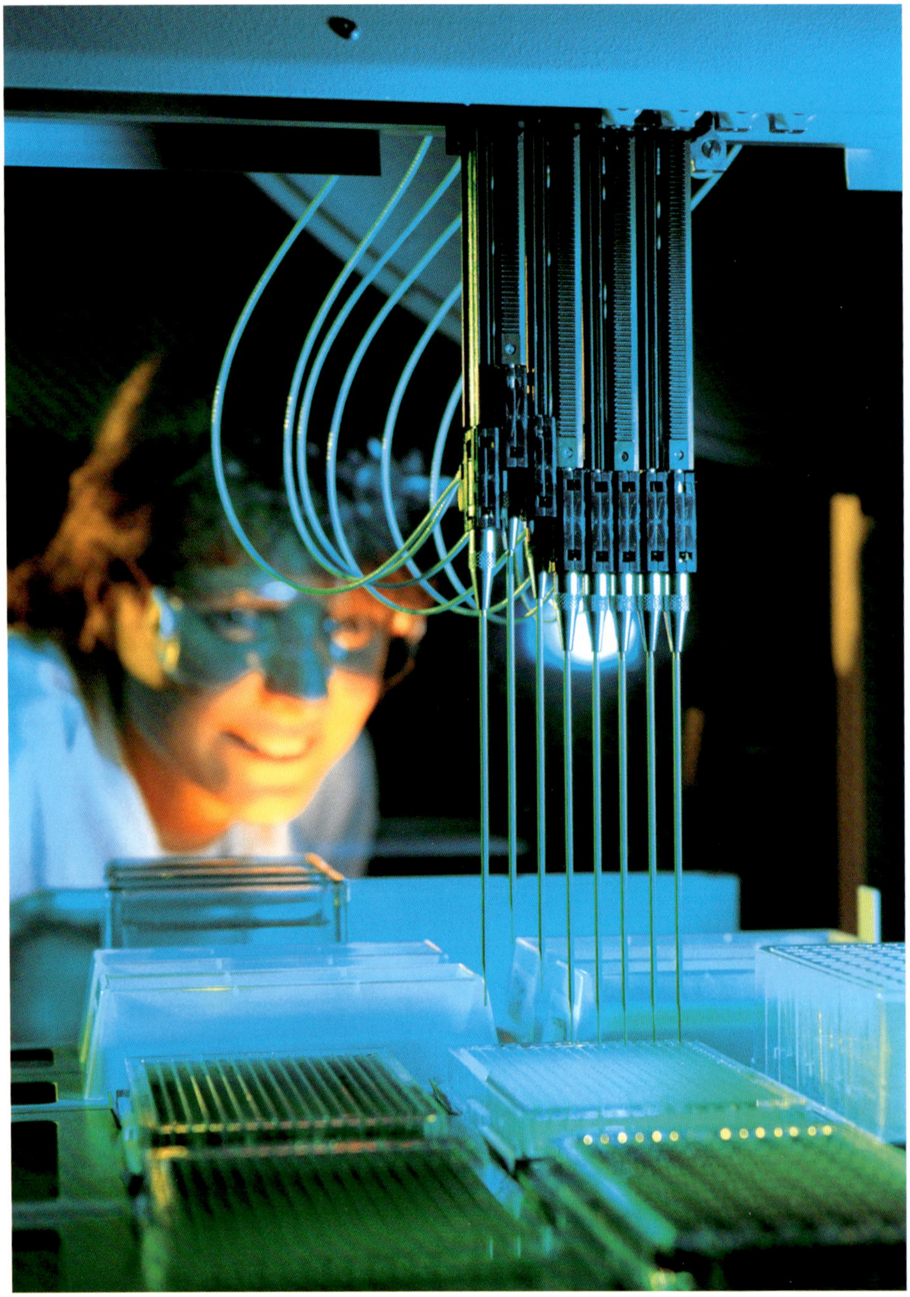

NRW verfügt über die dichteste Wissenschafts- und Forschungslandschaft Europas.

NRW has the largest scientific and research landscape in Europe.

gerichtet ist. Das Ruhrgebiet war eines der weltweit größten Zentren des Steinkohlenbergbaus und der Eisen- und Stahlindustrie. In anderen Regionen des Landes gab und gibt es traditionell einen starken Maschinenbau, eine leistungsfähige chemische Industrie oder den Automobilbau mitsamt vor- und nachgelagerter Bereiche. Wieder andere Teilregionen des Landes haben ihren ländlichen Charakter mit weiterverarbeitendem Gewerbe und einer ausgeprägten mittelständischen Struktur bewahren können.

Nordrhein-Westfalen besteht also aus vielen, ganz unterschiedlich strukturierten Räumen, die sich zu einem harmonischen Ganzen zusammenfügen, wenn man einmal von den bekannten Rivalitäten zwischen Lippern, Rheinländern und Westfalen absieht.

Ein weiterer Grund für die Wirtschaftskraft des Landes ist, dass im heutigen Nordrhein-Westfalen Forschung und Entwicklung groß geschrieben werden. 52 Hochschulen mit über 500.000 Studierenden, 114 außeruniversitäre Forschungseinrichtungen, 69 Technologiezentren und 31 Technologietransferstellen sorgen für stetig neue Impulse, die sich in neuen Produkten und Verfahren positiv auswirken. Auf einer mit rund 34.000 Quadratkilometern im Vergleich zu anderen europäischen Ländern relativ kleinen Fläche ist das die dichteste Wissenschafts- und Forschungslandschaft Europas.

Diese Gründe sind auch maßgeblich für den Erfolg bei dem Strukturwandel, den Nordrhein-Westfalen in den letzten Jahren durchlebt hat und in dem es weiterhin steht. 1970 waren erst rund 42 Prozent der Erwerbstätigen im Dienstleistungssektor tätig, heute sind es rund 69 Prozent. Dieser Prozess innerhalb des sich weltweit vollziehenden Übergangs von der Industrie- zur dienstleistungsorientierten Wissensgesellschaft wird weitergehen. Außerdem wird sich jedes Unternehmen, jede Region auf die zunehmende weltweite Vernetzung mit Hilfe moderner Kommunikations- und Informationsmedien einstellen müssen. Wir haben in Nordrhein-Westfalen den Ehrgeiz, diese Entwicklungen aktiv mitzugestalten und den auf diesem Gebiet erreichten Vorsprung im Zuge der sich verändernden internationalen Arbeitsteilung noch auszubauen.

Bei den TIME-Industrien – Telecommunications, Information technology and Internet business, Media, Entertainment – nimmt Nordrhein-Westfalen heute einen Platz in der europäischen Spitzengruppe ein. Global Players der Telekommunikation haben ihren Sitz in Nordrhein-Westfalen; in ihrem Sog und in dem des großen, aufnahmebereiten Marktes zwischen Rhein und Weser sind Tausende kleiner und mittelständischer Dienstleistungsunternehmen entstanden. Auch das Internet hat für einen wahren Gründungsboom in unserem Land gesorgt; über 10.000 Software-Unternehmen mit über 100.000 Beschäftigten gibt es inzwischen in Nordrhein-Westfalen. In den vergangenen fünf Jahren hat sich die Zahl der Software-Häuser mehr als verzehnfacht. Nordrhein-Westfalen hat damit die höchsten Zuwachsraten in Deutschland. Die Umsätze im E-Commerce werden sich im Laufe des Jahres 2002 voraussichtlich auf fast 90 Mrd. Euro verdoppeln.

In der Medien- und Kommunikationswirtschaft unseres Landes finden heute rund 300.000 Beschäftigte einen zukunftsfesten Arbeitsplatz. Aber es kommt nicht auf die Dynamik dieses Sektors allein an, denn von den neuen technischen Erkenntnissen, die hier entstehen, gehen Impulse für Gründungen in vielen anderen Bereichen aus, aber auch für die Modernisierung der traditionellen Branchen und ihre Durchdringung mit den neuen Technologien.

Als zweites, noch junges, aber überaus dynamisches Kompetenzfeld entwickeln sich in Nordrhein-Westfalen die Life Science-Industrie und die

In the "TIME" industries (telecommunications, information technology/internet business, media, entertainment) North Rhine-Westphalia is taking its place among the European leaders where many global players in telecommunications are based. Thousands of small and medium-sized service companies in the large, receptive market between Rhine and Weser have sprung up in their wake. Even the internet has ensured a real start-up boom in our State – there are now over 10,000 software companies with over 100,000 employees in North Rhine-Westphalia. In the past five years the number of software firms has grown more than tenfold. North Rhine-Westphalia thus has the highest growth-rate in Europe. E-commerce sales will probably double to almost 90 thousand million Euros in the course of 2002.

In our State's media and communications sector today some 300,000 employees have "future-proof" jobs. But it is not a matter of the dynamism of this sector alone, because from the latest technical knowledge that originates here, new impulses for start-ups go out to many other areas

Einige Regionen des Landes haben ihren ländlichen Charakter bewahren können.

Some regions in the State have been able to retain their rural character.

Zeugen der frühen und intensiven Industrialisierung Nordrhein-Westfalens.

Witnesses of North Rhine-Westphalia's early and intensive industrialisation.

mit ihr verbundenen Dienstleistungen. Auf der Angebotsseite ist der wissenschaftlich-technische Fortschritt – etwa die Entschlüsselung des menschlichen Genoms – dafür verantwortlich, auf der Nachfrageseite der Anstieg des durchschnittlichen Lebensalters und auch das wachsende Gesundheitsbewusstsein der Bevölkerung. Medizintechnik, Pharmakologie und Ernährungswirtschaft, die Bio- und Gentechnologien einschließlich der Stammzellenforschung, die Neurowissenschaften und die Mikro- und Nanosystemtechnik sind schon heute wichtige Wachstumsträger oder werden es in absehbarer Zeit sein. Nordrhein-Westfalen verfügt hier mit seinem engmaschigen Hochschul- und Forschungsnetzwerk und seiner schon heute hohen Zahl an jungen Unternehmen über eine solide Ausgangsbasis. So hat erst kürzlich die Boston Consulting Group die „BioRegio Rheinland" in einem Ranking an die Spitze in Deutschland gesetzt. Die Landesregierung hat dazu mit ihren Management-, Förder- und Moderationsangeboten beigetragen.

Die genannten Technologiefelder werden im allgemeinen der „New Economy" zugerechnet; ich halte diesen Begriff allerdings für irreführend, weil er die technischen und organisatorischen Fortschritte anderer Teile der Wirtschaft ignoriert. Tatsächlich sind die Eisen- und Stahlindustrie, die Automotive-Branche, die chemische Industrie oder der Maschinenbau einem ständigen Modernisierungsprozess unterworfen, der ihre in Deutschland und in Nordrhein-Westfalen ohnehin hohe internationale Konkurrenzfähigkeit weiter steigert. So haben beispielsweise der Braun- und der Steinkohlenbergbau hierzulande eine hocheffiziente Kraftwerkstechnologie und einen weltweit führenden Maschinen- und Anlagenbau entstehen lassen; das Kompetenzfeld Energiewirtschaft umfasst inzwischen auch die Solarwirtschaft – mit der größten Solarzellenfabrik Europas in Gelsenkirchen – und die Brennstoffzellentechnologie einschließlich aller Produktionsstufen von der Forschung über die industrielle Fertigung und den Handel bis hin zu den damit verbundenen Finanzdienstleistungen.

In einer der am dichtesten besiedelten, ökonomisch dynamischsten Regionen Europas ist es besonders wichtig, die verkehrliche Infrastruktur weiter zu entwickeln und die Mobilität zu gewährleisten. Bundesfern- und Landesstraßen werden mit Hochdruck ausgebaut und noch vorhandene Lücken geschlossen. Das Autobahnnetz wird auf besonders frequentierten Strecken sechs- oder sogar achtspurig optimiert. Weiter zu verbessern ist aber auch die Infrastruktur der Verkehrsflughäfen und der Wasserstraßen und das Schienennetz. Die Reaktivierung bzw. der Neubau der Bahnverbindungen zwischen den Häfen von Rotterdam und Antwerpen und dem Ruhrgebiet ist ein weiterer Impuls für die starke, aber noch ausbaufähige Logistikbranche in Nordrhein-Westfalen. Dazu kommt es darauf an, neue Verkehrsträger und -techniken zu entwickeln. Mit dem MetroRapid wollen wir, zunächst zwischen Dortmund und Düsseldorf, ein neues, sehr schnelles und zugleich umweltfreundliches Nahverkehrssystem schaffen. Die Magnetschwebebahn ist eine Technologie der Zukunft, die wir in unserem Land in die Gegenwart holen wollen. Wie bei jeder neuen Verkehrstechnologie ist es auch hier wichtig, die Knotenpunkte zwischen den einzelnen Verkehrsträgern und damit die Effizienz des gesamten Systems zu optimieren.

Der Metro-Rapid – die künftige schnelle Verbindung zwischen Düsseldorf und Dortmund.

The Metro-Rapid – the future high-speed connection between Düsseldorf and Dortmund.

Vergleichende Studien über den Bildungsstand von Schülerinnen und Schülern belegen die Not-

and into the modernisation of traditional sectors and their penetration with the new technologies.

The life sciences and related services in North Rhine-Westphalia are developing as a second, still young but thoroughly dynamic area of competence. Responsible for this on the supply-side is scientific-technical progress – the decoding of the human genome, for example; on the demand side

The above-mentioned areas of technology are generally classified as being part of the "New Economy". However I consider this concept to be misleading because it ignores the technical and organisational progress of other parts of the economy. In fact, the iron and steel industry, the automobile manufacturing industry, the chemical industry or mechanical engineering are subject to a constant process of modernisation that con-

ways are being expanded at top speed and currently existing gaps are being closed. The autobahn network is being expanded to take six or even eight lanes on particularly high-use stretches. The airports, the railways and inland waterways are also in line for improvement. The reactivation of and the construction of a new railway line between Rotterdam and Antwerp and the Ruhr Valley is further impetus for the well-deve-

Die 14 außeruniversitären Forschungseinrichtungen sorgen stetig für neue Impulse.

The 14 extra-mural research institutes constantly make new stimuli in science possible.

it is due to the increase in average life-expectancy and the increasing awareness of personal health in the population. Medical technology, pharma-cology, the food industry, biological and genetic technology, including stem-cell research, neurological sciences and micro- and nano-system technology are already important growth-areas or will be in the near future. North Rhine-Westphalia, with its dense network of universities and research institutes and its already a large number of young entrepreneurs, has made a solid start available in this direction. For example the Boston Consulting Group recently awarded the "BioRegio Rheinland" (the Rhineland Biological Science Region) third place in Germany. The State Government has contributed to this with it assistance in management, subsidies and moderation.

tinues to increase their international competitiveness, which is high in Germany and in North Rhine-Westphalia anyway. For example the hard coal and lignite industries have given rise to highly efficient power station technology and an internationally leading mechanical and plant engineering industries. The area of competence of the energy sector, with Europe's largest solar cell factory in Gelsenkirchen, now also includes the solar energy sector and fuel cell technology including all stages of production from research to production and sales to related financial services.

In one of the most densely populated, economically dynamic regions in Europe it is particularly important to develop the transport infrastructure and to guarantee mobility. Federal and State high-

loped but expandable logistics network in North Rhine-Westphalia.

It also depends on developing new transport modes and techniques. With the MetroRapid we will be creating a new, very fast and yet environmentally friendly commuter rail system starting with Dortmund and Düsseldorf. The magnetic monorail is a technology of the future that we want to bring our State into the present. As with every new technology it is also important here to improve the connections between individual transport modes and hence the efficiency of the whole system.

Comparative studies on the level of education of school pupils prove the necessity to improve our

Die Pharmakologie ist ein wichtiger Wachstumsträger des Landes, hier eine Luftaufnahme der Bayer Werke AG.

Pharmacology is an important source of growth in the State. Here is a bird's-eye view of the Bayer Werke AG.

wendigkeit, unser Bildungs- und Weiterbildungssystem zu verbessern. Die Ausbildung und Qualifikation der Menschen ist ein Wert an sich, aber auch ein wirtschaftlicher Standortfaktor von zentraler Bedeutung. Was diese wirtschaftliche Seite der Qualifikation anbetrifft, so gilt es, die Angebote noch mehr auf den Trend zur dienstleistungsorientierten Wissensgesellschaft auszurichten. Das bedeutet zugleich höchste Priorität für die breite allgemeine und berufliche Grundbildung, verbunden mit differenzierten, wirtschaftsnahen Qualifizierungsangeboten auf höchstem Niveau.

An der Bildungs- und Qualifizierungspolitik wird besonders deutlich, dass wir die wirtschaftliche Modernisierung des Landes nicht als isolierte Aufgabe jeweils der Wirtschafts-, Struktur-, Technologie- oder der Infrastrukturpolitik angehen dürfen. Vielmehr kommt es darauf an, die einzelnen Felder der Wirtschaftspolitik, der Bildungs-, Forschungs- und Wissenschaftspolitik, der Energie-, Verkehrs- und Arbeitsmarktpolitik bis hin zur Städtebau-, Sport- und Kulturförderung miteinander in konkreten Projekten zu kombinieren. Das gleiche gilt für die Programme der EU-Strukturförderung und für die Entwicklungskonzepte von Initiativen in den Teilregionen des Landes.

Nicht nur die Entwicklung des Wirtschaftsstandortes NRW ist das Ziel unserer Politik, sondern das ganze Land als Raum zum Arbeiten und Leben, zum Lehren und Lernen, zum Forschen und Feiern. So wollen wir beispielsweise mit der Ruhr-Triennale ein kulturelles Angebot der Extraklasse schaffen, das für die Menschen im Ruhrgebiet und für die touristische Attraktivität der Region ein Glanzlicht setzt. Damit tragen wir den wachsenden Ansprüchen der Bürgerinnen und Bürger an ihr urbanes Umfeld Rechnung, aber auch dem Bedarf von Dienstleistungsunternehmen mit hoher Wertschöpfung.

Eine solche Strukturpolitik stellt hohe Anforderungen an die Zusammenarbeit aller Verantwortlichen. Die Strukturpolitik des Landes setzt seit langem darauf, die Eigenkräfte der Bürgerinnen und Bürger und der Regionen zu mobilisieren und in enger Zusammenarbeit mit den anderen Akteuren in der Wirtschaft, in den Gewerkschaften und in den Verwaltungen Hindernisse aus dem Weg zu räumen, die der Entfaltung dieser Eigenkräfte entgegenstehen. Als Beispiel nenne ich unsere Mittelstandsoffensive. Entstanden im nordrhein-westfälischen Bündnis für Arbeit, Ausbildung und Wettbewerbsfähigkeit NRW konzentriert sie sich unter anderem darauf, die Zusammenarbeit zwischen mittelständischen Unternehmen und der öffentlichen Verwaltung zu verbessern. Die öffentlichen Hände müssen nicht unbedingt mehr tun und die Wirtschaft mehr fördern, aber sie müssen ihre Aufgaben effektiver wahrnehmen und dem Mittelstand gezielter helfen. Wir haben in Nordrhein-Westfalen eine gute Verwaltung; wir werden eine noch bessere bekommen. Aber auch die beste Verwaltung, die beste Politik kann und will den Unternehmen nicht ihre unternehmerische Entscheidung abnehmen. Politik und Verwaltung können Hemmnisse beseitigen auf dem Weg zu mehr Wachstum, Innovationen und Arbeitsplätzen. Genau das ist Ziel der Mittelstandsoffensive NRW.

International operierende Großunternehmen, ein agiler, starker Mittelstand, Bündnispartner, die nach Gemeinsamkeiten suchen, Ausbildungs- und Forschungsstätten auf höchstem Niveau, eine hervorragend entwickelte Kommunikations- und Verkehrsinfrastruktur und eine bürger- und wirtschaftsnahe, effektive und effiziente öffentliche Verwaltung – wir haben in Nordrhein-Westfalen beste Voraussetzungen, nicht nur das Zentrum im Westen zu bleiben, sondern gemeinsam mit unseren europäischen Nachbarn eine wirtschaftliche Erfolgsregion zu werden. ■

education and further education system. Training and qualifications for people is a good in itself, but it is also an economic location factor of central importance. As far as the economic side of qualifications, i. e., their application to the job market, is concerned, courses must be more oriented to the services-oriented knowledge society. At the same time that means top priority for the broad general and vocational basic education connected with a wide variety of top-level, job-related courses.

A look at education and qualifications policies makes it particularly clear that we must tackle the economic modernisation of this State not as an isolated exercise of economic, structural, technological or infrastructure policy. It is more a question of combining individual areas of economic policy, educational, research and science policy or energy transport and labour market policies right up to sport and cultural support with each other in concrete projects.

The same applies to the European Union's structural support programmes and to the development concepts of schemes in some areas of the State. The goal of our policies is not only the development of North Rhine-Westphalia as a place to do business, but the whole State as somewhere to live and work, teach and learn, to do research and have fun. For example we want to use the Ruhr Triennial to create special types of cultural activities for the people in the Ruhr Valley that puts the spotlight on the region's tourist attractions and on the people living there. We are thus taking into account for the peoples' growing demands on their urban environment but also for the requirements of service companies which create a high degree of value.

Such structural policies make big demands assist on the cooperation of all those involved. The State's structural policies have long banked on mobilising the strength of the population and the region and, with the close cooperation of business, the trade unions and the Public Service, getting rid of barriers that stand in the way of the unleashing of these strengths. An example is our campaign for the middle-sized business sector. With its origins in North Rhine-Westphalia's Alliance for Employment, Education and Competition, NRW is concentrating on improving the cooperation between medium-sized companies and the Public Service. The State Government does not necessarily have to do more or support business more, but it must perform its tasks more effectively and help medium-sized companies more directly.

In North Rhine-Westphalia we have a good Public Service and we will be getting an even better one. But even the best public administration system or the best policies cannot and will not make companies' decisions for them. Government and the Public Service can get rid of obstacles on the way to more growth, innovation and jobs. And that is precisely the aim of North Rhine-Westphalia's campaign for medium-sized business sector.

Internationally operating firms, an agile, strong medium-sized business sector and partners in Government looking for common interests, top-level educational and research institutes, an excellent communications and transport infrastructure and a people- and business-friendly, effective and efficient Public Service – in North Rhine-Westphalia we have the best prospects for not only remaining the centre of Western Europe but, together with our European neighbours, become a successful economic region. ■

Nordrhein-Westfalen ist auch das Land innovativer, umweltfreundlicher Technologien, hier die Shell-Solarzellenfabrik in Gelsenkirchen.

North Rhine-Westphalia is also a State of innovative, environmentally friendly technologies. Here is the Shell company's solar cell factory in Gelsenkirchen.

NRW ist ein Land des Wandels – hier entsteht überall und ständig das Neue

North Rhine-Westphalia is a constant State of Change – new Developments everywhere

Bürger, Unternehmen und Politik nehmen die Herausforderungen der modernen Welt, wie wir sie tagtäglich in den Prozessen der technischen, ökonomischen und sozialen Veränderungen erleben, mit Optimismus an. Wir in Nordrhein-Westfalen sind bereit, die Chancen in eigener Initiative zu nutzen, aber auch die Risiken in solidarischer Verantwortung gemeinsam zu tragen.

Wir wissen damit umzugehen, weil hier die Gestaltung der Zukunft immer schon Tradition gehabt hat: Von hier aus ist Deutschland industrialisiert worden, hier ist die moderne Sozialpolitik ebenso erfunden und erprobt worden wie der Umweltschutz, hier ist der Umbau von einer klassischen Industrieregion zu einer Metropole von Wissenschaft, Wirtschaft und Kultur gelungen, hier sind die Erfahrungen gemacht worden, die nun überall in der Welt genutzt werden, wenn es darum geht, ganze Regionen zu modernisieren.

Das Land Nordrhein-Westfalen ist dabei gerade in den vergangenen Jahrzehnten auch einen langen und oft schmerzhaften Weg des Strukturwandels gegangen: Wie in kaum einer anderen Region sind hier von den Bürgern und Unternehmen gewaltige Leistungen für den Aufbau des Wohlstandes in ganz Deutschland, dann aber auch in der notwendigen Anpassung an die Bedingungen des globalen Wettbewerbs erbracht worden. Neue Unternehmen und Industrien sind an die Stelle der traditionellen Wirtschaftszweige getreten und haben neue Arbeitsplätze mit neuen Qualifikationen geschaffen.

Neue Herausforderungen

Die Wirtschafts- und Verkehrspolitik des Landes hat in den vergangenen Jahren ihren Teil dazu beigetragen, dass dafür die notwendigen Voraussetzungen in der Infrastruktur und bei den Rahmenbedingungen geschaffen worden sind. Die

Stadttor Düsseldorf – Sitz des Ministerpräsidenten.

Düsseldorf's city gate – the Seat of the State Premier.

Ernst Schwanhold

Der Autor, geboren 1948 in Osnabrück, studierte Verfahrenstechnik Chemie mit dem Abschluss als Diplomingenieur. Bis 1990 war er Prokurist und Betriebsleiter in einem mittelständischen Unternehmen. Mitglied des Bundestages war Ernst Schwanhold von 1990 bis 2000, in der 12. und 13. Wahlperiode Vorsitzender der Enquete-Kommission „Schutz des Menschen und der Umwelt", von 1995 bis 1998 wirtschaftspolitischer Sprecher der SPD-Bundestagsfraktion und Mitglied des Fraktionsvorstandes, von 1998 bis 2000 stellvertretender Vorsitzender der SPD-Bundestagsfraktion. Von Februar bis Juni 2000 war er Minister für Wirtschaft und Mittelstand, Technologie und Verkehr des Landes Nordrhein-Westfalen. Seit Juli 2000 ist Ernst Schwanhold Minister für Wirtschaft und Mittelstand, Energie und Verkehr des Landes Nordrhein-Westfalen.

The author was born in Osnabrück in 1948. He studied process technology and chemistry and graduated as an engineer. Until 1990 he has company power of attorney and was plant manager in a middle-sized company. Ernst Schwanhold was a member of the Germany Bundestag (Lower House of Parliament) from 1990 to 2000. He was Chairman of the Commission of Enquiry on the Protection of Humans and the Environment in the 12th and 13th parliamentary sessions from 1998 to 2000. From 1995 to 1998 he was Commerce Spokesman of the SPD Party in the Bundestag and member of the party's parliamentary leadership. From February to June 2000 he was Minister of Commerce and the Medium-Sized Business Sector, Technology and Transport in the State of North Rhine-Westphalia.

The people, the business sector and politics accept the challenges of the modern world that they experience day by day in the processes of technical, economic and social change with optimism. In North Rhine-Westphalia we are not only prepared to use these opportunities on our own initiative but also to bear the risks together in solidarity and with a sense of responsibility.

We know how to cope with them because this is where shaping of the future has always been a tradition. This is the cradle of the German industrial state, this is where its modern social policies and environmental protection were born and tested, this is where a classical industrial region was transformed into a metropolis of science, commerce and culture, this is where we've been through those things now done all over the world in terms of modernising whole regions.

North Rhine-Westphalia has just gone down that long and often painful trail of structural change in the last few decades. Unlike almost no other region, the people and the commercial sector have achieved great things in building up Germany's prosperity and made the necessary adjustments to the conditions of global competition. New companies and industries have taken the place of traditional commercial sectors and have created new avenues of employment with new sorts of qualifications.

New Challenges

The State's business and transport policies of the last few years have contributed to the creation of the necessary requirements in infrastructure and basic business conditions. But the people of North Rhine-Westphalia have also found out that the processes of change and the modernisation in business and society progress constantly, that

Mediapark in Köln, Heimat von „Eins Live“.

Cologne's Media Park, home of „Eins Live“.

Menschen in Nordrhein-Westfalen haben aber auch erfahren, dass die Prozesse der Veränderung und der Modernisierung in Wirtschaft und Gesellschaft stetig fortschreiten, dass auf neue Herausforderungen auch immer wieder neue Antworten gefunden werden müssen. Die „Neue Wirtschaft NRW" so zu entwickeln und zu gestalten, dass sie sich immer wieder aufs Neue auf den globalen Märkten behaupten kann, ist eine ständige Aufgabe für Unternehmen, Beschäftigte und die Politik.

Zeugen der Vergangenheit in NRW.

Witness of the past in NRW.

Zur „Neuen Wirtschaft NRW" gehört, wer sich mit seinen Produkten und Dienstleistungen im Wettbewerb auf den Märkten bewährt; und auf den Märkten bewährt sich, wem es gelingt, durch Dienstleistung, Innovation, Globalität und Mobilität seine Qualität und den Nutzen für den Kunden zu steigern. Damit sind auch die Schwerpunkte der Wirtschafts- und Verkehrspolitik in den kommenden Jahren beschrieben: Es wird darum gehen, die Stärken und Kompetenzen von Unternehmen und Beschäftigten vor allem in der Orientierung auf die globalen Märkte weiter auszubauen. Es wird darum gehen, in Nordrhein-Westfalen selbst den Wettbewerb um die besten Ideen, die besten Projekte, die besten Ergebnisse zu fördern, um auf diese Weise die Chancen von Strukturwandel und Modernisierung am besten im Interesse der Menschen in unserem Lande nutzen zu können.

Die Politik ist heute mehr denn je darauf angewiesen, dass die Menschen in eigener Inititative und Verantwortung entscheiden und handeln. Die Aufgabe der Politik bleibt es, möglichst viele Menschen zu einem solchen Handeln zu motivieren und zu befähigen, damit sie selbst, den eigenen Bedürfnissen und Interessen folgend, zwischen Chancen und Risiken abwägen können. Dazu braucht die Politik Partner und Verbündete in allen gesellschaftlichen Bereichen: Die „Neue Wirtschaft NRW" ist auch geprägt durch Netzwerke und enge Zusammenarbeit zwischen Wissenschaft und Wirtschaft, zwischen Dienstleistung und Industrie, zwischen den Unternehmen in den neuen Wertschöpfungsketten. Nur wer diese Kooperation in immer neuen Formen organisieren kann, wird den Wettbewerb auf den globalen Märkten bestehen können. Die Politik in Nordrhein-Westfalen wird dazu ihre über die Jahre hinweg gesammelten Erfahrungen im Aufbau und in der Moderation von Netzwerken bereitstellen.

Die Aufgaben von Politik und Staat müssen sich einer Welt anpassen, in der sich die Märkte globalisieren und liberalisieren, die technische Entwicklung sich beschleunigt und auch die Werte und Verhaltensweisen der Menschen sich verändern. Die Wirtschafts- und Verkehrspolitik in Nordrhein-Westfalen stellt sich dieser Herausforderung, indem auch sie ständig Wirkung und Erfolge der Projekte, Instrumente und Programme überprüft und an die neuen Bedingungen anpasst. Sie bietet dazu den Dialog und die Kooperation mit allen an, die sich durch ihr eigenes Handeln und ihren eigenen Beitrag an der Modernisierung von Wirtschaft und Gesellschaft in unserem Land beteiligen wollen.

Wir wollen weder Menschen noch Unternehmen damit allein lassen. Deshalb sind wir dabei, unsere Leistungen entsprechend zu bündeln. Wir haben diese Zielsetzungen unter die Axiome Global. NRW, Innovativ. NRW, Dienstleistung. NRW und Mobil. NRW gestellt und ihnen die Überschrift „Neue Wirtschaft NRW" gegeben.

„Neue Wirtschaft NRW" stellt den übergreifenden Ansatz für unsere Wirtschafts- und Verkehrspolitik der kommenden Jahre dar. Sie ist kein Synonym für „New Economy". Uns geht es um die Modernisierung der gesamten Wirtschaft. Uns ist dabei bewusst, dass die Internet-Wirtschaft Motor und Beschleuniger der Modernisierung auch in der „Old Economy" ist. Aber es gilt auch, dass ohne die Herstellung von Waren in der „New Economy" nichts verkauft würde. Ich will mich deshalb auch bewusst nicht an den Sprachspielen über die „New Economy" oder die „Old Economy" beteiligen, das ändert sich ohnehin jeden Tag. Für mich jedenfalls ist die Zuordnung ganz klar und einfach: Wer sich im Wettbewerb auf den Märkten bewährt, gehört zur Neuen Wirtschaft – und wer das nicht schafft, verschwindet ohnehin ganz schnell von den Märkten, ganz gleich, ob er Nägel produziert hat oder im Internet Handel treibt.

Wissenschaftspark Gelsenkirchen.

Gelsenkirchen's Science Park.

Fortbildungsakademie des NRW-Innenministeriums „Mont-Cenis“ in Herne.
NRW's Academy of Professional Continuing Education of the NRW Ministry of the Interior.

new answers must be found for new challenges. To develop and shape the "New Economy NRW" in such a way that it can always hold its own in the markets of this world again and again is a constant task for business, employees and politicians.

"New Economy NRW" is made up of those who can hold their own with their products and services in competition with others in the market; and in the market only those who can increase their quality and use for the customer through innovation, service, a global presence and mobility, will hold their own. This describes the emphases of economic and transport policies in the coming years – it will be a matter of further expanding the strengths and competence of companies and employees, especially in orientation on the global market. In North Rhine-Westphalia it will be a matter of supporting competition for the best ideas, the best projects and the best results in order to best use the opportunities afforded by structural change and modernisation in the interests of the people in this State.

Today the politicians depend more than ever on people making their own decisions and doing things on their own. The task of the politicians remains that of motivating as many people as possible and enabling them to pursue their own interests and needs and to choose between risks and opportunities. For this politics needs partners and allies in all areas of society, and the "New Economy NRW" is distinguished by networks and close cooperation science and commerce, the services sector and the industrial sector, between the companies in the new value-

Steag Verbundkraftwerk in Herne.
The Steag Combined Power Station in Herne.

Wenn man aber einmal genauer analysiert, weshalb Unternehmen auf den Märkten Erfolg haben, dann wird man vier Voraussetzungen finden, die wir zur Grundlage unseres weiteren Handelns machen wollen:

Die Ruhr bei Kettwig.

The Ruhr at Kettwig.

1. Die Unternehmen müssen innovativ sein, was im Übrigen zunächst einmal nicht unbedingt etwas mit dem Einsatz von Technik zu tun haben muss. „Innovativ" ist auch derjenige, der seine Mitarbeiter ständig qualifiziert, der neue Produkte für neue Märkte entwickelt, der sich intensiv um seine Kunden kümmert, der gezielt das Wissen unserer Zeit nutzt – und dabei auch noch im Wettbewerb auf den Märkten Erfolg hat.

Unter der Überschrift „Innovativ: NRW" werden wir in den kommenden Monaten zwei Leitprojekte dazu umsetzen: Beim ersten Projekt, das den Namen „Secure.it.nrw.2005", trägt, geht es um die Sicherheit im elektronischen Handel, vor allem aber darum, dass die mittelständischen Unternehmen den Zugang zu den Feldversuchen und Pilotanwendungen erhalten.

Beim zweiten Projekt geht es um eine innovative und intelligente Form der Bereitstellung von Energie, nämlich die Brennstoffzelle, was für die Automobilindustrie oder Versorgung mit Energie im eigenen Haus bis hin zu den Kraftwerken eine immer wichtigere Bedeutung erlangt. Und das werden wir weiter fördern.

2. Wer heutzutage auf den Märkten erfolgreich sein will, muss global sein. Die Globalisierung ist längst die alltägliche Erfahrung und Herausforderung für alle Unternehmen geworden. Niemand, ob Handwerker oder Energieversorger, kann sich ihr entziehen.

Vor allem aber die kleinen und mittleren Unternehmen nutzen noch längst nicht alle Chancen der Globalisierung. Es geht mir dabei auch nicht allein um die Exporte, so wichtig sie auch für Wohlstand und Beschäftigung in unserem Land sein mögen; es geht mir um die gesamte Wertschöpfungskette, also um Wissen, Vorleistungen, Finanzierung, Kooperation. Kurz gesagt: Es geht mir um eine „Kultur der Globalität" bei unseren Unternehmen und Beschäftigten – was dann übrigens auch Weltoffenheit und Toleranz einschließt. Unter dem Begriff „Global:NRW" führen wir zurzeit eine umfassende „Außenwirtschaftskampagne" durch, mit der wir gerade die kleinen und mittleren Unternehmen erreichen wollen, um bei ihnen die Aufmerksamkeit, vor allem aber die Bereitschaft und die Fähigkeit für ein Handeln in globalen Zusammenhängen zu stärken. Ich bin sicher, dass sich unsere Partner in Wirtschaft, Kammern und Verbänden daran beteiligen werden und möchte Sie herzlich dazu einladen.

3. Globalisierung wiederum ist aber kaum denkbar ohne Mobilität. Auch wenn die Techniken der Information und Kommunikation inzwischen immer ausgefeilter und schneller geworden sind, werden am Ende des Tages trotzdem Menschen und Güter transportiert werden müssen.

Für den Bereich „Mobil:NRW" haben wir die Verkehrstechnik als Leitprojekt gewählt, und zwar

Mentoren der „Neuen Wirtschaft NRW“: Ministerpräsident Wolfgang Clement (rechts) und Wirtschaftsminister Ernst Schwanhold.

Mentors of the "New Economy NRW": State Premier Wolfgang Clement and Minister of Commerce Ernst Schwanhold.

creation chains. Only those people who can organise this cooperation in its new form will hold their won in the competition on the global market. Politicians in North Rhine-Westphalia will make their collective experience in building up and moderating networks available in the years to come.

The tasks of politicians and this State must adapt to a world in which markets are becoming globalised and liberalised, in which technological developments are accelerating and in which peoples' values and behaviour are changing. Economic and transport policies in North Rhine-Westphalia is facing up to these challenges by constantly scrutinising the effect and success of the projects, instruments and programmes and adapting them to new conditions. They offer dialogue and cooperation with all those wishing to contribute to the modernisation of commerce and society in our State.

We want to leave neither people nor the commercial sector alone, which is why we are combining our services. We have put these goals under the headings "Global NRW", "Innovative NRW", "Services NRW", and "Mobil NRW", and have given them the title of "New Economy NRW". "New Economy NRW" is the catch-all term for our economic and transport policies of the coming years. It is not s synonym for "New Economy". For us it is a matter of modernising the whole economy. At the same time we are aware that the internet economy is also the motor and accelerator of the "Old Economy". But it is also true that without the production of goods in the "New Economy" nothing would be sold. I deliberately do not want to participate in a play on words with "New Economy" or "Old Economy" – this changes every day anyway.

For me anyway the classification is perfectly clear and simple. Anybody who can compete on the market belongs in the New Economy, and those who can't survive there disappears very rapidly anyway, irrespective of whether they produce needles or operates a net-based business. If you examine more closely the reasons as to why businesses survive in markets, you find four pre-requisites that we want to make the basis of any further action:

1. Companies must be innovative, which doesn't necessarily mean using technology, either. The term "innovative" also means a company that constantly retrains its employees, that develops new products for new markets, that keeps looking after its customers, that applies the knowledge of our times directly – and can still succeed on the market.

Under the heading of "Innovative: NRW" we will implement two key projects in the coming months. In the first project, called "Secure.it.nrw.2005", we want to promote security in electronic business, but want especially to see that the middle-sized business sector gains access to field trials and pilot projects with this medium. The second project concerns an innovative and intelligent form of energy, namely the fuel cell, which is gaining increasing importance in the automobile industry or providing private houses and power stations with energy. And we will continue to support this.

2. Anybody that wants to succeed on the market these days, must act globally. Globalisation is has long been an everyday experience and challenge for all companies. Nobody, whether a qualified tradesman or an energy supplier, can hide from it. The small and medium-sized companies especially have not been using the opportunities afforded by globalisation anywhere near as much as they could. My concern is not just exports, as important as they may be for prosperity and employment in our State. My concern is the whole value-creation chain – in other words, knowledge, advance pay-

Ausstellung für Arbeitsschutz in Dortmund.

An exhibition on Industrial Safety in Dortmund.

in möglichst vielen ihrer Facetten. Der Metrorapid steht dabei an erster Stelle, weil ich davon überzeugt bin, dass diese intelligente Technik attraktive Alternativen zu den bestehenden Verkehrssystemen bieten kann.

4. Ich will nicht versäumen, noch auf die vierte Voraussetzung für wirtschaftliche Erfolge hinzuweisen, nämlich auf die wachsende Bedeutung der Dienstleistungen für die Wirtschaft insgesamt. Schon heute kommen rund 70 Prozent des Sozialproduktes und der Arbeitsplätze in Nordrhein-Westfalen aus diesem Bereich. Alles, was wir wissen, deutet darauf hin, dass dieser Anteil in Zukunft noch weiter steigen wird.

Mediapark in Köln, Heimat von „Eins Live".

Cologne's Media Park, home of „Eins Live".

Als Leitprojekt für den Bereich „Dienstleistung: NRW" haben wir uns die Logistik ausgesucht, zum einen, weil ich mir davon erhebliche Chancen für Wachstum und Beschäftigung verspreche (immerhin gibt es dort in unserem Land schon 200.000 Arbeitsplätze), zum anderen, weil mir die Logistik typisch zu sein scheint für die Entwicklung unserer Wirtschaft insgesamt, nämlich in der engen Verknüpfung von Technik, Information und Dienstleistung.

Ich möchte zusammenfassend zehn Thesen ableiten, die für mich die Anforderungen an unsere Gesellschaft für die nächste Zukunft darstellen:

1. anywhere-anybody-anytime verlangt die Anpassung an die internationale Wettbewerbssituation. Wir müssen sehr genau entscheiden, in welchen Bereichen wir uns nationale Abweichungen zumuten dürfen.
2. Nur die Verbindung von new und old economy bringt die Fortschritte die wir brauchen.
3. Entscheidungsfindungsprozesse müssen an Geschwindigkeit gewinnen.
4. Wir benötigen eine Liberalisierung des Arbeitsrechts und damit eine Flexibilisierung des Arbeitsmarktes.
5. Wir müssen der Finanzierung der mittelständischen Wirtschaft größere Bedeutung zu messen, vor allem unter Berücksichtigung der auch im Mittelstand festzustellenden Internationalisierung.
6. Technologische Vorsprünge müssen im Zeitalter der Informationsgesellschaft täglich neu verteidigt werden. Die Informationsgesellschaft bedingt die Wissensgesellschaft.
7. Wissen ist auf allen Ebenen die Schlüsselressource. Wir dürfen uns nicht durch Personalmangel selbst Wachstumsgrenzen schaffen. Dies gilt es durch alle Arten von Ausbildung – auch durch eine Eliteausbildung – zu vehindern.
8. Wir alle brauchen die globale Orientierung.
9. Change Management wird immer mehr zur Schlüsselfähigkeit – wir brauchen die Wechselbereitschaft in den Köpfen.
10. Wir brauchen mehr Miteinander.

Der Baldeneysee in Essen.

Essen's Baldeney Lake.

Dies alles sind nach meiner Ansicht wichtige Voraussetzungen, um den Wirtschaftsstandort NRW fit zu machen für die Herausforderungen der Zukunft. ■

ments, financing and cooperation. In short, I am concerned about a "culture of globalness" in our business sector and with our employees – which also includes a cosmopolitan attitude and toleranz.

We are currently carrying out a foreign trade campaign under the heading of "Global:NRW", with which we want to especially reach the small and middle-sized sector in order to give them attention, but especially to reinforce them in their preparedness and ability to cope with global activity. I am sure that our partners in the business sector, Chambers of Trade and Industry and industry associations will take part, and I warmly invite them to do so.

3. Globalisation, on the other hand, is hardly conceivable without mobility. While information and communications technology have become more and more sophisticated and quicker, at the end of the day, people and goods still have to be transported from Point A to Point B. In "Mobile: NRW" we have chosen traffic technology as the main project – in all possible facets. The Metrorapid is the most important of these because I am convinced that this intelligent technology can offer attractive alternatives to existing transport systems.

Neues Denken in alten Gebäuden.

New thinking in old buildings.

4. I do not want to omit to mention the fourth requirement for economic success, namely the growing importance of services for the economy as a whole. Even today 70 % of national product and jobs in North Rhine-Westphalia are in this area. Today's conventional wisdom indicates that this share will increase even more in the future.

As the main project for the area of "Services: NRW" we have taken the logistics sector, one the one hand because I am hoping that it has considerable room for growth and employment (there are still 200,000 jobs in this State) and on the other hand because logistics seems to be typical of the development of our economy as a whole, namely in the close connection between technology, information and services.

In conclusion I would like to posit ten theories that describe the demands that will be made on our society for the immediate future:

1. "Anywhere-anybody-anytime" requires adjustment to international competition. We must decide very carefully in which areas we can afford to be different here in Germany.
2. Only a link of the new and old economies will bring us the progress we need.
3. Decisions must be made more quickly.
4. We need a liberalisation of employment legislation and hence more flexibility in the labour market.
5. We must apportion more importance to financing of the medium-sized economy, taking into consideration the increased international activity in that sector.
6. Technological advantages must be re-defended in this era of the information society.
7. Knowledge is the key resource at all levels. We must not create limits to growth through a lack of personnel. This must be prevented through education of all sorts – even by educating elites.
8. We all need to think globally.
9. Change Management is increasingly becoming a key qualification – people must be more prepared to accept change.
10. We need to spend more time with each other.

All this, in my opinion, is what is needed to enable North Rhine-Westphalia to master the challenges of the future. ■

MPA NRW
Materialprüfungsamt Nordrhein-Westfalen
PRÜFEN • ÜBERWACHEN • ZERTIFIZIEREN

MPA NRW

Inhaber/Owner:
Land Nordrhein-Westfalen
vertreten durch das Ministerium für Wirtschaft und Mittelstand, Energie und Verkehr
The State of North Rhine-Westphalia, represented by the State Ministry of Commerce, Medium-Sized Business, Energy and Transport

Geschäftsführer/Manager:
Direktor Jens-Peter Steuck

Gründungsjahr/Year of Foundation:
1947 (als Staatliches Materialprüfungsamt NRW/ As a State Materials Testing Institute)
1995 Umwandlung zum Landesbetrieb/ Conversion to a State Company

Mitarbeiter/Employees: 320

Geschäftstätigkeit/Business Activity:
Prüfung, Überwachung und Zertifizierung von Produkten, Werkstoffen und technische Anlagen auf die Erfordernisse von Sicherheit und Qualität
Testing, Inspection and Certification of products, materials and technical equipment for their safety and quality

Anschrift/Address:
Marsbruchstraße 186
D-44287 Dortmund
Telefon +49 (231) 45 02-0
Telefax +49 (231) 45 85 49
E-Mail info@mpanrw.de
Internet www.mpanrw.de

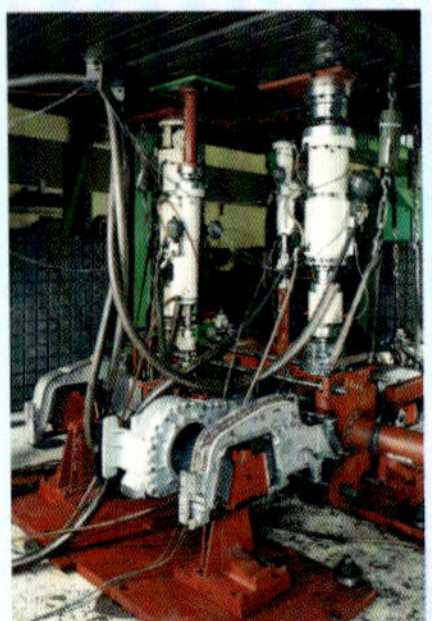

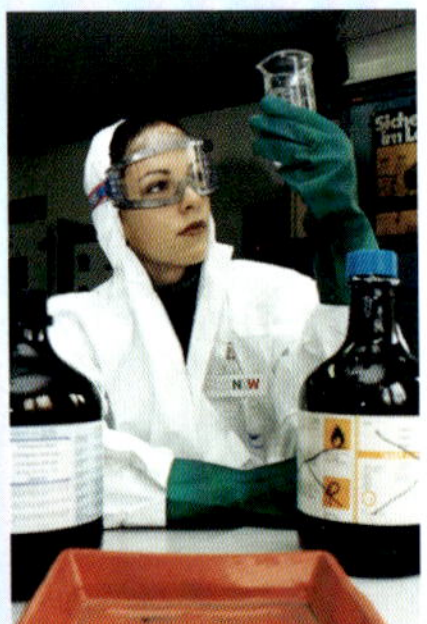

Prüfung, Überwachung und Zertifizierung

Testing, Inspection and Certification

Das Materialprüfungsamt Nordrhein-Westfalen (MPA NRW) – seit 1995 ein öffentliches Unternehmen in der Dienstleistungsbranche – prüft, überwacht und zertifiziert Produkte, Werkstoffe und technische Anlagen auf die Erfordernisse von Sicherheit und Qualität. Auch als Zertifizierungsstelle für Qualitätsmanagementsysteme ist das MPA NRW anerkannt. Die grundlegende Arbeit des MPA NRW hat viele Entwicklungen im Umwelt-, Verbraucher-, Strahlen- oder Brandschutz, bei der Energieeinsparung, bei der Bausicherheit etc. positiv beeinflusst.

In der praktischen Arbeit ist das MPA NRW an vielen Stellen führend tätig. So werden Sicherheitsverglasungen aus Silikaten und transparenten Kunststoffen, aber auch Kunststoff-Folien zur Montage an Kfz-Scheiben, im Auftrag des Bundesverkehrsministers geprüft.

Führend in Deutschland ist das MPA NRW auch bei brandschutztechnischen Untersuchungen an Baustoffen und Bauteilen. Da werden Teppichböden, Mineralfasern, Holz und Kunststoffe, auch ganze Wände und Decken, Türen und Verglasungen in der MPA NRW -Außenstelle in Erwitte standardisierten Tests ausgesetzt. Für rund 12.000 Kunden aus Medizin, Forschung und Technik in fünf Bundesländern hat das MPA NRW die Aufgabe übernommen, als Personendosismessstelle alle Beschäftigten auf das Maß der Belastung mit radioaktiven und/oder Röntgenstrahlen zu überwachen. Daneben ist das MPA NRW in zahlreichen wichtigen Norm- und technischen Ausschüssen Europas vertreten. ■

The Materials Testing Institute of North Rhine-Westphalia (MPA NRW) – a public company in the service sector since 1995 – tests, inspects and certifies products, materials and technical equipment for their safety and quality. The MPA NRW is also known as a certification body for quality management systems. The MPA NRW's basic task has had a positive influence on many developments in environmental, consumer, radiation and fire protection and in energy saving, building safety etc.

In its practical work the MPA NRW's leads in many fields. For example it tests safety glass made of silicates and transparent plastics as well as plastic foil used to manufacture windscreens for the motor vehicle assembly industry on behalf of the Federal Ministry of Transport.

The MPA NRW also leads Germany in the fire-testing of building materials and components. Carpets, mineral threads, wood and plastics as well as complete walls and ceilings, doors and glazing are subjected to standardised tests at the MPA NRW branch in Erwitte.

The MPA NRW has taken over the task of inspecting all employees for the extent of exposure to nuclear radiation and x-rays for some 12,000 clients in the fields of medicine, research and technology in five of Germany's Lands. It is also represented in countless important Standardisation and Technical Committees in Europe. ■

Menschen verstehen Märkte verstehen

Understanding People – Understanding Markets

National Office in Berlin-Mitte, Altbau ...

The National Office in Berlin-Mitte, the old building ...

Die im Jahr 1890 in Berlin gegründete Deutsch-Amerikanische Treuhand-Gesellschaft hat sich im Laufe der letzten einhundert Jahre zu einem der weltweit größten Beratungs- und Wirtschaftsprüfungsunternehmen entwickelt: zu KPMG.

Unsere Präsenz folgt den Anforderungen unserer Mandanten. KPMG ist weltweit an 800 Standorten vertreten. Mit 24 Standorten in Deutschland sind wir in der Nähe unserer Mandanten. Durch die Einteilung in sechs Regionen kennen wir darüber hinaus die regionalen Charakteristika. Diese Marktnähe spielt besonders in Zeiten der Globalisierung eine wichtige Rolle.

Unsere Geschäftsbereiche Assurance, Consulting, Financial Advisory Services und Tax & Legal sind über Branchennetzwerke, so genannte Lines of Business, eng miteinander verknüpft. Dabei setzen wir auf Vernetzung mit modernster Informationstechnik, Knowledge Sharing und Standardisierung unserer Dienstleistungen. So können interdisziplinär zusammengesetzte Fachteams maßgeschneiderte und bestmögliche Leistungen bieten; und zwar internationalen Konzernen ebenso wie mittelständischen Unternehmen oder öffentlichen Verwaltungen.

1998 ist das National Office an den historischen Firmensitz zurückgekehrt – in die Taubenstraße 44–45 in Berlin-Mitte. ■

Over the last hundred years the German-American trust company founded in Berlin in 1890, has developed into one of the largest advisory firms in the world – into KPMG.

Our presence follows the demands of our clients. KPMG is represented in 800 locations all over the world. With 24 branches in Germany we are close to our clients. Through the division into six regions we are also acquainted with Germany's regional characteristics. This closeness to the market plays a particularly important role in these times of globalisation.

... und Neubau.

... and the modern building.

Our core services assurance, consulting, financial advisory services and tax & legal services are closely connected with each other via sectoral networks, so-called "Lines of Business". Here we rely on networking using the latest information technology, knowledge sharing and the standardisation of our services. Interdisciplinary teams of specialists can thus offer the best possible, made-to-measure services, to international concerns as well as to middle-sized companies or public authorities here in Germany. In 1998 the National Office returned to its historical headquarters – in the Taubenstraße 44–45 in Berlin-Mitte. ■

„Magic Märlin" von Benjamin Ortleb, Berlin.

„Magic Märlin" by Benjamin Ortleb, Berlin.

KPMG

Sprecher des Vorstands/
Chairman of the board of management:
Prof. Dr. Harald Wiedmann

Vorstand Region West, Düsseldorf/
The management board of the western region in Düsseldorf:
Rüdiger Reinke

Gründungsjahr/Year of Foundation:
1890 in Berlin

Mitarbeiter/Employees:
weltweit rund/worldwide approx. 108.000
in Deutschland/in Germany 8.308

Umsatz (2000)/Sales Revenue:
weltweit/worldwide 13,5 Mrd. US-Dollar
in Deutschland/in Germany 1.197,5 Mio.

Standorte/Locations:
- weltweit vertreten an 800 Standorten in 160 Ländern
- in Deutschland liegen 24 Standorte
- vier Standorte in Nordrhein-Westfalen: Bielefeld, Düsseldorf, Essen, Köln
- we are represented world wide with over 800 locations in 160 countries
- there are 24 locations in Germany
- there are four locations in North Rhine-Westphalia: Bielefeld, Düsseldorf, Essen, Cologne

Services:
- Assurance
- Consulting
- Financial Advisory Services
- Tax & Legal

Anschriften/Addresses:
KPMG National Office
Taubenstraße 44–45
D-10117 Berlin
Telefon +49 (30) 20 68-0
Telefax +49 (30) 20 68-2000
Internet www.kpmg.de

KPMG
Am Bonneshof 35
D-40474 Düsseldorf
Telefon +49 (211) 475-7000
Telefax +49 (211) 475-6000

Rüdiger Reinke

Riesen-Markt als Standortvorteil – im Umkreis von 250 km leben 60 Millionen

A giant Market as an Advantage of its Location – a Population of 60 Million within a Radius of 250 Kilometres

Nordrhein-Westfalen – ein Land mit 18 Millionen Einwohnern, das sind genauso viele wie in Australien leben. 23 Prozent des deutschen verfügbaren Einkommens und 31 Prozent der Erwerbstätigen in Deutschland sind in Nordrhein-Westfalen konzentriert – ein gewaltiger Absatzmarkt für Unternehmen, der noch durch die hervorragende Verkehrsinfrastruktur begünstigt wird. Nirgends in Deutschland ist das Netz an Verkehrswegen so dicht. Das gilt sowohl für den Güter- als auch für den Personenverkehr. 700 Kilometer Wasserstraßen, davon 226 Kilometer Rhein, 6.100 Kilometer Schienenwege, 30.000 Kilometer Straßen allein für den überörtlichen Verkehr, darunter 2.200 Kilometer Autobahnen und 5.100 Kilometer Bundesstraßen hat das Land aufzuweisen. Zwei internationale Großflughäfen in Düsseldorf und Köln, der internationale Flughafen in Münster/Osnabrück, dazu die Regionalflughäfen in Mönchengladbach, Dortmund, Paderborn/Lippstadt und Siegen sorgen für schnelle Verbindungen.

Was macht dieses Land, das in Europa mit zu den größten Ballungsräumen zählt, darüber hinaus noch so attraktiv. Das ist die mit 52 Hochschulen und über eine halbe Millionen Studenten dichteste Hochschul- und Forschungslandschaft in Europa. Gerade vor dem Hintergrund der zunehmenden Bedeutung des Wissenstransfers zwischen Forschung und wirtschaftlicher Anwendung ist dieses ein unschätzbarer Standortvorteil. Ein engmaschiges Netz von mehr als 150 Wissens- und Transfereinrichtungen, darunter fast 60 Technologiezentren, begünstigt Initiativen und Innovationen.

Nordrhein-Westfalen ist auch stark durch seine qualifizierten Arbeitskräfte, denn Forschung ist der Rohstoff, die Qualifikation der Arbeitnehmer der Eckpfeiler für neue Arbeitsplätze und wirtschaftlichen Erfolg. Für den Erwerb von Qualifikationen ist eine fundierte Ausbildung in Schule und Hochschule sowie in den Betrieben erforderlich. Bildung, Wissenschaft und Forschung sind dem Land knapp ein Drittel seines Jahreshaushalts wert, um Leistungsfähigkeit und pädagogische Vielfalt weiterzuentwickeln. Alleine an 6.350 allgemein bildenden Schulen lernen gut 2,2 Millionen Schülerinnen und Schüler. 410.000 Schülerinnen und Schüler bereiten sich an 350 Schulen der beruflichen Aus- und Weiterbildung auf ihr Berufsleben vor. In 500 Weiterbildungseinrichtungen wird Erwachsenen die Möglichkeit gegeben, sich in ihrem Beruf oder

Jörg Bickenbach

Der Autor, geboren 1940 in Oberhambach, studierte Rechtswissenschaften in Frankfurt, Berlin und Bonn. Nach dreijähriger Tätigkeit als selbstständiger Rechtsanwalt wechselte er 1974 in die Kommunalverwaltung und übte verschiedene Ämter in Bonn, Troisdorf und Duisburg aus. Von 1993 bis 1996 war er Stadtdirektor der Landeshauptstadt Düsseldorf. Seit 1996 ist Jörg Bickenbach Staatssekretär im Ministerium für Wirtschaft und Mittelstand, Energie und Verkehr des Landes NRW.

The author was born on Oberhambach in 1940. He studied Law at the Universities of Frankfurt, Berlin and Bonn. After three years as a lawyer with his own practice he went into local body administration in 1974 and worked in various positions in Bonn, Troisdorf and Duisburg. From 1993 to 1996 he was Town Clerk in Düsseldorf, the capital of North Rhine-Westphalia. Jörg Bickenbach has been Secretary of State in the German Federal Ministry of Commerce, the Middle-Sized Industry Sector, Technology and Transport of the State of North Rhine-Westphalia since 1996.

Die Verkehrsinfrastruktur in NRW ist hervorragend.

In NRW the traffic infrastructure is excellent.

The State of North Rhine-Westphalia has a population of 18 million – that's exactly the population of Australia. Twenty-three per cent of Germany's real disposable income and 31 per cent of its labour force are concentrated in this State – a huge market which is favoured even more by an excellent transport infrastructure. Nowhere in Germany is the transport network so dense, whether for goods or passengers. The State boasts 700 km of navigable waterways – including 226 km on the Rhine – 6,100 km of railways, 30,000 km of roads, including 2,200 km of autobahn, and 5,100 km of federal highways. Two major international airports in Düsseldorf and Cologne, the international airport in Münster/Osnabrück, and the regional airports at Mönchengladbach, Dortmund, Paderborn/Lippstadt and Siegen all provide rapid air connections.

Die Qualifikation der Arbeitskräfte ist ein Eckpfeiler für neue Arbeitsplätze und den wirtschaftlichen Erfolg.

Employee qualifications are a corner stone for new jobs and economic success.

What makes this State, one of Europe's major population centres, so attractive as well?

With 52 institutes of tertiary education and half a million students it has the densest university and research landscape in Europe. It is against this background of the increasing importance of knowledge transfer between research and commercial application that gives this location an advantage of incalculable worth. A dense network of more than such 150 transfer institutions, including almost 60 technology centres, promotes initiative and innovation.

Another of North Rhine-Westphalia's strengths is its qualified labour force, because research is the raw material and the qualifications of the employees are the cornerstone of new jobs and economic success. The acquisition of qualifications requires a solid education at school and at university or through a company apprenticeship or trainee-ship. Education, science and research are worth just under s third of the State's annual budget in order to continue the development of achievement and the variety of courses. At 6,350 ordinary schools alone have 2.2 million pupils, and at 350 institutes of

darüber hinausgehend neue Erkenntnisse zu erwerben.

Auch die so genannten „weichen" Standortfaktoren spielen für Unternehmen und Arbeitnehmer zunehmend eine wichtige Rolle. NRW ist laut einer UNESCO-Studie eine der bedeutensten Kulturlandschaften der Welt. Unsere Museen, Theater, Literatur und Kunst genießen auch international einen guten Ruf. Unsere Kulturszene sucht in ihrer Vielfalt, Bodenständigkeit und Weltoffenheit ihresgleichen. Keine geschlossene Gesellschaft, sondern Angebote für alle und für jeden Geschmack.

Auch die Natur ist für Nordrhein-Westfalen ein Standortvorteil. Drei Viertel des Landes sind Grünland. Historische Sehenswürdigkeiten, zahlreiche Kultur- und Freizeitangebote und auch städtebauliche Attraktionen erklären, warum Nordrhein-Westfalen zwischenzeitlich mit zu den drei beliebtesten deutschen Reiseländern zählte.

Zu diesen Erfolgen des Tourismus hat sicherlich auch die Internationale Bauausstellung EmscherPark beigetragen. Die Attraktivität der Kernregion des Landes, des Ruhrgebietes, wurde erheblich gesteigert. Heute hat die Region zwischen Duisburg und Kamen viele Markenzeichen: Zukunftsweisende Bauprojekte, vornehmlich betreffen sie die Umwandlung schwerindustrieller Produktionsstätten in neue Nutzungen, verbinden die Tradition mit der Moderne. Die städtebauliche, architektonische und soziale Qualität der Projekte genießt Weltruf.

Die IBA mit ihren 100 Projekten und Investitionen von über 2,5 Milliarden Mark hat erheblich dazu beigetragen, dem Land ein modernes Gesicht zu geben. Doch auch die Wirtschaftsstruktur hat sich erheblich geändert. Aus dem Land der Grundstoffindustrie und der Energiewirtschaft ist ein modernes technologie- und dienstleistungsorientiertes Industrieland geworden. Chemie, Maschinenbau, Metallerzeugung und -verarbeitung, Ernährungsgewerbe und die Herstellung von Metallerzeugnissen (wie z. B. den Fahrzeug- und Werkzeugbau), Elektronik bzw. Elektrotechnik und das Papier-, Verlags- und Druckgewerbe – das sind heute die umsatz- und beschäftigungsstärksten Branchen.

Tragende Säulen dieser zukunftssicheren Branchenstruktur sind die rund 680.000 Klein- und Mittelbetriebe mit zwei Dritteln aller Arbeits- und vier Fünftel aller Ausbildungsplätze. Auf der anderen Seite haben 53 der 160 Top-Unternehmen in den wichtigsten Branchen und 19 der 100 größten europäischen Unternehmen ihren Sitz in Nordrhein-Westfalen. Das Land ist zudem ein wichtiger Messeplatz – Düsseldorf, Köln, Dortmund und Essen begrüßen jährlich sechs Millionen Messegäste.

Nordrhein-Westfalen ist reich an Seen, Wäldern und Sehenswürdigkeiten, es gehört inzwischen zu den drei beliebtesten deutschen Reiseländern.

North Rhine-Westphalia is rich in lakes, forests and other sights. Nowadays it is one of the Germans' three favourite travel destinations.

Der Dienstleistungssektor in Nordrhein-Westfalen expandiert sehr stark. Besonders positiv ist, dass 65 % aller Beschäftigten in Nordrhein-Westfalen in diesem Bereich tätig sind. Das ist auch mit dem immer noch bedeutenden Industrieanteil der nordrhein-westfälischen Wirtschaft zu erklären. Auch in dieser Hinsicht bestätigt sich die Erkenntnis, dass Industrie und Dienstleistungen eine besondere Synthese bilden, die sich im Gesamten äußerst positiv auswirkt. Dieses ist besonders wichtig, da Dienstleistungen in modernen Volkswirtschaften vocational education 410,000 pupils are preparing to take their place in the workforce. Adults can take courses at 500 continuing education institutions in order to acquire further qualifications and knowledge for their professional development.

Even the so-called "soft" location factors play an increasing role for employees and employers. According to a UNESCO study NRW (as the State is known informally) is one of the most important cultural landscapes in the world. Our museums, theatres, literature and art enjoy a high reputation. Our cultural scene searches for its like in its variety, attachment to the region and cosmopolitan outlook. We're no closed society; on the contrary, we've got something for everybody and every taste.

Even nature is a location advantage for North Rhine-Westphalia. Three quarters of the State is rural. Historical sights, countless cultural and leisure activities and attractions in the cities explain why North Rhine-Westphalia is now one of the three favourite tourist destinations.

The success of tourism is undoubtedly due to the EmscherPark International Building Exhibition. This considerably increased the attractiveness of the core region of the State – the Ruhr Valley. Today the region between Duisburg and Kamen has many trademarks in the form of trendsetting construction projects. These consist primarily of converting former heavy industrial sites into places where the industries of the future can be housed, join the traditional with the modern. The urban architectural and social quality of these projects enjoys a world-wide reputation.

The IBA with its 100 projects worth over 1.28 thousand million Euro has contributed in a big way the State's modern appearance. But even its economic structure has altered considerably. The State of raw materials processing and energy has become a modern technology- and service-oriented State. Chemicals, mechanical engineering, the manufacture of metal products such as vehicles, tools, electrical engineering, paper, publishing and printing – are today the sales- and employment-intensive sectors.

One of the pillars of the structure of this economically secure sector are the approximately 680,000 small and medium-sized companies that provide two thirds of all jobs and apprenticeships or traineeships. On the other hand 53 of the 160 top companies in the most important sectors and 19 of Europe's 100 largest companies are based in North Rhine-Westphalia. The State is also an important location for trade fairs – Düsseldorf, Köln, Dortmund and Essen host six million guests each year. The services sector in North Rhine-Westphalia is expanding very strongly. One especially positive point is that 65 % of all employees in North Rhine-Westphalia work in this sector. This is explained by the stillimportant industrial segment of North Rhine-Westphalia's economy. Even from this point of view this confirms the realisation that the industrial and service sectors form a special synthesis which, as a whole, has an extremely positive effect. This is particularly important, since services are very important in modern economies. They are the expression and con-

Nordrhein-Westfalens Kultur- und Kunstszene ist vielfältig, bodenständig und zugleich weltoffen.

North Rhine-Westphalia cultural and arts scene is varied, rooted in the local area and, at the same time, cosmopolitan.

6.100 km Schienenwege durchqueren Nordrhein-Westfalen.

North Rhine-Westphalia has a 6,100 km-long rail network.

einen hohen Stellenwert haben. Sie sind Ausdruck und Folge der hohen und weiter zunehmenden Wissensintensität, neuer Produkte und moderner Produktionsverfahren. Die sich besonders dynamisch entwickelnden produktionsorientierte Dienstleistungen bilden zudem eine wichtige Grundlage für Modernisierungen und für Produkt- und Prozessinnovationen im klassischen Industriebereich. Aber nicht nur produktionsnahe Dienstleistungen wie Forschung, Unternehmensberatung, Werbung und Finanzdienste spielen eine wichtige Rolle. Auch verbraucherorientierte Serviceleistungen finden in NRW mit seinen knapp 18 Millionen Menschen und den gut erreichbaren, dicht besiedelten Nachbarregionen einen aufnahmefähige Markt.

Das Handwerk findet in Nordrhein-Westfalen einen „goldenen Boden". Fast 1,4 Millionen Beschäftigte in über 120.000 Handwerksbetrieben erwirtschaften mehr Umsatz als Chemie und Maschinenbau zusammen – drei Viertel sind der Bau-, Elektro- und Metallbranche zuzuordnen. Die Bedeutung der kleinen- und mittleren Unternehmen als Arbeitsplatzgenerator in Nordrhein-Westfalen wird durch verschiedene Maßnahmen der Landesregierung unterstrichen und unterstützt. Zu nennen sind etwa die weit über die Grenzen des Landes hinaus bekannte Gründungsoffensive „GO!", die Mittelstandsoffensive „move" oder auch die über 30 Landesinitiativen.

Ziele der GO!, einer Initiative, die aus dem Engagement aller im Gründungs- und Unternehmensgeschehen Verantwortlichen ständig weiter entwickelt wird, sind:

- die Steigerung der Anzahl der Gründungen,
- die Stabilisierung von Gründungen und jungen Unternehmen,
- die Verbesserung des Umfeldes für Gründungen und junge Unternehmen, also die Schaffung einer neuen Kultur der Selbstständigkeit.

Neben der erforderlichen materiellen Starthilfe wird flankierende Fachberatung für Gründungswillige angeboten. Die im Bundesvergleich für Nordrhein-Westfalen positive Gründungsbilanz der letzten Jahre erhält durch die Gründungsoffensive NRW zusätzlichen Schub – Mut zur Selbstständigkeit, die Arbeitsplätze schafft.

Wo früher die Hochöfen brannten, leuchten heute Kunstinstallationen.

Where smelters used to burn, art now lights up the atmosphere.

Die „move" hat zum Ziel, die nachhaltige Verbesserung der Rahmenbedingungen für kleine und mittlere Unternehmen in Nordrhein-Westfalen zu erreichen. Das Land und seine Partner wollen Wege ebnen, damit Unternehmer ihren Kopf frei haben können für ihre eigentlichen unternehmerischen Aufgaben. Die Initiative ist dezentral ausgerichtet. Institutionen und Organisationen aus Wirtschaft, Wissenschaft, Verwaltung und Politik haben sich zusammengeschlossen. Sie wollen

- das Verhältnis von Unternehmen und Behörden durch mehr Information und Service verbessern,
- Entwicklungen aus der Wissenschaft schneller für die Wirtschaft nutzbar machen sowie
- mittelstandsfreundlichere Finanzierungsbedingungen schaffen.

Die Chemie gehört zu den Traditionsbranchen des Landes.

The chemicals industry is one of the traditional industries in the State.

sequence of the high and continually increasing degree of know-ledge, new products and modern production processes. The particularly dynamically developing production-oriented services also form an important base for modernisation and for product- and production-related innovation in the classical industrial sector. But not only production-related services such as research, management consulting, advertising and financial services play an important role. Even consumer-oriented services an ready market in NRW with its population of just under 18 million inhabitants and the easily accessible, densely-populated neighbouring regions.

In North Rhine-Westphalia the qualified trades do extremely well. Almost 1.4 million employees in over 120,000 trades companies earn more turnover than the chemical and mechanical engineering sectors together – three quarters of the trades are in the building, electrical and metal branches. The significance of the small and medium-sized companies as job-machines in North Rhine-Westphalia is emphasised and supported through various measures on the part of the State Government. Examples are the "GO!" company start-up campaign, also known far beyond the State border, the middle-sized sector's campaign "move" or the more than 30 State-promoted campaigns.

The aims of the GO!-scheme, which is being further developed through the efforts of those responsible, are:

- to increase the number of company start-ups;
- to stabilise these start-ups and other young companies;
- to improve the environment for start-ups and young companies, in other words, to create a new culture of "entrepreneurism".

Besides the necessary material start-up assistance, supporting advice is also available for those wishing to start their own business. The positive balance in the number of start-ups in North Rhine-Westphalia compared with the rest of Germany over the last few years is receiving additional impetus through a State campaign – encouragement to start a firm of one's own – which creates jobs.

The aim of the "move" scheme is to make lasting improvements in the basic conditions for small and medium-sized businesses in North Rhine-Westphalia. The State and its partners want to smooth the way for entrepreneurs, and let them concentrate on their commercial activities. The scheme is de-centrally organised. Institutions and organisations from commerce, science, the authorities and the political world have got together in order to:

- improve the relationship between and the authorities by more information and service;
- make scientific developments more quickly available to the business world;
- create friendlier financial conditions for medium-sized businesses.

The State schemes support mainly future-oriented technologies or sectors, State-wide or regionally, the development of these areas and hence their establishment and expansion in North Rhine-Westphalia. Good examples of these are railway technology, chemicals, health logistics and energies of the future.

Energiegewinnung und Mobilität der Zukunft.

Obtaining energy and mobility of the future.

Die Landesinitiativen unterstützen zu bestimmten Themenbereichen, vornehm- lich aus dem Bereich der Zukunftstechnologien oder Zukunftsbranchen, landesweit oder regional Netzwerkbildungen, die Entwicklung dieser Bereiche und somit ihre Etablierung und ihren Ausbau im Nordrhein-Westfalen. Beispielhaft können Landesinitiativen aus den Bereichen Bahntechnik, Chemie, Gesundheit, Logistik, Mobilität und Zukunftsenergien angeführt werden.

Landesinitiativen unterstützen Schlüsseltechnologien wie Logistik, Mobilität ...

State subsidies support key technologies such as logistics, mobility ...

Die Landesregierung ruht sich mit ihren wirtschaftspolitischen Aktivitäten nicht auf dem aus, was bisher erreicht worden ist. Mit dem Konzept der „Neuen Wirtschaft NRW" wollen wir neue Wege in Nordrhein-Westfalen aufzeigen und gezielt Antworten auf die wirtschaftlichen Herausforderungen unserer Zeit finden. Dabei handelt es sich um die Einsicht in Realitäten, die Unternehmen, Beschäftigten, Politik und Verwaltung Ziele vorgeben, nach denen sich ökonomisches Handeln in Zukunft ausrichten muss. Dienstleistung, Innovation, Globalität und Mobilität sind die Felder, die ausschlaggebend für Wettbewerbserfolge sein werden. Es gilt, in diesen Bereichen Stärken und Kompetenzen auszubauen, das Neue zu forcieren und weiterzuentwickeln. Die Neue Wirtschaft ist auch geprägt durch Netzwerke und eine enge Zusammenarbeit zwischen Wissenschaft und Wirtschaft, zwischen Dienstleistung und Industrie und vor allem zwischen den Unternehmen in den neuen Wertschöpfungsketten.

Die Landesregierung wird ihre Aktivitäten vor allem auf diese innovativen Ansätze ausrichten. Sie wird die Standortvorteile, die aus bestehenden starken Kompetenzen des Landes resultieren, unterstützen. Dabei geht es darum, Verbünde zu identifizieren und auszubauen oder gegebenenfalls auch zu schaffen, zu denen neben der Kernbranche, die Weiterverarbeiter und Zulieferer, die Einrichtungen der öffentlichen Hand, Verbände der Wirtschaft, Bildungs- und Forschungseinrichtungen etc. gehören. Vorteile funktionsfähiger Netzwerke sind geringe Transaktionskosten, kurze Liefer- und Absatzwege, eine hohe Innovationskraft durch den schnellen Informationsaustausch, internationale Aufmerksamkeit und im Ergebnis größeres Wachstum mit steigenden Arbeitsplatzzahlen sowie sichereren Arbeitsplätzen.

Auch das Land profitiert von steigenden Steuereinnahmen und einer großen Transparenzsteigerung mit der Folge erkennen zu können, wo Fördermittel zielgerichtet und besser eingesetzt werden können.

Als Kompetenzfelder können in Frage kommen: Energie, Logistik/Verkehr, Information und Kommunikation, Medizintechnik, Neue Materialien und Mikrosystemtechnik in unterschiedlichen Räumen des Ruhrgebiets. Weitere werden folgen.

Mit dieser Neuausrichtung der regionalen Strukturpolitik begibt sich die Landesregierung nicht auf Neuland. Es liegen bereits international bewährte Erfahrungen vor. Beispiele sind das Silicon Valley in Kalifornien, die Chemieregion Houston, der „Bio-Boulevard" im Nordosten Washingtons, die Elektroindustrie in Schottland, die Modewirtschaft um Mailand oder die Bankenmetropole Frankfurt. In Nordrhein-Westfalen kann als hervorragendes Beispiel die Medienstadt Köln genannt werden. In allen Fällen wurde die Entwicklung dieser Kompetenzfelder durch eine gezielte Politik unterstützt.

Alle diese Aktivitäten wären ohne ein ausreichendes Gewerbeflächenangebot nicht umsetbar. Dieses ist in Nordrhein-Westfalen hervorragend. Zunächst kommt es aber darauf an, Transparenz zu schaffen, wo welche Angebote vorhanden sind. Das gilt insbesondere für Interessenten an Gewerbeflächen aus dem Ausland. Mit der Internet-Datenbank „germansite.de" stellt die landeseigene Gesellschaft für Wirtschaftsförderung eine Gewerbeflächendatenbank für Nordrhein-Westfalen zu Verfügung. Die Bezirksregierungen, Industrie- und Handelskammern und auch die Kommunen verfügen im Rahmen ihrer räumlichen Zuschnitte über ähnlich Informationsangebote.

Die Instrumente, die die Landesregierung bei ihrer Wirtschaftspolitik einsetzt, sind vielfältig. Sie reichen von traditionellen Formen der Förderung und Abstimmung in den Regionen des Landes bis hin zu neuen Ziel- und Koordinierungsmechanismen – etwa in Form eines Wirtschafts- und Beschäftigungspaktes oder auch wettbewerblichen Verfahren, wie zum Beispiel dem „Zukunftswettbewerb Ruhrgebiet".

Nordrhein-Westfalen ist ein Land der Vielfalt, ein Land der wirtschaftlichen Chancen, ein Land der Menschen, in dem das Leben pulsiert. Nordrhein-Westfalen ist ein Land, das nicht blind experimentiert, sondern zielgerichtet neue Konzepte und Lösungen anbietet und umsetzt, kurz, ein Land, das seine wirtschaftlichen Stärken gezielt ausnutzt und damit für Unternehmen und Arbeitnehmer eine hohe Anziehungskraft ausstrahlt. ■

The State Government is not resting on the laurels of economic activities of what has already been achieved. With the concept of the "New Economy NRW" we want to beat new paths in North Rhine-Westphalia and find specific answers to the economic challenges of our times. It is a question of recognising certain realities that dictate goals to companies, employees, politics and the authorities to which the latter must orient their economic activities in the future. Services, innovation, global thinking and acting and mobility are the areas which will be important for being able to compete successfully.

Strengths and competence must be built up, new ideas must be forced along and further developed. The New Economy is also distinguished by networks and the cooperation between science and commerce, between services and industry, and especially between companies in the new value-creation chains. The State Government especially will direct its activities to these innovative approaches. It will support the advantages of various locations resulting from the high degree of competence existing in this State. Here it is a question of identifying alliances, to which the core sectors, processing industries and suppliers, public institutions, business associations, educational and research institutes etc. belong, and expanding them or, if necessary, creating them. The advantages of efficient networks are smaller transaction costs, shorter delivery and sales routes, a high degree of innovation through the rapid exchange of information, attention from outside Germany's borders and, finally, more growth with an increasing number of safer jobs. The State will also profit with increasing tax revenues and increasing transparency, which will result in its being able to recognise where areas subsidies can be directly and best used. These include energy, logistics/transport, information and telecommunication technology, medical technology, New Materials, and micro-systems in all different areas of the Ruhr Valley. More will follow.

With this re-direction of regional structural policies the State Government is not treading new territory. There is already proven international experience in this field. Examples are Silicon Valley in California, the chemicals region in Houston, Texas, the "Bio-Boulevard" in the Northeast of Washington State, the electronic industry in Scotland, the fashion industry around Milan or the banking metropolis of Frankfurt am Main. In North Rhine-Westphalia the media city of Cologne may be mentioned as an example. In all cases the development of these areas of competence received assistance from the State Government in the form of direct policies.

Without sufficient space all these activities would not be possible. In North Rhine-Westphalia there is more than sufficient space available. For those interested it depends initially on commercial/industrial space or properties for overseas companies. The State business promotion organisation makes a space/property data-base for North Rhine-Westphalia available in the form of the internet data-base "germansite.de". The regional authorities, chambers of industry and commerce and also local bodies have similar information available in their own areas.

The instruments used by the State Government are many and varied. They range from traditional forms of assistance and coordination in various regions of the State to new goal and coordination mechanisms – somewhat in the form of a business and employment pact or a competition such as the "Ruhr Valley Competition for the Future". North Rhine-Westphalia is a State of variety, a State of economic opportunity, a State of people that vibrates with life. North Rhine-Westphalia does not go in for blind experiments; rather it offers and implements direct, new ideas and solutions. In short, it is a State that uses its economic strengths, thereby radiating a high degree of attractiveness to companies and employees. ■

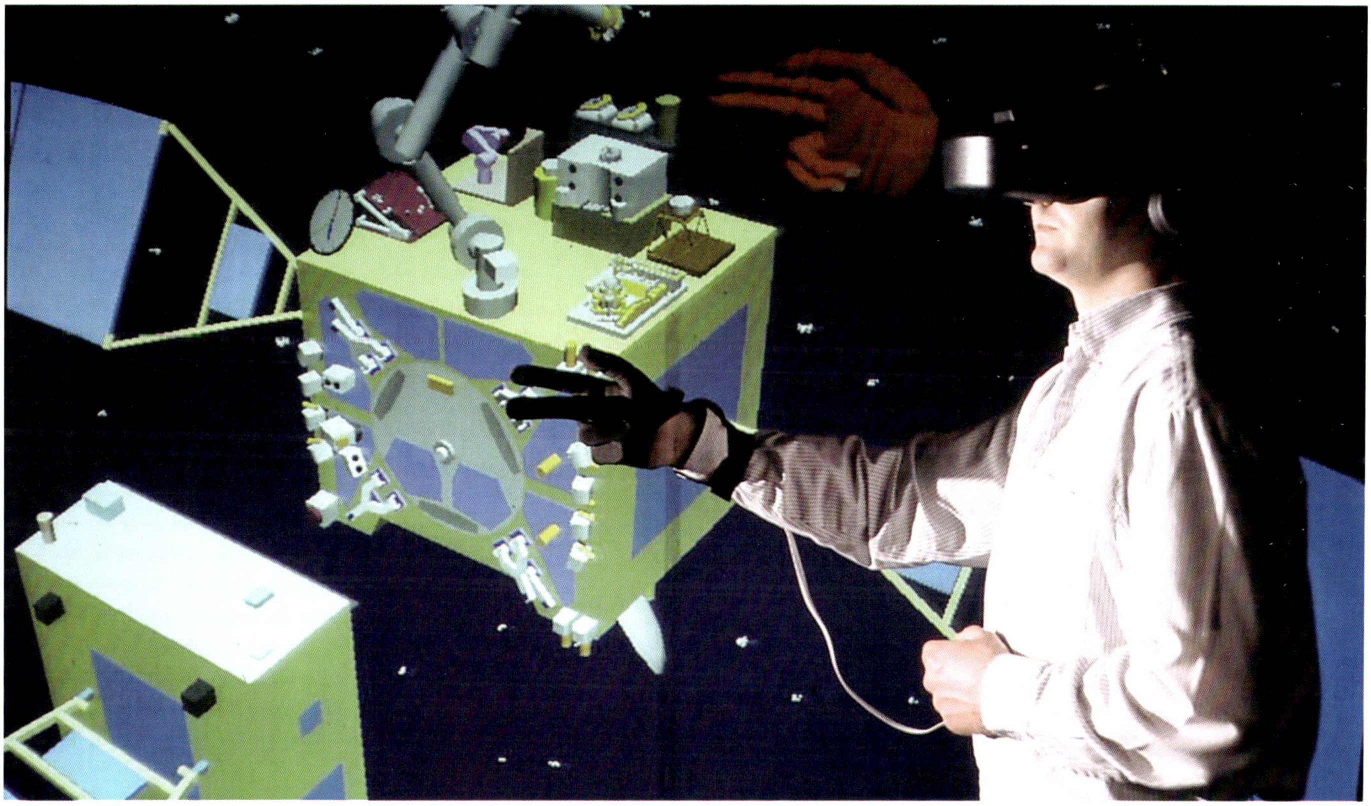

... und Informationstechnologien.

... and information technologies.

RWW

RWW Rheinisch-Westfälische Wasserwerksgesellschaft mbH

RWW Rheinisch-Westfälische Wasserwerksgesellschaft mbH

Gesellschafter/Associate Companies:
Stadt Mülheim an der Ruhr, Stadt Oberhausen, Stadtwerke Oberhausen AG, Kreis Recklinghausen, Stadt Gladbeck, Stadt Bottrop, RWE Aqua GmbH
The cities of Mülheim an der Ruhr and Oberhausen, the Oberhausen City Works Department PLC, the County of Recklinghausen, the city of Gladbeck, RWE Aqua PLC

Geschäftsführer/Manager:
Dipl.-Kfm. Gerd Müller

Gründungsjahr/Year of Foundation: 1912

Mitarbeiter/Employees: 560

Eigenkapital/Equity capital:	59,44 Mio. €
Stammkapital/Nominal capital:	15,38 Mio. €
Bilanzsumme/Balance sheet total:	187,65 Mio. €
Umsatz/Turnover:	98,62 Mio. €

Beteiligung/Shareholding companies:
- IWW Rheinisch-Westfälisches Institut für Wasserforschung gemeinnützige GmbH
- VEWA vereinte Wasser GmbH
- RRW Rheinruhrwasser GmbH
- Ruhrwasser AG International Water Management
- VRRWG Vereinigte Rhein-Ruhr-Wasserwirtschaftsgesellschaft mbH

Größe des Versorgungsgebietes/ Size of the Supply Area: ca. 850 km²

Einwohner/Number of Inhabitants: ca. 1 Mio.

Wasserwerke/Water Purification Plants: 9

Wasserbehälter/Water Reservoirs: 13

Speicherkapazität/Storage capacity: 70.000 m³

Wasserkraftwerk/ Hydro-Electric Power Stations: 1

Verbundnetzlänge/ Total Length of water Piping: 3.000 km

Hausanschlüsse/Domestic Connections: 150.000

Hydranten/Hydrants: 20.000

Wasserabgabe/Water Use:

insgesamt/Total:	79,5 Mio m³
Betriebswasser/commercial-industrial:	13,6 Mio m³
Trinkwasser/drinking water:	13,6 Mio m³
an Haushalte/for domestic use:	43,5 Mio m³
an Industrie/for industry:	15,0 Mio m³
an Wiederverkäufer/to resellers:	7,4 Mio m³

Anschrift/Address:
Am Schloss Broich 1–3
D-45479 Mülheim an der Ruhr
Telefon +49 (208) 44 33-1
Telefax +49 (208) 44 33-233
E-Mail rww@rww.de
Internet www.rww.de

Wasser für 1 Million – kühl, klar und in bester Qualität

Water for 1 million People – cool, clear and absolutely pure

Seit 130 Jahren ist Wasser aus Mülheim an der Ruhr ein Markenzeichen für die Menschen in der Region. Was 1871 mit einer einzigen Leitung von Mülheim nach Oberhausen begann, hat die 1912 gegründete RWW Rheinisch-Westfälische Wasserwerksgesellschaft heute zu einem engmaschigen und leistungsfähigen Netz von 3.000 Kilometern Gesamtlänge geknüpft.
In den Gründerjahren stellte das RWW-Wasser einen dringend benötigten Motor für die explosionsartig wachsende Wirtschaftsregion an Rhein und Ruhr dar. Für die Menschen war es hygienisch einwandfreie Lebensgrundlage, für die Industrie unverzichtbarer Rohstoff und wichtiger Standortfaktor. Dieser traditionellen Verantwortung ist die RWW bis heute verpflichtet. Von der ständigen Modernisierung ihrer Werke bis zur Entwicklung der heutigen elektronischen Informationssysteme waren und sind Innovation und weitblickende Planung die Kennzeichen des Unternehmens. Dazu gehören sowohl der Einsatz für die Umwelt und den vorbeugenden Gewässerschutz als auch die Erschließung neuer Märkte und Arbeitsfelder. Mit dem Service und der Kundenorientierung setzt RWW heute überall dort Akzente, wo es um Steigerung der Lebensqualität und die weitere Sicherung der Lebensgrundlagen geht. ■

Haus Ruhrnatur.
The "Ruhrnature" House.

Aquarius, ein preisgekröntes Museum.
Aquarius, a prize-winning museum.

The water from Mülheim an der Ruhr has been a trademark for the people in the region for 130 years. What started with a single pipe from Mülheim to Oberhausen was connected up into an efficient, finely-meshed network totalling of 3,000 km in length by today's RWW Rheinisch-Westfälische Wasserwerksgesellschaft (Rhine-Westphalia Water Company) in 1912. In the early years RWW water constituted an urgently needed motor for the explosive growth in the economic region on the Rhine and Ruhr. For the inhabitants it was a totally pure basis for their lives and an essential raw material and important location-factor for industry.
The RWW still feels this traditional obligation today. From the constant modernisation of its water works to the development of modern electronic information systems, innovation and far-sighted planning were and are the marks of this company. Its functions also include both use for the environment and prevention of water pollution and the developing of new markets and fields of activity. Through service and customer orientation the RWW emphases those areas where it is a question of improving the quality of life and the continued safety of the basis of life. ■

Hauptverwaltung.
The head office of the RWW.

Getränkekartons – von Linnich in die ganze Welt

Drinks Cartons – made in Linnich and sold all over the World

Weltweit einer der führenden Hersteller von Getränkekartons für frische und haltbare Lebensmittel wie Milch, Saft, Suppen und Saucen und zugleich Systemanbieter für die entsprechenden Füllmaschinen - dies sind die Kennzeichen der SIG Combibloc-Gruppe. Die nach Umsatz und Packungsabsatz größte Gesellschaft der Gruppe, die SIG Combibloc GmbH & Co. KG mit Sitz in Linnich, betreut die Märkte in Westeuropa, dem Nahen Osten, Afrika und Südamerika. Die rund 1.600 Mitarbeiter erwirtschaften einen Jahresumsatz von mehr als 550 Millionen Euro. Jährlich werden in den vier Packungswerken - drei am Standort Linnich und einem in der Lutherstadt Wittenberg - insgesamt weit mehr als sechs Milliarden combibloc-Packungen abgesetzt.

Den internationalen Durchbruch erzielte SIG Combibloc bereits 1976 mit der Einführung von „combibloc aseptic", einem Verpackungssystem zur keimfreien Abfüllung von haltbaren Nahrungsmitteln. Viel Inhalt - wenig Verpackung, das ist das herausragende Merkmal des Getränkekartons. So reichen rund 28 Gramm Verpackung für einen Liter Inhalt, also weniger als drei Prozent des Gesamtgewichts.

Die Anerkennung von Getränkekartons als ökologisch vorteilhafte Getränkeverpackungen durch Umweltbundesamt und Bundesumweltminister seit Sommer 2000 war für SIG Combibloc ein wichtiges Ereignis. Heute sind Getränkekartons funktionierende und praktische Kreislaufverpackungen. Mit marktnahen Innovationen wie z. B. der combifit-Packung mit Schraubverschluss und einem wettbewerbsfähigen System mit attraktiver Kostenstruktur wird SIG Combibloc auch zukünftig den Herausforderungen von Märkten und Wettbewerb begegnen. ■

Der Standort Linnich.

Linnich.

The world's leading manufacturer of drinks cartons for fresh, long-lasting foodstuffs such as milk, juices, soups and sauces and, at the same time, a manufacturer of the of the corresponding filling machines - this is the sign of the SIG Combibloc Group. The group's largest company, SIG Combi-bloc GmbH & Co. KG, based in Linnich, looks after the markets in Western Europe, the Near east, Africa and South America. The approximately 1,600 employees bring in an annual turnover of well over 550 million Euro. Every year the company sells a total of more than six thousand million combibloc packs from its four packaging factories - three in Linnich and one in Wittenberg.

SIG Combibloc got its breakthrough in 1976 with the introduction of "combibloc aseptic", a packaging system for the bacteria-free filling of long-life foodstuffs. A lot of content but minimum packaging - this is the supreme feature of the drinks carton. Thus a 28 g pack is sufficient to hold a litre of content; in other words, less than three percent of the total weight.

The acceptance of drinks cartons as environmentally friendly beverage-containers by Germany's Federal Environmental Agency and the Federal Minister of the Environment since summer 2000 was an important event for SIG. Today drinks cartons function as practical, recyclable packaging. With innovations that are close to the market such as the combifit pack with its screw-top and competitive manufacturing system with its attractive cost-structure, SIG Combibloc will also be able to face the challenges of the market and competition in the future. ■

Extruder.

An extruder.

Tiefdruckmaschine.

A rotogravure press.

Hochleistungsfüllmaschine.

High-performance filling machine.

SIG Combibloc

SIG Combibloc GmbH & Co. KG

Geschäftsführer/Manager:
W. Walter Schäfers
(Vorsitzender der Geschäftsführung/
Chairman of the Managing Board)
Manfred Schlapps

Gründungsjahr/Year of Foundation:
1958

Mitarbeiter/Employees:
ca. 1.600

Umsatz/Turnover:
550 Mio. € (2001)

Geschäftstätigkeit/Business Activity:
Systemanbieter von Getränkekartonverpackungen für frische und haltbare Lebensmittel wie Milch, Saft, Suppen und Saucen und den entsprechenden Füllmaschinen
Manufacturer and seller of beverages packing systems for fresh and long-life foods such as milk, juices, soups and sauces, together with the corresponding filling machines

Anschrift/Address:
Rurstraße 58
D-52441 Linnich
Telefon +49 (2462) 79-0
Telefax +49 (2462) 79-2519
Internet www.sigcombibloc.com

Das Duale System – der ökologische Umgang mit Verpackungen

The Dual System – environmentally friendly Waste-Disposal

Abfallprobleme gehören in Deutschland - wie in vielen Ländern - zu den großen umweltpolitischen Herausforderungen. Noch vor einigen Jahren stand Deutschland vor dem Müllkollaps, die Deponiekapazitäten schienen bis zum Jahr 2000 erschöpft. Durch die Verpackungsverordnung konnte diese Entwicklung gestoppt werden. Diese Verordnung verpflichtet Handel und Industrie zur Rücknahme und Verwertung von Transport-, Um- und Verkaufsverpackungen. Sie eröffnet den Herstellern und Vertreibern aber die Möglichkeit, sich zur Erfüllung dieser Pflichten Dritter zu bedienen. Für Verkaufsverpackungen übernimmt das Duale System diese Aufgabe. Die Verpackungsverordnung trat 1991 in Kraft und wurde 1998 novelliert. Einer der Gründe dafür war die Anpassung der Verordnung an die Vorgaben der EG-Verpackungsrichtlinie. Gleichzeitig bekräftigt die Novelle die Rücknahme- und Verwertungspflicht für sämtliche Hersteller und Vertreiber von Verkaufsverpackungen, auch für diejenigen, die sich nicht am Dualen System beteiligen. Dies gilt ausdrücklich auch für Betriebe des Lebensmittelhandwerks. So schafft die Novelle verbesserte Rahmenbedingungen für mehr Wettbewerb und zur Kostensenkung bei der Abfallverwertung.

Lizenzzeichen des Dualen Systems ist der Grüne Punkt. Er zeigt an, dass für die Verpackungen, auf denen er aufgedruckt ist, vom Verpackungshersteller oder Abfüller ein Lizenzentgelt an das Duale System gezahlt wurde. Das zu entrichtende Lizenzentgelt, mit dem Sammlung, Sortierung und Verwertung der Verpackung finanziert werden, entspricht den tatsächlich anfallenden Entsorgungskosten. Es richtet sich nach dem verwendeten Material, dem Gewicht sowie der Stückzahl.

Die Verpackungsverordnung stellt folgende Bedingung an das Duale System: Die Erfassungssysteme müssen endverbrauchernah und flächendeckend betrieben werden. Dabei sind vorgegebene Verwertungsquoten einzuhalten. Insgesamt müssen zwischen 60 und 75 Prozent jedes einzelnen Verpackungsmaterials recycelt werden. Kunststoffverpackungen müssen zu 60 Prozent verwertet werden. 36 Prozent der lizenzierten Kunststoffverpackungen sind einer werkstofflichen Verwertung zuzuführen. Die Verwertung der restlichen 24 Prozent kann durch werkstoffliche, rohstoffliche und energetische Verfahren erfolgen. Die gesammelten und sortierten Verpackungen dürfen nicht deponiert werden. Außerdem schützt die Verpackungsverordnung bestehende Mehrwegsysteme.

Innovative Technik sorgt für eine ökoeffiziente Kreislaufwirtschaft.

Innovative technology ensures an environmentally friendly recycling economy.

Das Duale System hat sich bei der Wertstofferfassung bereits existierenden Sammelsystemen angepasst. Grundsätzlich lassen sich zwei Grundtypen bei den Entsorgungsmodellen unterscheiden: das Hol- und das Bringsystem. Beim Holsystem werden in der Regel in der Gelben Tonne oder im Gelben Sack gesammelte Verpackungen der Leichtstofffraktion (Kunststoffe, Verbunde, Aluminium, Weißblech) vom Entsorger direkt bei den einzelnen Haushalten abgeholt. Auch Papier wird in manchen Orten per Holsystem entsorgt. Beim Bringsystem hingegen liefern die Verbraucher die von ihnen gesammelten gebrauchten Verpackungen an so genannten Wertstoffcontainern oder Wertstoffhöfen ab, die sich in der Umgebung ihrer Wohnung befinden. Glas, nach Farben getrennt, und Kartonagen (Pappe, Papier, Karton) werden überwiegend auf diese Weise erfasst.

Verschiedene Entsorgungsunternehmen, kurz: die Entsorger, fahren vor Ort die gebrauchten Verpackungen ab und sortieren sie anschließend. Sie sind Vertragspartner des Dualen Systems, in dessen Auftrag die notwendigen Sammel- und Sortierleistungen in Abstimmung mit den Kommunen und Kreisen erbracht werden. In den Sortieranlagen sorgen manuelle und mechanische Verfahren dafür, dass Weißblech, Aluminium, Kunststoffe und Verbundstoffe voneinander getrennt und zu Wertstoffballen gepresst werden. In dieser Form werden sie anschließend über die Garantiegeber dem Recycling zugeführt.

Mit der Verpackungsverordnung hat der Gedanke der Kreislaufwirtschaft zum ersten mal Gestalt angenommen. Durch Entwicklungen im Bereich der Sortier- und Recyclingtechniken sind in den vergangenen Jahren erhebliche Verbesserungen in der Verwertung erreicht worden. Diese innovativen Abfallwirtschaftskonzepte werden weltweit mit Interesse aufgenommen. Der Grüne Punkt ist Symbol für die Umsetzung der Produktverantwortung von Herstellern und Abfüllern. In den vergangenen elf Jahren hat sich der Grüne Punkt zum weltweit meist genutzten Markenzeichen entwickelt. Rund 290 Millionen Verbraucher leben in „Grüne-Punkt"-Ländern, insgesamt ist er europaweit auf mehr als 460 Milliarden Verpackungen aufgedruckt. Rund 77.000 Lizenznehmer in aller Welt verwenden das Zeichen. Schon heute wird der Grüne Punkt in 15 europäischen Staaten als Markenzeichen genutzt. In Vorbereitung einer Nutzung des Grünen Punkts als Finanzierungskennzeichen haben Systeme in Kanada und Großbritannien administrative Lizenzverträge abgeschlossen. ■

Leistungsbilanz des Dualen Systems

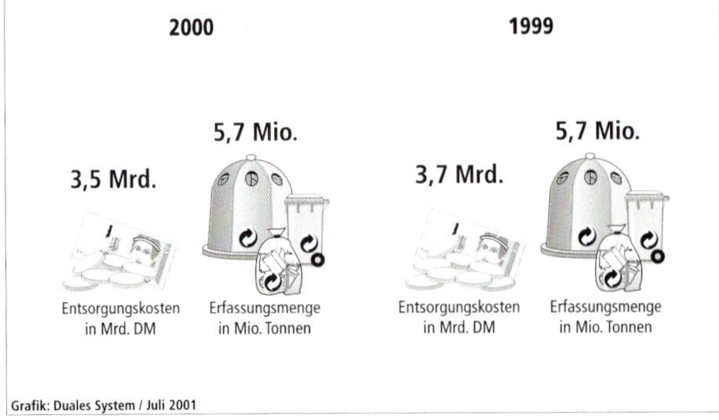

Grafik: Duales System / Juli 2001

As in many other countries, waste ranks among Germany's biggest environmental problems. Only a few years ago Germany had so much refuse it was almost collapsing and it looked as though they would have no more landfill space by the year 2000. This process was halted by the Packaging Ordinance. The ordinance obliges industry and trade to take back and recycle transport- and sales pack-ag-ing material. However it gives manufacturers the opportunity to let others fulfil these obligations on their behalf. The Dual System takes over this task in respect of sales packaging. The Packaging Ordinance came into force in 1991 and was amended in 1998. One of the reasons for this was the adjustment of the ordinance to the directive of the European Community's Packaging Directive. At the same time the amendment reinforced the obligation on the part of all manufacturers and distributors to take back and recycle sales packaging, including those manufacturers and distributors not participating in the Dual System. This applies expressly to food-producers and sellers. The amendment thus creates improved parameters for more competition and cost-cutting in the recycling process.

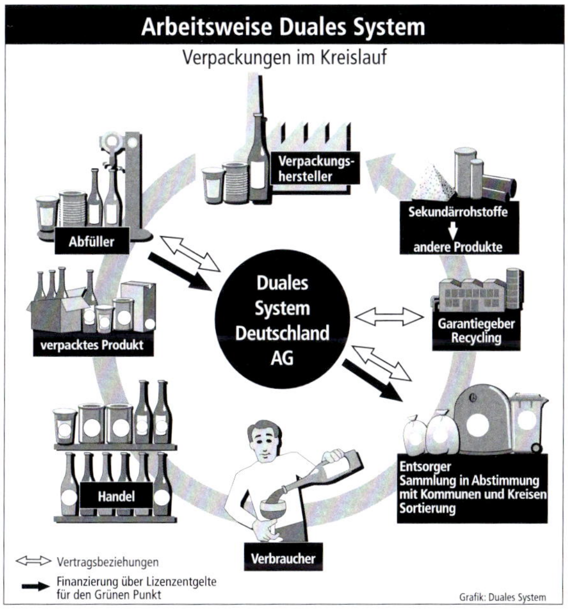

The licensed symbol of the Dual System is the Green Dot, which shows that the manufacturer of the packaging on which it is printed has paid a licence fee to the Dual System. The payable licence fee, which finances the collection, sorting and recycling of the packaging, corresponds to the actual waste management costs and is based on weight, item and material of the individual packaging. The Packaging Ordinance imposed the following conditions on the Dual System: The recording systems must be consumer friendly and operated on a nationwide basis, and prescribed recycling quotas which must be adhered to. As a whole between 60 and 75 percent of each individual piece of packaging must be recycled. 60 percent of plastic packaging have to be recovered, 36 percent must be recycled. The remaining 24 percent may be recoverd or incinerated to provide energy or heating. Collected and sorted packaging may not be simply confined to landfill.

The Packaging Ordinance also protects existing recycling systems. The Dual System has adjusted to the existing collection system in respect of recyclable materials. We distinguish between two basic types of waste collection, namely the Kerbside- and the Bring System. In the Kerbside system light packaging materials collected in the "Yellow Bin" or in the "Yellow Bag" (plastics, composites, aluminium and tinplate) are collected from individual households by the waste management company. Even paper is collected via this system in many places. With the Bring System, on the other hand, the consumer delivers his used packaging at so-called recycling containers or recycling yards in the vicinity to his house. Most glass, separated by colour, and carton-type material (paper, cardboard and pasteboard) is collected in this manner. Various waste management companies ("collectors", for short) collect these materials in each location and then sort them. They are contract partners of the Dual System, on whose behalf the necessary collection and sorting operations are carried out in agreement with the local authorities. Tinplates, aluminium, plastics and composites are sorted manually and mechanically in the sorting stations and pressed into bales. They are then forwarded to the recycling process.

The idea of a recycling economy first took shape with the Packaging Ordinance. Considerable improvements have taken place in the past years through developments in sorting and recycling techniques. These innovative concepts in packaging recycling are being received with interest throughout the world. The Green Dot is the symbol of the implementation of responsible packaging by manufacturers and fillers. In the past eleven years the Green Dot has developed into the most frequently used trade mark in the world. Some 290 million consumers live in "Green Dot" countries, and in Europe it has been printed on more than 460 billion pieces of packaging. Some 77,000 licensees all over the world use the symbol, and it is already used as a trade mark in 15 European countries. Systems in Canada and the United Kingdom have concluded agreements on the protection of the Green Dot trade mark. ■

Der Grüne Punkt – Duales System Deutschland AG

Aktionäre/Shareholders:
ca. 600 Unternehmen aus Handel, Konsumgüter- und Verpackungsindustrie sowie Vormateriallieferanten
about 600 companies from the trade, consumer and packaging industries and raw material suppliers

Vorstand/Executive Board:
Wolfram Brück (Vorsitzender/CEO)
Diether Buchmann
Manfred Sutter

Aufsichtsratsvorsitzender/ The chairman of the Board of Directors:
Karl-Josef Baum

Vorsitzender des Kuratoriums/ The chairman of the Advisory Panel/ Board of Trustees:
Jürgen Walter

Gründungsjahr/Year of Foundation: 1990

Mitarbeiter/Employees: 381

Stammkapital/Nominal Capital: 1.540.000 €

Geschäftstätigkeit/Business Activity:

Ziele/Aims:
- Vermeidung und stoffliche Verwertung von Verkaufsverpackungen
- Gewinnung von Sekundärrohstoffen und Rückführung in den Wertstoffkreislauf im Sinne der Nachhaltigkeit
- Avoidance and recovery of sales packaging
- Obtaining secondary raw materials and their return to the material waste stream for the purpose of recycling and sustainability

Zweck/Purpose:
privatwirtschaftliche Organisation der Sammlung und Sortierung von gebrauchten Verkaufsverpackungen
Collection and sorting of used sales packaging by a private company

Anschrift/Address:
Frankfurter Straße 720–726
D-51145 Köln (Porz-Eil)
Telefon +49 (2203) 937-0
Telefax +49 (2203) 937-190
E-Mail pressestelle@gruener-punkt.de
Internet www.gruener-punkt.de

GfW Nordrhein-Westfalen – Global Business Partner

GfW North Rhine-Westphalia – Global Business Partner

NRW – Motor von Industrie, Dienstleistung und Hightech

Nordrhein-Westfalen hat im Laufe seiner mitunter wechselvollen Geschichte immer wieder eine führende Rolle als pulsierendes Wirtschaftszentrum eingenommen. Auch heute ist das Land im Herzen Westeuropas eine der treibenden Wirtschaftsregionen auf dem europäischen Kontinent. Zusammen mit seinen Nachbarn Niederlande und Belgien sowie Nordfrankreich und Südengland ist NRW der Motor von Industrie, Dienstleistung und Hightech. Das bevölkerungsreichste und wirtschaftsstärkste deutsche Bundesland hat in seiner Wirtschaftsgeschichte intensive Erfahrungen mit dem Einsatz von Wirtschaftsförderungsmaßnahmen zur Entwicklung des Standortes gemacht und ist heute Modell für erfolgreichen Strukturwandel.

In den 60er-Jahren forderten Politik und Wirtschaft im Zuge der ersten Struktureinbrüche in der Montanindustrie neue Instrumente für eine die Wirtschaft begleitende aktive Wirtschaftsförderung. Dabei ging es vor allem um die Diversifizierung der stark monostrukturierten Industrie in NRW durch die Akquisition und Begleitung von Neuansiedlungen. So konzentrierten sich die Aufgaben der 1960 als Reaktion auf den beginnenden Strukturwandel gegründeten landeseigenen Gesellschaft für Wirtschaftsförderung Nordrhein-Westfalen mbH (GfW) bis Mitte der 80er-Jahre auf Ansiedlungs- und Finanzierungsberatung von investitionswilligen Unternehmen aus dem In- und Ausland. Ende der 80er-Jahre kam als neue Aufgabe die Unterstützung nordrhein-westfälischer Unternehmen bei der Erschließung schwieriger Auslandsmärkte hinzu.

Wirtschaftsförderung – Service aus einer Hand

Auf den Ebenen Land, Region, Kreis und Kommune hat sich in NRW ein ganzes Tableau von Einrichtungen zur Wirtschaftsförderung entwickelt, um die unterschiedlichen Anforderungen der Standortentwicklung praxisorientiert bedienen zu können.

Blick auf den Düsseldorfer Fernsehturm.

A look at the Düsseldorf TV tower.

Petra Wassner

Die Autorin ist seit 1991 in der Wirtschaftsförderung des Landes NRW tätig. Von 1995 bis 1998 leitete sie die Management-Gruppe NRW, die insbesondere Sofortmaßnahmen für Unternehmen in der Krise bot.
Im März 2001 ernannte Wirtschaftsminister Ernst Schwanhold Petra Wassner zur Geschäftsführerin der Gesellschaft für Wirtschaftsförderung Nordrhein-Westfalen mbH (GfW).

The author has been active in promoting business in the State of North Rhine-Westphalia since 1991. From 1995 to 1998 she headed the NRW Management Group, which offered emergency measures to companies in difficulties. In March 2001 Minister of Commerce Ernst Schwanhold appointed Petra Wassner General Manager of the North Rhine-Westphalia Business Promotion Company Ltd (GfW).

GfW Nordrhein-Westfalen
Global Business Partner

Wirtschaftsförderung in Nordrhein-Westfalen wollte und will also mehr sein als nur eine kompetente Anlaufstelle zur Umsetzung von Förder- und Strukturprogrammen. Ihr Ziel ist es, die Qualität der Standortfaktoren für Unternehmen optimal zu gestalten und ihnen einen umfassenden Service aus „einer Hand" anzubieten.

Von Anfang an befand sich die Wirtschaftsförderung in Nordrhein-Westfalen an der Schnittstelle zwischen Politik und Verwaltung einerseits und den Erwartungen der Unternehmen andererseits. Die

Titelbild des Welcome Specials New Media.

The title cover of the Welcome Specials New Media.

NRW – the Motor of Industry, Services and High-Tech

In the course of its eventful history North Rhine-Westphalia (NRW) has repeatedly taken a leading role as a thriving economic centre. Even today the State in the heart of Europe is one of the driving forces economic regions on the European continent. Together with its neighbours Holland and Belgium as well as Northern France and Southern England North Rhine-Westphalia is the motor of industry, services and high-tech. Over the course of its economic history Germany's most populous State has much experience in the use of business promotion schemes for its economic development and today it is a model of successful structural change.

In the wake of the first structural setbacks in the iron and steel industry in the 1960's governments and business promoted new methods of active business promotion. This took the form of the breaking-up of heavily monolithic industry structures in NRW through the acquisition of newly arrived companies. As a reaction to the nascent structural change in the 1960's the tasks of the newly-founded State-owned North Rhine-Westphalia Business Promotion Company thus concentrated, until the middle of the 1980's, on advising newly-arrived companies and providing financial advice to those German and overseas companies interested in investing in the State. At the end of the 1980's the company was given another task, namely, helping those companies based in the State gain access to difficult foreign markets

Business Promotion – "One-Stop-Shop" Service

A completely new type of organisation for business promotion has developed in rural areas, regions, counties and local bodies of North Rhine-Westphalia in order to service the various requirements of location development in a practical manner. Business promotion in NRW wanted and still wants to be more than just a competent service-centre for the implementation of subsidy and structural programmes. Its goal is to shape the quality of location factors for companies as well as possible and to offer them a comprehensive "one-stop-shop" service.

Titelbild des Flyers „Europartner NRW – Europäische Unternehmenskontakte.

The title cover of the flyer "Europartner NRW – European Company Contacts".

Diplom in der Tasche ...

A degree in the pocket ...

Institutionen der Wirtschaftsförderung positionierten sich dabei innerhalb des Rasters der vorhandenen Einrichtungen – wie Kammern, Verbände, Technologiezentren und Forschungseinrichtungen – als kompetente Partner für die Unternehmen und Institutionen vor Ort. Bis heute verstehen sich nordrhein-westfälische Wirtschaftsfördereinrichtungen auch als Moderatoren zwischen den verschiedenen Interessen. Mehr als ein Drittel der Einrichtungen für Wirtschaftsförderung in NRW wählten die „GmbH“ als Organisationsform, was die Nähe zur Wirtschaft dokumentiert.

... und Geschäftsidee im Kopf.

... and a business idea in the head.

Kooperation als Wettbewerbsvorteil

War die Aktivierungsphase der Einrichtungen der 60er- und 70er-Jahre auch durch ein mitunter ausgeprägtes Wettbewerbsdenken der Regionen untereinander gekennzeichnet, so hat das Land durch die Vernetzung der unterschiedlichen Ebenen – insbesondere auch durch innovative Modelle der regionalen Struktur- und Technologiepolitik – die Konsensbildung von Regionen und Branchen gefördert. Im Zentrum dieses Netzwerkes kooperiert die Gesellschaft für Wirtschaftsförderung Nordrhein-Westfalen mbH (GfW) mit allen für wirtschaftliches Handeln verantwortlichen Partnern im Lande und setzt mit ihnen gemeinsam Projekte um. Die GfW Nordrhein-Westfalen organisiert einen breiten Informations- und Erfahrungsaustausch zwischen den verschiedenen Ebenen der Wirtschaftsförderung. Die Notwendigkeit zur Kooperation steht im Mittelpunkt zahlreicher gemeinsamer Aktivitäten und Projekte von Land, Kommunen und Partnern aus Wirtschaft und Institutionen. Nicht zuletzt durch die enge Zusammenarbeit mit dem „Verein der Wirtschaftsförderungs- und Entwicklungsgesellschaften (VWE)“ und der Arbeitsgemeinschaft der Kommunalen Wirtschaftsförderung in NRW (AGKW), in der die Wirtschaftsförderungen der Kommunalverwaltungen zusammengeschlossen sind, wird der Kooperationsgedanke umgesetzt.

Right from the beginning business promotion in North Rhine-Westphalia was on the one hand at the interface of politics and the authorities and the expectations of companies on the other hand. Business promotion organisations positioned themselves within the framework of existing organisations – such as Chambers of Industry, industry associations, technology centres and research institutes – as competent partners on the spot. Even today business promotion organisations in North Rhine-Westphalia see themselves as moderators between various interests. More than a third if the business promotion organisations in NRW chose the "GmbH" (limited liability company) as the prefered legal company form, which shows its closeness to the commercial sector.

Cooperation as an Advantage in Competition

If the activation phase of these organisations in the 1960's and 1970's was sometimes characterised by a distinctly competitive mentality on the part of the regions, the State has promoted consensus between the regions and various industry sectors by cross-linking the various levels – especially through innovative models of regional structural and technological policies.

In the Centre of this Network the North Rhine-Westphalia Business Promotion Company

(GfW) cooperates with all those partners involved in commercial activities in the State and is imple menting programmes together with them. The GfW organises a very broad exchange of information and experiences between the various levels of business promotion. The necessity for cooperation is the focus of countless common activities and projects by State, regions and partners from business

In der Senderegie von QVC.

In the director's office at QVC.

Ein Blick von der Zuschauergalerie in das Studio 1 von QVC.

A look from the visitors' galery into Studio 1 at the QVC.

Best – Practice – vom Erfolg anderer lernen

Die GfW Nordrhein-Westfalen realisiert praxisorientierte Weiterbildungs- und Kommunikationsmaßnahmen und übernimmt die Koordination bei der Umsetzung von Dachkampagnen des Landes wie der Gründungs-Offensive *„Go!“*, die seit 1996 erfolgreich Existenzgründungen durch Information, Beratung und Coaching unterstützt. Informationen und Modelle aus einzelnen Regionen stellt die GfW Nordrhein-Westfalen allen Partnern des Netzwerkes zur Verfügung. Dadurch wird das Instrumentarium auch kleinerer Einrichtungen in NRW erweitert, die das Know-how aller Partner für die eigene Wirtschaftsförderung nutzen können.

Seit 1999 begleitet die heute rund 50 Mitarbeiter umfassende GfW Nordrhein-Westfalen auch die Mittelstands-Offensive *„move“*. Ziel dieser Gemeinschaftsaktion des Bündnisses für Arbeit, Ausbildung und Wettbewerbsfähigkeit in NRW ist es, die Entwicklungsbedingungen für mittelständische Unternehmen am Standort NRW spürbar zu verbessern, um bestehende Unternehmen und Arbeitsplätze zu sichern und Anreize für Wachstum und Innovationen zu schaffen. Partner der Gemeinschaftsaktion sind Institutionen und Organisationen aus Wirtschaft, Wissenschaft, Politik und Verwaltung. *„move“* soll die Zusammenarbeit von Mittelstand und Verwaltung sowie Finanzierungsstrukturen für mittelständische Unternehmen verbessern und Veränderungs- und Qualifizierungsprozesse unterstützen. Zudem soll ein stärkerer Wissenstransfer die Innovationsprozesse in den Unternehmen fördern. Die Mittelstands-Offensive NRW versteht sich als dezentrale Mitmach-Aktion, die Modelle der Partner in Best-Practice-Listen dokumentiert und damit zum Nachahmen gelungener Beispiele motivieren will.

Singapur – auch hier haben sich enge Beziehungen nach NRW entwickelt.

Singapore, where close contacts to NRW have developed as well.

Service-Center Mittelstand

Begleitend zur Mittelstands-Offensive NRW hat die GfW Nordrhein-Westfalen das Service-Center Mittelstand (SCM) eingerichtet. Das SCM versteht sich als Dienstleister für Unternehmen und regionale Partner der Mittelstands-Offensive NRW. Unternehmen, die einen Ansprechpartner vor Ort suchen, können sich an das SCM wenden. Auf Basis einer Rückrufgarantie von drei Tagen vermittelt das SCM den zuständigen regionalen Partner oder einen fachbezogenen Experten. In Kooperation mit über 500 regionalen Service-Partnern verfolgt das SCM Fälle bis zur Lösung, dokumentiert sie und schaltet ggf. Ressorts der Landesregierung in den Prozess ein. Ein erfolgreicher Ansatz: Aufgrund des landesweiten Netzwerkes von Experten aus Kammern, Kommunen, Technologiezentren, Wirtschaftsförderungseinrichtungen sowie weiteren Institutionen kann das SCM auf das breite Spektrum der Unternehmensanfragen schnell und unbürokratisch reagieren. Die vermittelten Experten vor Ort unterstützen die Firmen bei Fragen zu Finanzierungs- und Förderprogrammen, Erschließung von Auslandsmärkten und Genehmigungsverfahren bis hin zu Umweltschutzthematiken. Die Akzeptanz des SCM spiegelt sich auch in den zahlreichen Anfragen der Service-Partner wieder, die das SCM als Informations- und Recherchestelle nutzen.

GfW Nordrhein-Westfalen – international präsent

Im Zuge wachsender Nachfrage nordrhein-westfälische Unternehmen nach Unterstützung bei der Erschließung von Auslandsmärkten gründete die GfW Nordrhein-Westfalen zwei Tochtergesellschaften in Japan und Singapur. Außerdem hat die GfW Auslandsrepräsentanzen in den USA, in China und Korea. Sie arbeiten als Kontaktstellen zu Behörden und Unternehmen im jeweiligen Zielland, stellen Informationen über politische und ökonomische Entwicklungen bereit, leisten organisatorische Unterstützung bei Kooperations Projekten und sind Ansprechpartner für potenzielle Investoren bei Standortfragen zu NRW sowie für nordrhein-westfälische Unternehmen bei Fragen der Markterschließung. Die GfW Auslandsniederlassungen haben eine zentrale Rolle im internationalen Standortmarketing des Landes NRW.

NRW City Forum in Tokio

Die GfW Nordrhein-Westfalen bietet wichtigen Märkten ein Forum für für nordrhein-westfälische Unternehmen und Produkte und stellt Kontakte zu investitionswilligen internationalen Unternehmen her. Teil dieser Aktivitäten ist das NRW City Forum, die bedeutendste wirtschaftsbezogene Veranstaltung zwischen Nordrhein-Westfalen als dem japanischen Wirtschaftszentrum in Kontinentaleuropa und Japan. Im Herbst 2001 fand das City Forum zum vierten Mal in Tokio statt. Es präsentierten sich Städte und Gemeinden Nordrhein-Westfalens ebenso wie Brancheninitia-

and other organisations. The idea of cooperation is being implemented not least by the close cooperation between the Business Promotion and Development Associations (VWE) and the Local Body Business Promotion Working Group, an amalgamated group of local body business promotion organisations.

Best Practice – learning from the Success of others

The North Rhine-Westphalia Business Promotion Company (GfW) puts practical educational and communication measures into practice and coordinates the implementation of State umbrella campaigns such as the foundation of the "Go!" company start-up campaign, which has successfully supported company start-ups with information, advice and training. The North Rhine-Westphalia (GfW) makes information and models from individual regions available to all partners in the network. In this way the tools of the smaller firms in NRW are also expanded, which all partners can use for their own business promotion.

The approximately 50 employees of the GfW have also been assisting the Mittelstand (medium-class-sized business) campaign "move" since 1999. The aim of this cooperative initiative of the Alliance for Employment, Apprenticeships/Traineeships and Competitiveness in NRW is to noticeably improve the development conditions for medium-sized firms in NRW in order to ensure the future of these companies and jobs, and to create incentives for growth and innovation. The partners of this cooperative initiative are organisations and organisations from commerce, politics, the scientific community and the authorities. "move" is designed to support the cooperation between the Mittelstand (middle class) sector and the authorities as well as financial structures for medium-sized companies and support change and qualification processes. In addition a stronger transfer of knowledge will support the processes of innovation in companies. The "NRW Mittelstand" campaign sees itself as a decentralised "join-in" initiative which documents models of the partners in "Best-Practice-Listen" and thus wants to motivate them to imitate successful examples.

A Service-Centre for the Mittelstand Sector

Along with the NRW Mittelstand campaign the GfW set up the Mittelstand Service (SCM). The SCM regards itself as a service organisation for firms and regional partners of the NRW Mittelstand campaign. Companies looking for a contact point on the spot can apply to the SCM. The SCM arranges for a regional partner or a specialist and guarantees that the company will be contacted by phone within three days. In cooperation with over 500 regional service partners the SCM follows cases until they are solved, documents them and if necessary brings people in the State Government into the process. This approach has proved successful: because of the State-wide network of experts from Chambers of Industry and Trades Chambers, local bodies, technology centres, business promotion organisations and other organisations, the SCM can react quickly and unbureaucratically to the wide range of questions posed by the companies. The on-the-spot experts it arranges for support the companies in matters of finance and subsidies, the gaining of overseas markets, approvals right up to topics environmental protection. the acceptance of the SCM is reflected in the countless enquiries to the service partners used by CSM as sources of information and for research.

The GfW North Rhine-Westphalia – an international presence

In the wake of growing demand by companies in North Rhine-Westphalia for assistance in gaining overseas markets the GFW founded two subsidiaries in Japan and Singapore. The GFW also has overseas representation in the USA, in China tiven des Landes. Eine Vielzahl von Referenzunternehmen begleiteten die Kommunen. Bei Fachseminaren und Firmenvorträgen konnten sie sich der japanischen Wirtschaft vorstellen.

One-Stop-Agency für Investoren

Neben Standortmarketing, Projekt- und Informationsmanagement zählt die nordrhein-westfälische Wirtschaftsförderungsgesellschaft heute Beratungsleistungen bei Ansiedlungen zu ihren Kernaufgaben. So wurde zum Beispiel 1996 QVC, der amerikanische Marktführer im Teleshopping, bei seiner Standortwahl begleitet. An den Standorten Düsseldorf, Bochum und Neuss wurden damit über 1.000 Arbeitsplätze geschaffen. QVC hat inzwischen sein Engagement in NRW weiter verstärkt, errichtet am Standort Hückelhoven im Kreis Heinsberg sein zentrales Distributionszentrum. Durch diese mindestens 50 Millionen Euro umfassende Investition werden in der ersten Phase weitere 250 neue Arbeitsplätze geschaffen; deren Zahl soll mittelfristig auf bis zu 1.000 wachsen.

Rekordzeit bei Genehmigungsverfahren

Eine Erfolgsgeschichte ist auch die Ansiedlung des finnischen Papierproduzenten MYLLYKOSKI CONTINENTAL, der weltweit zu den Marktführern zählt. Das finnische Unternehmen hatte sich im Januar 2001 an die Landesregierung gewandt und um Unterstützung bei der Standortsuche für ein neues Papierwerk gebeten. Bei einem Investment von ca. 250 Millionen Euro entstehen bis zu 250 Arbeitsplätze. In dem durch großen Zeitdruck gekennzeichneten Projekt wurde die GfW Nordrhein-Westfalen mit der Identifikation von geeigneten Flächen betraut. Nach kürzester Zeit konnte nicht nur eine geeignete Fläche in Hürth-Knappsack gefunden werden, sondern durch die Kooperation aller Institutionen konnten die erforderlichen Genehmigungen in nur drei Monaten erfolgen.

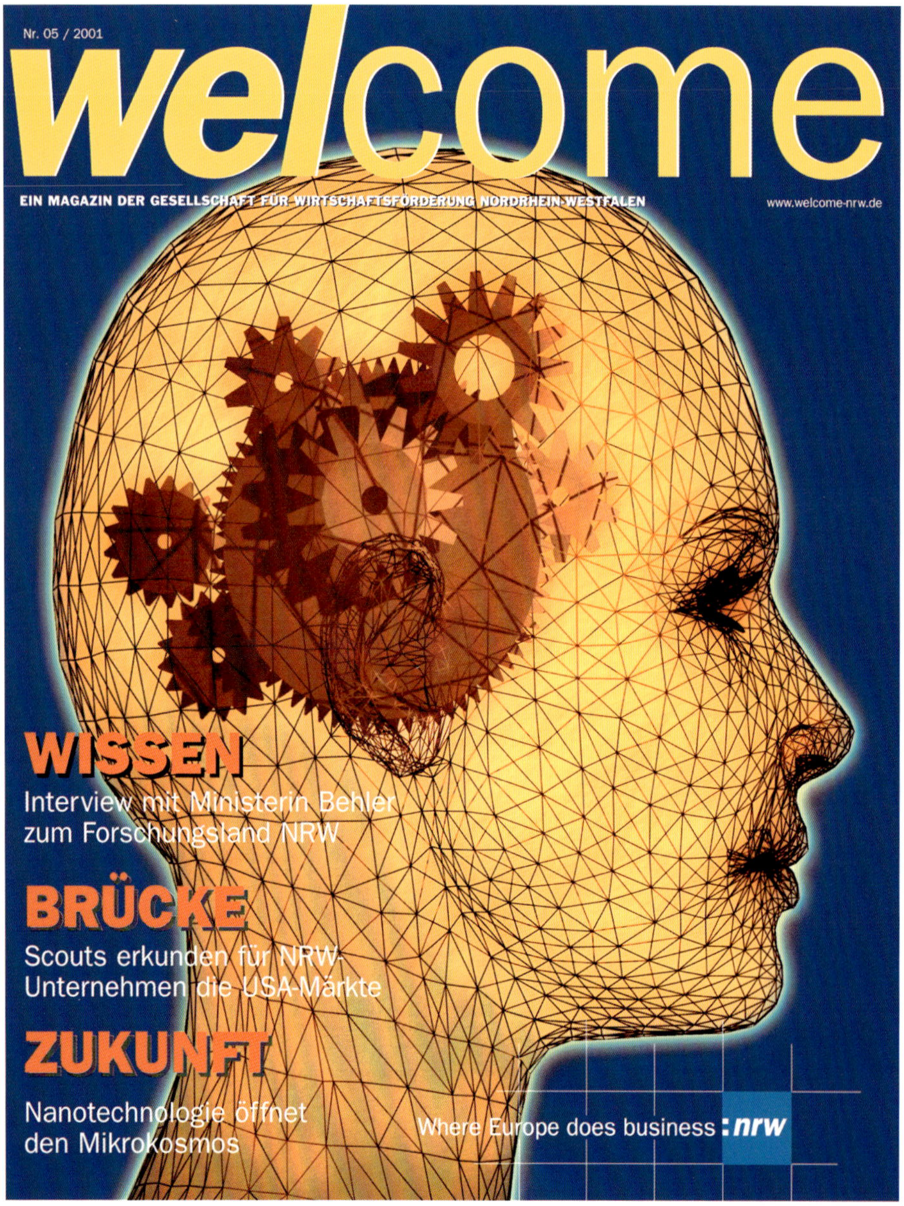

Titelbild der Welcome-Ausgabe V zum Themenschwerpunkt Forschungs- und Bildungsland NRW.

The title cover of the 5th edition of Welcome, with an article on NRW as a research and education State.

Aktiv für europäische Unternehmens-Kooperationen

Auf europäischer Ebene fördert die GfW zusammen mit dem Land und den Kammern die Kooperation kleiner und mittelständischer Unternehmen. Mit der in Dortmund stattfindenden Veranstaltung EUROPARTNER NRW gibt es seit 1995 eine Kooperationsbörse nordrhein-westfälischer und europäischer Firmen – ein weiterer Baustein zur Internationalisierung der heimischen Wirtschaft. Im Rahmen dieser Kooperationsbörse treffen sich alle zwei Jahre mittelständische Unternehmen aus ganz Europa, um mit potenziellen Kooperationspartnern erste Kontaktgespräche über grenzüberschreitende Kooperationen zu führen – ein probates Mittel, die Chancen des offenen europäischen Marktes zu nutzen und die Risiken zu minimieren. Die nächste EUROPARTNER NRW öffnet am 24./25. Juni 2002 in den Westfalenhallen in Dortmund ihre Pforten. Rund 400 mittelständische Unternehmen aus NRW und den fünf Partnerländern Niederlande, Belgien, Luxemburg, Großbritannien und Frankreich werden sich den erwarteten rund 1.000 besuchenden Unternehmen präsentieren.

Innovationspotenzial fördern

Die Erfolge machen es deutlich: Nordrhein-Westfalen hat mit der GfW in den vergangenen Jahrzehnten eine effektive Dienstleistung für die Wirtschaftsunternehmen am Standort zu Fragen der Ansiedlung, Erweiterung, Förderung und Finanzierung entwickelt. Doch die Qualität von Wirtschaftsförderung wird nicht nur an ihrem schnellen und flexiblen Service für bestehende und anzusiedelnde Unternehmen gemessen, sondern auch an ihrem „Innovationspotenzial", neue Projektideen zu entwickeln. Ausgehend von den Anforderungen der wirtschaftlichen Veränderungen, greift die GfW Nordrhein-Westfalen heute Themen wie „Venture Capital für neue innovative Unternehmen" oder „Unternehmensnachfolge" auf und setzt diese in Kooperation mit Partnern in ganz Nordrhein-Westfalen um.

Auf der Düsseldorfer Messe.
At the Düsseldorf Trade Fair.

and Korea. These representative offices work as points of contact to the authorities and companies in each potential overseas market, make information on political and economic developments, provide organisational support in joint venture projects and act as contacts for potential investors in questions on locating in NRW as well as for companies from North Rhine-Westphalia in questions on obtaining new markets. The GFW's overseas branches have a central role in the international marketing of NRW as a place to do business.

NRW City Forum in Tokyo

The GFW North Rhine-Westphalia offers important markets a forum for companies and products from that State and arranges contacts to international companies interested in investing there. A part of these activities is the NRW City Forum, the most important business-related event between North Rhine-Westphalia in its capacity as the Japanese business centre in continental Europe, and Japan. In autumn 2001 the City Forum took place for the fourth time in Tokyo. Cities and towns in North Rhine-Westphalia introduced themselves, as did sectoral initiatives from the State. A multitude of reference companies accompanied the towns. They introduced themselves in seminars and company addresses.

Denn der globale Wettbewerb von Standorten und Regionen um die Ansiedlung und den Erhalt von Unternehmen und damit von Arbeitsplätzen und Steuereinnahmen erfordert neue, kreative Instrumente, die national und international die Standortvorteile aufzeigen. Die GfW bündelt verschiedene Angebote in ihrem Online-Service. „Die Gewerbeflächendatenbank für NRW – Real Estate Database of NRW" ermöglicht im Internet unter www.germansite.de einen schnellen Zugriff auf alle in Nordrhein-Westfalen verfügbaren Gewerbeflächen.

Unter www.germaneconmics.de bietet die GfW Nordrhein-Westfalen insbesondere für ausländische Investoren und internationale Unternehmensberater Informationen zum Wirtschafts- und Investitionsstandort NRW mit Zahlen, Daten und Fakten zu einzelnen Branchen und zum Forschungs- und Entwicklungsland NRW an.

Markenimage für NRW

1999 hat die GfW die Standortmarketing-Kampagne NRW neu konzipiert. Weltweit präsentiert die GfW Nordrhein-Westfalen den Standort NRW und seine Regionen jetzt mit einem modernen und dynamischen Auftritt. Ziel der Kampagne ist es, das Land Nordrhein-Westfalen durch Imagewerbung national und international als den besten Standort für Investitionen und Ansiedlungen zu präsentieren.

Ein wesentliches Merkmal dabei ist die zielgruppenorientierte und branchenfokussierte Ausrichtung der Kampagne.

Als Basisinstrument zur Kommunikation der Standortmarketing-Kampagne NRW dienen ein eigenes Magazin „Welcome", das mit NRW- und Länderschwerpunkten vor allem für die Imagewerbung eingesetzt wird, sowie „Welcome specials", die einzelne Branchen oder Regionen vorstellen. „Welcome" zeigt in deutscher und englischer Sprache Highlights und Bestleistungen aus Forschung, Wissenschaft und Wirtschaft auf und dokumentiert mit Best-Practice-Beispielen die Attraktivität des Wirtschafts- und Lebensstandortes Nordrhein-Westfalen. Weitere Aktivitäten im Rahmen der Kampagne sind gezielte PR- und Medienarbeit, TV-Kooperationen und ein NRW-Imagefilm sowie die Konzeption und Durchführung nationaler und internationaler Events. Da in die Standortmarketing-Kampagne eine Vielzahl von Institutionen, Unternehmen und Regierungsstellen eingebunden sind, wurde im Auftrag der GfW Nordrhein-Westfalen eine „Allianzmarke" entwickelt, die die Kampagne als Dachmarke begleitet. Mit ihrem Engagement für die Marke „:nrw" zeigt die GfW, dass sie die Interessen des Landes in den Fokus ihrer Markenpolitik stellt. Damit trägt die „Allianzmarke" zum Aufbau und zur Besetzung eines unverwechselbaren Marken-Images für das Land Nordrhein-Westfalen bei. ■

A One-Stop-Agency for Investors

Besides location marketing, project- and information management, another of the GFW's core activities is the providing of advice to companies interested in establishing a presence in North Rhine-Westphalia is. So, for example, it assisted QVC, an American market leader in tele-shopping to choose a location in the State. This created over 1,000 jobs in Düsseldorf, Bochum and Neuss. QVC has since increased its presence in NRW, and is building its central distribution centre in Hückelhoven in the County of Heinsberg. Through the first phase of this investment of at least 50 million Euro 250 more jobs have been created, and this number is to increase in the mid-term to 1,000.

Approvals gained in record Time

Another success story is the establishment of the Finnish paper manufacturer MYLLYKOSKI CONTINENTAL, one of the world leaders in the field. The Finnish company went to the State Government and asked for assistance in looking for a site for a new paper factory. With an investment of some 250 million Euro, up to 250 jobs will be created. In this project, which was a very urgent one, the GFW North Rhine-Westphalia was given the task of finding suitable land. After a very short time not only was land found in Hürth-Knappsack, but through the cooperation of all organisations the necessary approvals were completed in only three months.

Active Cooperation with european Companies

At European level the GfW, together with the State and the Chambers of Industry and Trades Chambers promotes cooperation with small and medium-sized companies. There has been a cooperation exchange of companies from North Rhine-Westphalia and overseas in the form of the EUROPARTNER NRW in Dortmund since 1995 – a further element of the internationalisation of the local economy. As a part of this cooperation exchange medium-sized companies from all over Europe meet every two years to have preliminary contact negotiations on cross-border cooperation – a proven method of using the opportunities of the open European market and of minimising the risks. cooperation exchange. The next EUROPARTNER NRW will open its doors on 24th and 25th June 2002 in the Westfalenhalle in Dortmund. Around 400 Mittelstand companies from NRW and the five partner countries the Netherlands, Belgium, Luxemburg, Great Britain and France will introduce themselves to the expected 1,000 visiting companies.

Supporting innovative Potential

The GfW's successes make one thing clear: Over the last decade North Rhine-Westphalia has developed an effective service for the commercial sector on the spot on questions of establishing a presence, expansion, promotion and finance. But the quality of business promotion is not only measured by its fast and flexible service for existing companies and those yet to set up a business, but also by its "innovation potential", i. e. the ability to develop new projects and ideas. Starting with the demands of economic change the GfW North Rhine-Westphalia is seizing topics such as "Venture Capital for New Innovative Companies" or "Company Demand" and implementing them in cooperation with partners in North Rhine-Westphalia.

Global competition between locations and regions to get companies to establish their firms in a city or region and stay there, and keep jobs and tax revenue there as well, requires new, creative methods that point up the national and international advantages of each location. The GfW is combining various offers in an online service. The commercial-industrial property data base for NRW enables fast internet access at www.germansite.de to all available commercial and industrial properties in North Rhine-Westphalia. At the www.germaneconmics.de the GfW offers information to overseas investors and management consultants especially on NRW as a place to do business or to invest in, with facts, statistics and data on individual sectors and research and development in NRW.

A Brand Image for NRW

In 1999 the GfW North Rhine-Westphalia re-worked its location marketing campaign. All over the world the GfW introduced NRW and its regions with a modern, dynamic presentation. The aim of the campaign is to use image advertising nationally and internationally to introduce the State of North Rhine-Westphalia as the best location for investment and setting up a business. An essential feature here is the target-group-oriented and sector-focussed direction of the campaign. As a basic instrument for communicating the location marketing campaign NRW the GfW uses its own magazine "Welcome" to introduce NRW and its advantages, especially for image advertising. "Welcome Specials" are also used in this manner to present individual sectors or regions. "Welcome", printed in German and English shows the highlights and top achievements of research, science and business, and documents with best practice examples the attractiveness of North Rhine-Westphalia as a place to live and to do business. Other activities as part of the campaign are direct PR and media work, TV cooperation and an NRW image film, as well as the conception and implementation of national and international events. Since a multitude of organisations, companies and government agencies are included in the location marketing campaign, the GfW had an "alliance" brand developed, which accompanies the campaign as an "umbrella" brand. With its involvement for the brand "nrw", the GfW is showing that it is making NRW the focus of its brand policies. In this way the "alliance" brand contributes to the development and the composition of an unmistakable brand image for the State of North Rhine-Westphalia. ■

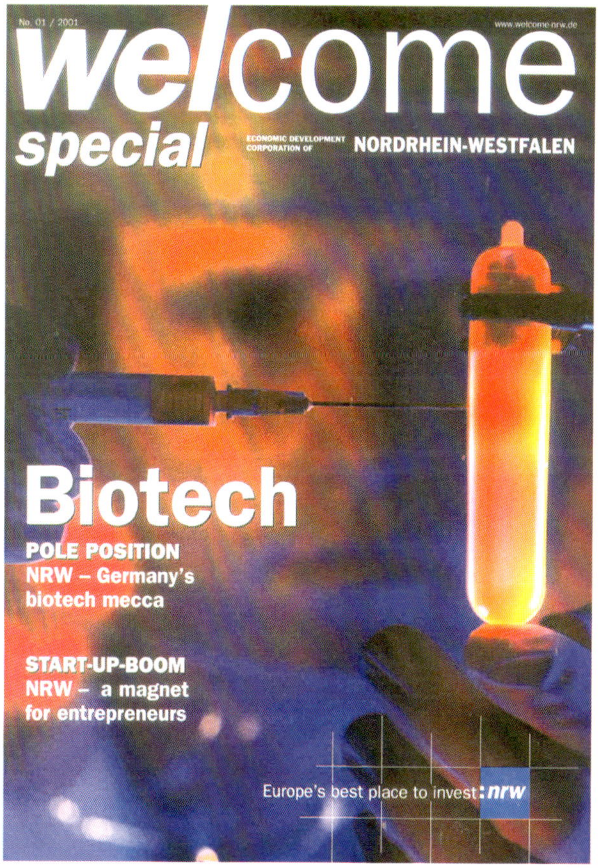

Der Partner für Unternehmensentwicklung Rationalisierung, Planung und Realisierun

The right Partner for management Development, Rationalisation, Planning and Effecting Strategies

Dr.-Ing. Werner Thomas.

Dipl-Ing., Dipl.-Wirtsch.-Ing. Martin Steidl.

Dipl.-Ing. Georg Vallender.

Nur wer Wettbewerb, Märkte und Kunden genau kennt, kann Strategien entwickeln und marktgerecht umsetzen. Das 1981 als Spin-off der RWTH Aachen gegründete Beratungsunternehmen bietet bedarfsorientierte Lösungen als Schlüssel zum Erfolg für seine Kunden an. Die vier Gesellschaften der GEBRA-Unternehmensgruppe (s. unten stehende Grafik) bieten Konzeption und Umsetzung aus einer Hand.

In den Geschäftsfeldern der GEBRA – Unternehmensentwicklung, Logistik, Beschaffungsmanagement, Produktionstechnik, Team- und Gruppenarbeit sowie Informationsverarbeitung – werden Konzeption und Umsetzung gemeinsam erarbeitet und durchgeführt. Mit Schulungen und maßgeschneiderten Seminaren werden Kompetenz und Motivation der Mitarbeiter gefördert – der gesamte Ablauf wird durch ein effizientes Projektmanagement unterstützt.

Die GEBRATEC ist auf den Geschäftsfeldern Technologieberatung, Beteiligungsmanagement sowie Führungs- und Entwicklungsberatung aktiv. In der Technologieberatung ist sie ein wichtiger Gesprächspartner bei technologieorientierten Unternehmensgründungen, im Beteiligungsmanagement betreut sie sowohl Untenehmen bei der Einwerbung von Eigenkapital als auch Banken und VC-Gesellschaften in der Führung ihrer Beteiligungen. Im Geschäftsfeld Führungs- und Entwicklungsberatung werden kaufmännische Funktionen, Systeme und Prozesse von der Konzeption bis in die Umsetzung unterstützt; hinzu kommen Sanierung, Reorganisation und Interim-Management.

Der Schwerpunkt der Tätigkeit der GEBRASIM, Gesellschaft für Beratung und Projektion von High-tech-Produkten, liegt in der Entwicklung und Anwendung von High-End Simulations- und Trainingsgeräten, der Darstellung der Virtuellen Realität, dem Interactivem Internet, dem E-Commerce und der Projektspezifizierung.

Die Geschäftsfelder der MAIX – Kundenzufriedenheitsmessung, Marktanalysen, Produkttests, Werbeerfolgskontrolle – sind aus der Marktforschung mit dem Ziel entwickelt worden, intensive Kundenberatung zu betreiben und umsetzbare Handlungsempfehlungen zu erarbeiten. ■

GEBRA

Unternehmensgruppe

GEBRA
Gesellschaft für Betriebsorganisation und Rationalisierung mbH

GEBRATEC
Gesellschaft für Technologieberatung

GEBRASIM
Gesellschaft für Beratung und Projektion von High-Tech-Produkten

MAIX
Market Research & Consulting

GEBRA
Gesellschaft für Betriebsorganisation und Rationalisierung mbH

GEBRASIM
Gesellschaft für Beratung und Projektion von High-Tech-Produkten

GEBRATEC
Gesellschaft für Technologieberatung

MAIX
Market Research & Consulting

on Strategien

Only those people that are closely acquainted with competition, markets and customers can develop and put into practice strategies in line with marketing requirements. The management consultancy, founded in 1981 as a spin-off of the RWTH, or Rheinisch-Westfälische Technische Hochschule in Aachen (Aix-la-Chapelle) offers needs-based solutions as the key to success for its clients. The four companies of the GEBRA Group (see table below) offer ideas and practical assistance in a single package.

In the fields of the GEBRA's activities – management development, logistics, purchasing management, team and group work, and information processing – concepts and their realisation are worked out and carried out together. The firm uses staff training and made-to-measure seminars to promote employee competence and motivation – the whole process is supported by efficient project management.

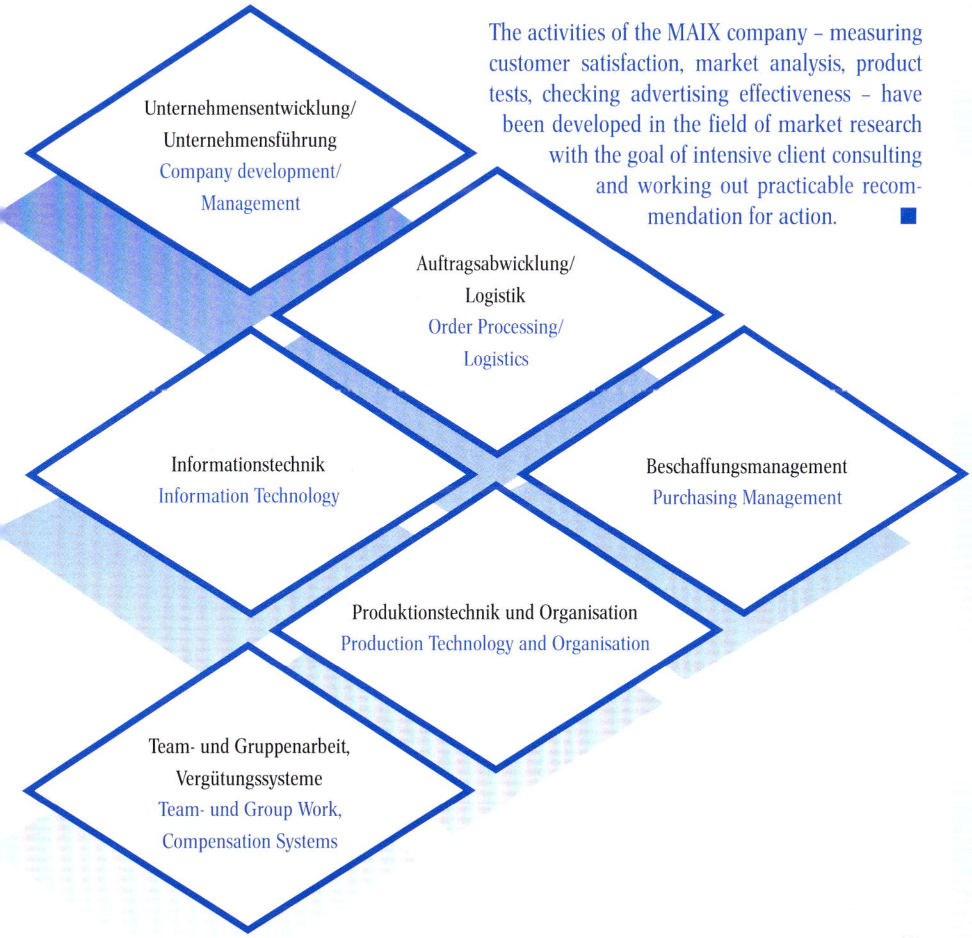

GEBRATEC is active in the fields of technology consulting, investment management, as well as management and development consulting. In technology consulting it is an important partner in technology-oriented company start-ups; in participatory management it looks after both companies wishing to acquire paid-up capital and banks and venture capital companies in managing their investments. In the fields of management and development consulting commercial functions, systems, and processes are assisted from the drawing board to implementation. They also assist in company restructuring, reorganisation and interim management.

The main area of GEBRASIM's activities (GEBRASIM = Gesellschaft für Beratung und Projektion von Hightech-Produkten or Hightech Product Consulting and Projections) is in the development and use of high-end simulation and training equipment, the presentation of virtual reality, interactive internet, e-commerce and project specification.

The activities of the MAIX company – measuring customer satisfaction, market analysis, product tests, checking advertising effectiveness – have been developed in the field of market research with the goal of intensive client consulting and working out practicable recommendation for action. ■

GEBRA Unternehmensgruppe
GEBRA Group

Geschäftsführer/General Manager:
Dr.-Ing. Eckart Schomburg
Dr.-Ing. Werner Thomas
Dipl.-Ing., Dipl.-Wirtsch.-Ing. Martin Steidl
Dipl.-Ing. Georg Vallender
Dr. Ralf Zacharias
Dr. Gunter Härdtl

Gründungsjahr/Year of Foundation:
1982

Mitarbeiter/Employees:
22

Anschrift/Address:
Schloss-Rahe-Straße 3
D-52072 Aachen
Telefon +49 (241) 120 24
Telefax +49 (241) 120 26
E-Mail info@gebra-aachen.de
Internet www.gebra-aachen.de

„move“ – Mittelstands-Offensive fördert Bewegung, Kreativität und Visionen

“move” – a Job-Offensive by the Medium-Sized Sector of the Economy promotes Movement, Creativity and Vision in the Job Market

Der Mittelstand ist DIE Jobmaschine in Nordrhein-Westfalen. Genau diese Unternehmer sind es, die drei von vier Arbeitsplätzen anbieten – das sind 4,2 Millionen Beschäftigte – und sogar vier von fünf Ausbildungsplätzen. Eine schubstarke Innovationskraft Hand in Hand mit traditionell hoher Qualität in fast 700.000 kleinen und mittleren Firmen in NRW sind die sicherste Basis für eine blühende, der Zukunft zugewandte Wirtschaft.

Auch wenn so viel aus eigener Kraft geschafft wird: die Rahmenbedingungen für den Mittelstand müssen immer wieder auf ihren Erfolg überprüft und den Erfordernissen angepasst werden. Dabei gilt es, die Zusammenarbeit zwischen Politik, Verwaltung und Wissenschaft mit der Wirtschaft „gängig“ zu machen. All diesen Zielen ist move gewidmet, die Mittelstandsoffensive des Landes Nordrhein-Westfalen. Ergänzt wird move durch GO!, die Gründungsoffensive in NRW. Das move-Netzwerk besteht inzwischen aus über 400 Partnern. Neben der Landesregierung sind dies u. a. der Nordrhein-Westfälischer Handwerkstag, die Vereinigung der Industrie- und Handelskammern NRW, die Landesvereinigung der Arbeitgeberverbände NRW e. V., die Arbeitsgemeinschaft der kommunalen Spitzenverbände, aber auch die Gewerkschaften. Während move den bereits etablierten Unternehmen zur Seite steht, ist der „kleine Bruder“, das Gründungsnetzwerk GO!, ganz auf die Beratung bei der Firmengründung ausgerichtet. GO! macht dabei die Wege transparent zu möglichen Finanzierungsquellen wie öffentliche Förderprogramme, Beteiligungs- bzw. Wagniskapital oder die Zusammenarbeit mit einem Business Angel.

Ein spezieller Aspekt dieser Dienstleistungen ist besonders hervorzuheben: das Thema Unternehmensnachfolge und Firmenübernahme, das von move und GO! gemeinsam betreut wird. Dabei ist das Interesse der möglichen Partner ganz erstaunlich hoch: Bereits rund 4.000 Frauen und Männer haben sich in NRW als potenzielle Nachfolger von Unternehmen gemeldet. Über 1.000 von ihnen – darunter allerdings leider nur rund 40 Frauen – sind nach einem Qualifizierungskonzept bisher in den Pool aufgenommen worden. Und andererseits haben sich bereits 1.400 Unternehmerinnen und Unternehmer für das Projekt interessiert. 360 von ihnen sind aktiv im Pool und sage und schreibe 170 Firmen konnten bereits an engagierte Nachfolger übergeben werden.

Nordrhein-Westfalen, und hier insbesondere das Ruhrgebiet, steckt in einem tiefgreifenden Strukturwandel. Da ist es kein Wunder, dass Hilfestellungen zum Veränderungs-Management einen weiten Schwerpunkt bei move bilden. Wie können sich Unternehmen fit machen angesichts geradezu sprunghaft sich verändernder Märkte? Eine der Antworten darauf besteht in der Qualifizierung der Mitarbeiter – und auch dabei leistet move seinen Beitrag. Als Unternehmer und Präsident der UnternehmerverbandsGruppe habe ich natürlich auch meine eigenen Vorstellungen von solchen Zukunftsmaßnahmen. Ich glaube beispielsweise fest daran, dass die Weiterbildung der Mitarbeiter über Qualifizierungsgutscheine am sinnvollsten ist. Dabei wird Entgelt und/oder Arbeitszeit in Qualifizierung verwandelt – bei beträchtlichem Selbstbestimmungsrecht.

PlusPunkt.

Plus Point.

Heinz Lison

Der Autor, 1943 in Barth an der Ostsee geboren, ist Diplom-Betriebswirt und Geschäftsführender Gesellschafter der Firma Neumann Elektronik GmbH in Mülheim an der Ruhr. Er war 1985 Mitgründer der PPP-Einrichtung des Landes NRW, des Zentrums für Innovation und Technik sowie Vorsitzender dessen Trägervereins. Ebenfalls war er lange Jahre Aufsichtsratsvorsitzender der ZENIT GMBH. Für diese Leistungen wurde ihm vom Bundespräsidenten das große Bundesverdienstkreuz am Bande verliehen. Heinz Lison bekleidet heute zahlreiche Ehrenämter, u. a. ist er Präsident der Unternehmensverbandsgruppe Ruhr-Niederrhein und Stellvertretender Präsident der IHK zu Essen, Mülheim und Oberhausen.

The author, who was born in 1943 in Barth on the Baltic Sea, has a degree in Business Administration and is managing partner of Neumann Elektronik GmbH in Mülheim an der Ruhr. He was formerly one of the founders of the PPP-Centre of the State of North Rhine-Westphalia, the Innovation and Technology Centre and Chairman of its funding body. He was also Chairman of the Board of Directors of ZENIT GmbH company for many years. For these achievements he was awarded the Grand Service Cross by Germany's President. Today Herr Lison occupies many honorary positions, including that of President of the Manufacturers' Association of the Ruhr and Northern Rhine and Vice-President of the Chamber of Industry and Commerce for Essen, Mülheim and Oberhausen.

The medium-sized sector of the economy is the job machine in North-Rhine-Westphalia. These entrepreneurs are the ones that offer would be employees three out of four jobs – 4.2 million, in other words – and four out of five apprenticeships or traineeships. A hefty innovative shove, hand in hand with traditionally high quality in almost 70,000 small and medium-sized firms in North-Rhine-Westphalia, form the basis for a glowing, future-oriented economy. Even if it has created so much on its own, the basic conditions for the medium-sized sector must be examined constantly for their success and adjusted to the latest requirements. Here it is a question of making cooperation between politics, the public service and science "popular". Move, the medium-sized sector's job offensive in the State of North-Rhine-Westphalia, is dedicated to all these goals.

Move is complemented by GO!, the new company start-up offensive in NRW (North-Rhine-Westphalia). The move network now consists of over 400 partners. Besides the State Government these include the State Trades Conference, the Combined State Chambers of Industry and Commerce, the Combined State Employers' Associations, the Central Local Authorities Associations and the trade unions. While move already assists established firms, company start-up scheme GO!, move's the "little brother", directs its efforts at providing advice on starting new companies. GO! clears the way to applying for possible financial assistance such as public loan programmes, participatory or venture capital or cooperation with a business angel.

One special aspect of these services should be especially emphasised, namely the subject of company successions and take-overs, which move and GO! both look after. The interest of possible partners is surprisingly high, and some 4,000 men and women have expressed interest as potential successors in existing companies. Over 1,000 of them – including only 40 women, unfortunately – have been accepted into a pool after first completing a company leadership qualification. On the other side of the coin 1,400 entrepreneurs have expressed interest in the project. Three hundred and sixty of them are active in the pool and no less than 170 firms have already been handed over to keen successors. North-Rhine-Westphalia, especially the Ruhr Valley, is currently going through intense structural change, so it's no wonder that assistance in changing management makes up a further emphasis with move. How can firms get back into shape in view of a wildly changing market? One of the answers to this question may be found in the qualifications of the employees – and move is contributing to this area as well. As an entrepreneur and President of the Combined Manufacturers' Association I naturally have my own opinions of such measures for the future. I firmly believe, for example, that continuing education of employees by means of qualification vouchers is the most sensible way to go about this. Wages or salaries and/or working hours are transformed into qualifications – and the employees have a lot of the say in this.

My great involvement in move and GO! is based on their use for society as a whole and in my own region - something that everyone who is an entrepreneur at heart carries with him or herself. But at the same time there is certain amount of self-interest in it as well: move and GO! also use my company through inclusion in this large network, through promotion of this location, which makes us strong, through contacts and not least through healthy competition. Thus my earlier commitment to the Technology Centre ZENIT in Mühlheim and my current commitment to GO! and move and other schemes are motivated by the same reason: building a future for my company, my employees, my city and my State.

The fact that I always think in terms of the future and not of the past has, of course, to do with the products I stand for. And Neumann Elektronik happens to be a pioneer in certain technologies – world wide. Hardly a single technology is subject to such rapid product cycles as telecommunications. For this reason Neumann Elektronik's Systems House has for years invested unusually large amounts of money in research and development, which has resulted in countless patents and in-house developments. Thanks to years of world wide experience the company is able to recognise new developments in the market at the right time and to offer reliable solutions in the field of communications and security technology. For only it is only those that recognise the sign of the times that can always keep one step ahead of the competition by constantly coming up with new developments. So, after the motto, „Today, tomorrow is already yesterday", a high degree of creativity is necessary on the part of one's highly qualified employees.

Systems such as in-house communication equipment, factory warning and alarm systems are typical for the Mühlheim company, which supplies components, equipment and systems for speech-, video- and data-communication all over the world. Much of this equipment is made-to-measure for the clients. NEUMANN ELEKTRONIK claims to be a market leader in alarm- and communications equipment in Europe. Besides this product the company shows its strength in other special systems and equipment for the Deutsche Bahn AG German railways), supplying the 3-S Centres and the Pluspunkte (Plus Points).

Collage von Notrufsäulen.

A collage of emergency call-boxes.

Mein starkes Engagement für move und GO! hat seine Grundlage natürlich auch in dem Anspruch auf Nutzen für diese gesamte Gesellschaft und für meine Heimat – etwas, das jeder, der von Herzen Unternehmer ist, mit sich trägt. Aber es ist zugleich Eigennutz: move und GO! nutzen auch meinem Unternehmen durch die Einbindung in dieses große Netzwerk, durch Promotion des Standortes, der uns stärker macht, durch Kontakte und nicht zuletzt durch gesunden Wettbewerb. So entspringt mein früheres Engagement für das Technologiezentrum ZENIT in Mülheim und mein heutiges für GO! und move und weitere Initiativen dem gleichen Antrieb: gemeinsam eine Zukunft bauen für mein Unternehmen, meine Mitarbeiterinnen und Mitarbeiter, meine Stadt und mein Land.
Dass ich immer in Richtung auf die Zukunft denke und selten zurück, hat natürlich etwas mit den Produkten zu tun, für die ich stehe. Und Neumann Elektronik ist nun einmal Vorreiter, sogar weltweit, bei bestimmten Technologien.
Kaum eine Technik ist so schnellen Innovationszyklen unterworfen wie die Telekommunikation. Aus diesem Grund investiert das Systemhaus Neumann Elektronik seit Jahren außergewöhnlich hohe Finanzmittel und Ressourcen in Forschung und Entwicklung. Zahlreiche Patente und Eigenentwicklungen sind das Ergebnis dieses Engagements. Dank langjähriger weltweiter Erfahrungen ist die Gesellschaft in der Lage, neue Entwicklungen in den Märkten frühzeitig zu erkennen und kompetente Lösungen auf dem Gebiet der Kommunikations- und Sicherheitstechnik anzubieten. Denn nur wer die Zeichen der Zeit erkennt, kann durch ständige Neuentwicklungen den Mitbewerber stets einen Schritt voraus sein. Nach dem Motto „Morgen ist heute schon gestern" wird daher eine hohe Kreativität von den hoch qualifizierten Mitarbeitern gefordert.

Systeme wie Betriebsfernmelde-, Werkswarn- und Notrufanlagen sind typisch für das Mülheimer Unternehmen, das Komponenten, Anlagen und Systeme zur Sprach-, Video- und Datenkommunikation in alle Welt liefert. Vieles davon wird für die Kunden maßgeschneidert.
NEUMANN ELEKTRONIK erhebt den Anspruch der Marktführerschaft bei Notruf- und Wechselsprechanlagen in Europa. Neben diesen Produkten zeigt das Haus Stärke bei weiteren speziellen Systeme und Einrichtungen im Bereich der Deutschen Bahn AG. Hierbei handelt es sich um die 3-S-Zentralen und die Plus-Punkte.
Die 3-S-Zentralen bilden ein System, in dem unterschiedliche Kommunikationsarten wie Telefon, Info- und Notruf, Wechselsprechen, Beschallung, Funk, Video sowie Haus- und Brandmeldetechnik zusammengeführt werden. Damit werden

3-S-Arbeitsplatz in Duisburg.

A 3-S job in Duisburg.

den Reisenden sowohl Serviceangebote gemacht als auch zugleich große Bahnhöfe komplett überwacht. Zusätzlich zur Neuausstattung dieser Bahnhöfe entstehen zeitgleich moderne kleine Haltepunkte als Ersatz für die alten Gebäude mit niedrigem Standard – natürlich ebenfalls mit inte grierten video-überwachten Informations- und Notruf-Einrichtungen. Diese werden an die 3-S-Zentralen angebunden.
Zur EXPO 2000 wurde eine 3-S-Zentrale im Hauptbahnhof Hannover errichtet. In 56 Verkehrsstationen im gesamten Einzugsgebiet der niedersächsischen Metropole begegnet man den Notrufsäulen aus Mülheim an der Ruhr.
Ein weiterer Leistungsbeweis im Rahmen der EXPO2000 ist die Errichtung einer vollautomatischen dynamischen Fahrgast-Informationsanlage (FIA). Sie dient zur flächendeckenden Informationsabgabe an alle Verkehrsknotenpunkte und führte zu einer wesentlichen Senkung der Personal- und Betriebskosten. Hierzu entwickelte Neumann Elektronik ein spezielles Digitales Ansagegerät. Es stellt, durch FIA-Daten gesteuert, Ansagen an die einzelnen Bahnhöfe selektiert zur Verfügung.
In Kürze entsteht ein neues Projekt mit der Deutschen Bahn: der IT- Bahnhof. Dieses Pilotprojekt wird im Rahmen der Technologieförderung entsprechend seines hohen innovativen Stellenwertes vom Land NRW gefördert. Auf der Grundlage früherer Konzeptionen von 3-S-Zentralen soll im Bahnhof Aachen eine technische Plattform entstehen, die über einheitliche Netzstrukturen eine weiträumige Zusammenfassung der Kommunikation zum Ziel hat.

Die neue 3-S-Zentrale wird entsprechend ihrer Konzeption als Betriebszentrale Bahnhof (BZB) realisiert werden. Darunter versteht man den organisierten, zusammengefassten Betrieb von Anlagen und Dienstleistungen.
Beim neuen Leitstand steht die Zusammenführung des 3-S Managementsystems, des Reisenden-Information-Systems (RIS) und des Facility-Management-Systems sowie die Anbindung an ein standardisiertes Breitband-Übertragungsnetz im Vordergrund. Dafür entsteht eineneue Übertragungs- und Vermittlungskonzeption (over IP). Zusammen mit der Nutzung intelligenter Endgeräte bietet sich die Möglichkeit, Betriebskosten deutlich zu senken. Die Kommunikationsplattform IT-Bahnhof erlaubt es, alle vorhandenen Endgeräte und Einrichtungen, die sich bisher lediglich anlagenspezifisch verhalten, über eine standardisierte Vermittlungsfunktion anzusteuern. Das schafft die Kompatibilität untereinander und zur Leitstelle. Als Beispiel eines intelligenten Endgerätes kann hier die neue Notruf- und Informatiossäule „NIS over IP" genannt werden. Sie verfügt über ein Selbstdiagnosesystem und ist mit einer auf den Benutzer gerichteten Kamera ausgestattet – bzw. die Kamera wird im Umfeld dieser Säule installiert und funktional an diese Säule angeschlossen. Zur Anpassung der Videosignale an das IP-Netz ist die Säule mit einer automatischen Bandbreitenanpassung ausgestattet. Alle Steuerungen wie z. B. Fernwartung, Fernkonfiguration, Fernladen von digitalen Texten, erfolgen über den Leitstand. Die Leitzentrale kommuniziert mit den Endeinrichtungen über das standardisierte Breitbandübertragungs- bzw. IP-Netz. ■

The 3-S Centres make up a system in which various types of communications such as telephony, information and emergency systems, communications systems, PA systems, radio-telephone systems, video systems, in-house communication systems and fire warning systems are all combined. Thus travellers can be informed of special offers and allows total camera surveillance of station premises. In addition to the re-equipping of railway stations, small, modern rail stopping points are being constructed at the same time to replace old, dilapidated station buildings – with integrated video surveillance of information and emergency equipment, of course. These are connected to 3-S Centres. At EXPO 2000 a 3-S Centre was installed at the Hanover railway Station. These emergency call boxes from Mülheim on the Ruhr could be found in 56 stations in the whole catchment area of this metropolis in Lower Saxony.

Notrufsäule am Frankfurter ICE-Bahnhof.

An emergency call-box at Frankfurt's ICE railway station.

Notrufsäule am Bahnhof Laatzen.

Emergency call-boxes at Hannover's Laatzen railway station.

Another proof of the company's competence at EXPO 2000 was the erection of a fully automatic dynamic passenger information system (FIA). This provided all information at all transport junctions and led to a considerable reduction in staff and operating costs. For this facility Neumann Elektronik developed a special digital announcement system, controlled by FIA data, which supplied information in announcement form – selected by passengers – on individual stations.

A new project will shortly be introduced by the Deutsche Bahn: the IT railway station. This pilot project will be subsidised by the State Government of North-Rhine-Westphalia as part of a technology promotion scheme appropriate to the major importance of the project. Based on earlier plans of 3-S Centres a technical platform will be built at Aachen's railway station and will combine communications from a wide area. The new 3-S Centre will be adapted to Aachen's function as a major railway station. This means the organised, combined functions of equipment and services. In the new control room the emphasis is on the combination of the functions of the 3-S management system, the Passenger Information system (RIS, to give it its German initials) and the facility management system as well as a hook-up to a standardised broad-band transmission network. This will require a new transmission and broadcasting concept (over IP). Used together with the use of intelligent end equipment, operating expenses can be reduced considerably.

The IT Station as a communications platform makes it possible to control all available end equipment and facilities – formerly operated as immovable plant – via a standardised mediation function. This makes it compatible with individual items of equipment and with the control point. One example of an item of intelligent end equipment is the new "NIS over IP" emergency call- and information-box. It has a self-diagnosis system and is equipped with a camera which is directed at the user – or the camera is installed in the area of the call-box and connected to work with it. To adjust the video signals to the IP network the call-box is equipped with an automatic broad-band adjuster. All controls such as remote maintenance, configuration and the downloading of digital texts are carried out over the control centre. The control centre communicates with the end equipment via the broad band transmission and/or IP network. ■

Digitales Ansagegerät.

An item of digital public announcement equipment.

WEPA Papierfabrik P. Krengel GmbH & Co. KG

Geschäftsführer/Manager:
Martin Krengel (Vors.)
Paul Krengel
Wolfgang Krengel
Jochen Krengel

Gründungsjahr/Year of Foundation:
1948

Mitarbeiter insgesamt/Total employees:
950

Umsatz konsolidiert/Turnover:
450 Mio. DM (2001)

Geschäftstätigkeit/Business Activity:
Hygienepapierhersteller
Toilettenpapier, Küchentücher, Taschentücher, Kosmetiktücher, Handtuchpapier, DIP-Stoff (Zellstoffersatz auf Altpapierbasis)
Manufacturer of hygienic paper, toilet paper, kitchen towels, handkerchiefs, facial tissues, hand towels, DIP (deinking pulp)

Marken/Brands:
Mach mit..., alpha, Sammy, Samtess, Kriepa

Tochtergesellschaften/Subsidiaries:
Kriepa GmbH, Kriebethal/Sachsen
WEPA Papierfabrik AFH GmbH, Arnsberg

Beteiligungen/Shareholdings:
Marsberger Kraftwerk GmbH

Anschrift/Address:
Rönkhauser Straße 26
D-59757 Arnsberg
Telefon +49 (2932) 307-0
Telefax +49 (2932) 307-179
E-Mail info@wepa.de
Internet www.wepa.de

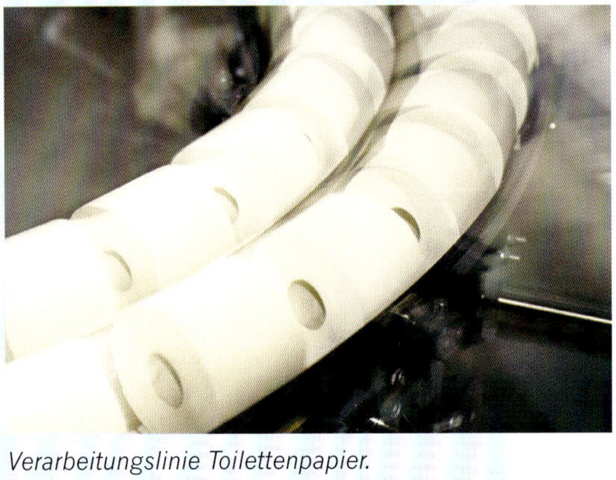

Verarbeitungslinie Toilettenpapier.

A toilet paper processing line.

Hygienepapier – sanft und umweltfreundlich

Hygienic Paper – soft and environmentally friendly

Die WEPA Papierfabrik P. Krengel GmbH & Co. KG aus dem Sauerland, mit Hauptsitz in Arnsberg-Müschede und Zweigbetrieb in Marsberg-Giershagen sowie der 100%igen Tochtergesellschaft Kriepa GmbH, Kriebethal, Sachsen, ist einer der bedeutendsten Hersteller von Hygienepapieren in Deutschland und das größte Familienunternehmen der Branche. Der Grundstein für das Unternehmen wurde 1948 von Paul Krengel sen. gelegt. Heute wird das Unternehmen von den vier Söhnen Paul, Wolfgang, Jochen und Martin geleitet. Nach dem Aufbau einer Verarbeitungsabteilung nahm WEPA 1958 den Erzeugungsbetrieb auf. Mittlerweile werden mit sechs Papiermaschinen über 160.000 t Hygienepapiere erzeugt. WEPA hält damit einen Anteil von 14 Prozent am deutschen Hygienepapiermarkt.

Das Produktionsprogramm umfasst Toilettenpapier, Küchentücher, Taschentücher, Kosmetiktücher, Handtuchpapier und DIP-Stoff (Zellstoffersatz auf Altpapierbasis). WEPA beliefert alle namhaften Lebensmittelketten Deutschlands mit deren Eigenmarken. WEPA bedeutet aber auch Marken wie z. B. Mach mit..., alpha, Sammy, Samtess und Kriepa. Diese werden sowohl auf Zellstoffbasis als auch auf Altpapierbasis hergestellt. Bei den Altpapierprodukten wurde der Recyclingkreislauf durch das seit 1996 zusammen mit VEW Energie AG, Dortmund betriebene Industriekraftwerk optimiert. Hier werden die nach der Rückgewinnung der wiederverwertbaren Faserbestandteile von Altpapier verbleibenden Reststoffe thermisch genutzt. Mit über 200.000 t Altpapiereinsatz ist WEPA führend in der Hygienepapierbranche. WEPA beschäftigt heute über 950 Mitarbeiter und erreicht einen Umsatz von 450 Mio. DM. ■

Das WEPA-Werk in Arnsberg-Müschede.

The WEPA factory in Arnsberg-Müschede.

WEPA Papierfabrik P. Krengel GmbH & Co. KG situated in the Sauerland, North Rhine-Westphalia, with headoffice in Arnsberg-Müschede and branch in Marsberg-Giershagen as well as the 100 percent subsidiary Kriepa GmbH, Kriebethal, Saxony, is one of the most important tissue producers in Germany and the largest family business in industry. The enterprise was founded in 1948 by Paul Krengel senior. Today the company is managed by the four sons Paul, Wolfgang, Jochen and Martin. After starting with a converting line WEPA is also producing tissue since 1958. The company now produces over 160,000 t of tissue with six paper machines, which gives WEPA a 14 percent share of the German tissue market.

The product range includes toilet paper, kitchen towels, handkerchiefs, facial tissues, towel paper and DIP (deinking pulp). WEPA supplies all well-known wholesalers in Germany with their private labels. WEPA also sells own brands such as Mach mit..., alpha, Sammy, Samtess and Kriepa. These products are made of pulp as well as waste paper. Since 1996 its paper recycling has been optimized by use of industrial power station operated by VEW Energie AG, Dortmund. The not residued fibre particals have been sorted out and burned up. WEPA is leading in the tissue sector in using over 200,000 t of waste paper. WEPA employs more than 950 people today and achieves a turnover of 450 mio. DM. ■

Klimalösungen – kreativ und professionell

Air Conditioning Solutions – creative and professional

Der Meuro-Unternehmenssitz in Bochum.

Meuro's head office in Bochum.

Das Bochumer Unternehmen MEURO projektierte und installierte als erster deutscher Hersteller Klimaanlagen mit 10, 20 oder 30 Bausteinen zur Kühlung gleichvieler Geschäftsräume nach dem Direktverdampfungsprinzip. Hervorgegangen ist MEURO aus dem Hamburger Unternehmen ASINT, als Hans-Jürgen Briegert die Chance ergriff, eigene unternehmerische Ideen in die Praxis umzusetzen.

Heute beschäftigt das Unternehmen rund 50 Mitarbeiter, darunter Ingenieure, Meister und Auszubildende im Kälteanlagenbauer-Handwerk. Etwa 5.000 Kunden in ganz Deutschland werden von Bochum aus betreut. Ein Geheimnis des MEURO Erfolges liegt darin, einmal erkannte Tugenden als Firmenphilosophie zu realisieren: Termintreue, hohe Qualität in Beratung und Ausführung sowie Offenheit gegenüber Kunden und Mitarbeitern.

Bekannt ist MEURO auch für sein großes soziales Engagement, das zu hoher Motivation bei den qualifizierten Mitarbeitern führt. Zwei mit Spitzenkräften besetzte Fachabteilungen führen neben der Klimatechnik ein autarkes Leben im Unternehmen. So rüstete die Fachabteilung ELA-Technik den Neubau der Victoria-Versicherung in Düsseldorf mit hochmodernen elektroakustischen Erzeugnissen, Konferenz- und Dolmetscher-Anlagen, AUDIO- und VIDEO-Übertragungssystemen usw. aus. In der Sparte Büromaschinen ist MEURO mit dem rols-Diktiersystem präsent. ■

The MEURO company in Bochum is the first German manufacturer that designs and installs air-conditioning equipment with 10, 20 or 30 components to cool the same number of commercial premises according to the direct evaporation principle. MEURO grew out of the Hamburg company ASINT, when Hans-Jürgen Briegert seized the opportunity to put his own entrepreneurial ideas into practice. Today the company employs about 50 people, including engineers, master tradesmen and apprentices in the refrigeration trade. The company looks after its approximately 5,000 customers all over Germany from Bochum. A secret of MEURO's success is putting into practice certain strong points such as keeping appointments, high quality advice and workmanship and being frank with customers and employees. MEURO is also known for its social involvement, which leads to increased motivation in its qualified employees. Two departments with highly-qualified employees have an independent function in the company apart from their air-conditioning work. The ELA-Technology department fitted out the Victoria Insurance Company's new building in Düsseldorf with the latest electro-acoustic conference and interpreting equipment, AUDIO and VIDEO transmission equipment etc. MEURO is also in the office equipment sector, distributing the rols dictating system. ■

Modernes Büro, ausgerüstet mit Klimatechnik von Meuro.

A modern office fitted with air-conditioning equipment from Meuro.

MEURO Maschinen GmbH & Co Vertriebs KG

Geschäftsführer/Manager:
Hans-Jürgen Briegert

Gründungsjahr/Year of Foundation:
1975

Mitarbeiter/Employees:
ca. 50

Geschäftstätigkeit/Business Activity:
Beratung, Projektierung und Bau von lüftungs-, kälte- und klimatechnischen Einrichtungen, Diktierautomaten sowie von elektroakustischen und Hintergrundmusikanlagen
Consulting, planning and construction of ventilation, cooling and air-conditioning systems, dictating equipment and electro-acoustic- and background music equipment

Anschrift/Address:
Prinz-Regent-Straße 44
D-44795 Bochum
Telefon +49 (234) 7 30 96
Telefax +49 (234) 9 77 28 44
E-Mail info@meuro.de
Internet www.meuro.de

Flughafen Düsseldorf International – Motor für Wirtschaft und Beschäftigung

Düsseldorf International Airport – Motor for Business and Employment

Eine leistungsfähige Verkehrsinfrastruktur ist heute eine wichtige Voraussetzung für die uneingeschränkte Mobilität der Menschen und ein entscheidender Faktor für den Erfolg einer Region im nationalen und internationalen Vergleich. Der Luftverkehr spielt dabei eine zentrale Rolle.

Mit einem Netz von weltweit rund 160 Flugzielen und 16 Millionen Passagieren jährlich ist Düsseldorf International nach Frankfurt und München der drittgrößte deutsche Verkehrsflughafen und mit Abstand der zentrale Knotenpunkt des internationalen Luftverkehrs in Nordrhein-Westfalen. Der Flughafen liegt mitten in einem der dichtesten besiedelten und wirtschaftsstärksten Gebiete Europas: der Rhein-Ruhr-Region.

Im direkten Einzugsbereich des Flughafens leben heute etwa neun Millionen Menschen, dreißig Millionen sind in einem Umkreis von 150 Kilometern um den Airport beheimatet. 70 Prozent aller Flugreisenden, die an Rhein und Ruhr leben, nutzen den Airport mit seinen zahlreichen Verbindungen als Tor zur Welt. Im Schnitt werden täglich fast 45.000 Passagiere und 530 Starts und Landungen am Düsseldorfer Flughafen gezählt. An den verkehrsreichsten Tagen zu Messe- und Ferienzeiten steigt die Zahl der Passagiere teilweise auf über 65.000 Fluggäste pro Tag. Darüber hinaus werden jährlich über 100.000 Tonnen Luftfracht am Flughafen Düsseldorf International umgeschlagen.

Eine Vielzahl großer deutscher und internationaler Industrie-, Hochtechnologie- und Dienstleistungsunternehmen, die hohen Wert auf gute Luftverkehrsverbindungen legen, sind im unmittelbaren Einzugsgebiet des Airports beheimatet. Dabei werden internationale Verkehrsverbindungen gerade in ökonomischer Hinsicht immer wichtiger, da im heutigen Wirtschaftsleben schnelle Kommunikation und der internationale Austausch von Waren und Dienstleistungen zunehmend zu einem entscheidenden Wettbewerbsfaktor geworden sind. Der wirtschaftliche Erfolg der Rhein-Ruhr-Region setzt schnelle Verkehrsverbindungen zu den internationalen Märkten voraus. In dem Maße wie die Entwicklungszeiten und Nutzbarkeitszyklen moderner Industrieprodukte schrumpfen, wird die schnelle Lieferfähigkeit zum herausragenden Wettbewerbsmerkmal. Angesichts der zunehmenden Verflechtungen von Handel, Produktion und Dienstleistungen, die mehr denn je

Bis zu 65.000 Fluggäste pro Tag werden in Düsseldorf abgefertigt.

Up to 65,000 passengers per day are processed in Düsseldorf.

Hans-Joachim Peters

Der 1937 in Hannover geborene Autor studierte Wirtschafts- und Sozialwissenschaften in Köln mit dem Abschluss als Diplom-Volkswirt. 1965 trat er in die Flughafen Düsseldorf GmbH ein, deren Vorsitzender der Geschäftsführung er 1997 wurde. Hans Joachim Peters übt zahlreiche Ehrenämter aus, u. a. ist er Mitglied des Direktoriums der Arbeitsgemeinschaft Deutscher Verkehrsflughäfen, zurzeit deren stellvertretender Vorsitzender.

The author Hans Joachim Peters was born in Hannover in 1937. He studied Economics and Social Sciences in Cologne, graduating as an economist. In 1965 he joined the Flughafen Düsseldorf GmbH, becoming Chairman of the Managing Board in 1997. Hans Joachim Peters holds countless honorary positions, including membership and Deputy Chairmanship of the Committee of the German Commercial Airports Working Group.

Today efficient transport is an important requirement for unrestricted mobility of people and a deciding factor in the success of a region when compared with other the rest of the national infrastructure and those in other countries. Air transport plays a central role here.

Flying to some 160 destinations around the world and with 16 million pass-engers every year Düsseldorf International is Germany's third-biggest airport after Frankfurt and Munich, and is arguably the biggest air traffic hub in North Rhine-Westphalia. The airport is located in one of the most densely populated and economically powerful areas in Europe – the Rhine-Ruhr region.

Some nine million people live next door to the airport and thirty million live within a radius of 150 kilometres. Seventy per cent of all air passengers living in the Rhine-Ruhr region use the airport with its many connections as the gate to the world. On average almost 45,000 passengers and 53 take-offs at Düsseldorf's airport can be counted every day. At peak times such as trade exhibitions and holidays the number of air passengers rises to over 65,000 daily. In addition, over 100,000 tonnes of air freight pass through Düsseldorf International Airport on an annual basis.

Many big German and international industrial, high-tech and service companies, who set much store by good air connections, are located in close proximity to the airport. At the same time, international air connections are becoming even more important from an economic point of view since in today's business world rapid communication and the international exchange of goods and services have become a deciding competitive factor. These rapid transport connections are a prerequisite for the Rhine-Ruhr region's economic success. To the extent that development-times and use-cycles of modern industrial products are shrinking, the ability to guarantee fast delivery becomes a significant feature in competition.

In view of the increasing intermeshing of commerce, industry and services, which now more than ever require international presence and accessibility, Düsseldorf's airport has a key function for those companies based in North Rhine-Westphalia. What is more, Düsseldorf has become one Europe's most important trade exhibition locations with a multitude of major international exhibitions. About every seventh visitor to a trade exhibition travels to Düsseldorf by plane.

But the airport is not just a location and mobility factor for millions of people. It is also one of the largest employers in the region and, as such, is important far beyond the immediate area. Almost 15,000 people work at Düsseldorf International Airport and 50,000 more in the region are directly or indirectly dependent on it.

With an increase of one million passengers the number of airport jobs rose to one thousand. For this reason the continued development and expansion of the airport both have a clearly positive effect on employment. Attractive and safe jobs at the airport and in the region are directly related to the airport's growth.

Der Flughafen ist auch beliebtes Ausflugsziel, die Besucherterrasse ist meist gut besucht.

The airport is also a favourite place for a trip: its visitors' terrace is usually well-patronised.

Meeting the Demands of the Future

For years air transport has been one of the strongest-growing sectors of the economy. In Germany alone over 140 million people used air travel for either private or business purposes in 2000. In the coming years the average increase in passenger numbers at German airports is expected to be about five per cent annually. And although the number of passengers world-wide has passed the one thousand million barrier, demand for air transport services is continuing to increase rapidly. The entire air transport sector must adapt to this development and adjust its both terminal capacity and accelerate the expansion of its infrastructure.

The commissioning of a new terminal on 1st July this year (2002) successfully concluded the main part of the expansion project "airport 2000 plus" and showed the way for the airport's future development. With a total investment of 340 million Euros (665 Millionen Marks) and after a 31-month construction period, the new terminal is the largest single investment in the almost 75-year history of the Flughafen Düsseldorf GmbH (Düsseldorf Airport Plc).

The total investment of the "airport 2000 plus" project, which includes the con-struction of the new railway station opened in May 2000 and the expansion of Terminal "B", totalled just over 510

Der Flughafen bietet Arbeitsplätze für fast 15.000 Menschen.

The airport offers employment for almost 15,000 people.

schnelle, internationale Präsenz und Erreichbarkeit erfordern, kommt dem Düsseldorfer Flughafen eine Schlüsselfunktion für die in Nordrhein-Westfalen ansässigen Unternehmen zu. Ferner ist in Düsseldorf einer der wichtigsten Messeplätze Europas mit einer Vielzahl von internationalen Leitmessen entstanden. Etwa jeder siebte Messebesucher nutzt das Flugzeug als Verkehrsmittel, wenn er nach Düsseldorf kommt.

Der Flughafen ist aber nicht nur Standort- und Mobilitätsfaktor für Millionen von Menschen, er ist gleichzeitig einer der größten Arbeitgeber der Region und besitzt weit über das nähere Umfeld hinaus beschäftigungspolitische Bedeutung. Fast 15.000 Menschen arbeiten zurzeit am Flughafen Düsseldorf International, weitere 50.000 Arbeitsplätze in der Region sind unmittelbar oder mittelbar vom Airport abhängig.

Mit einer Erhöhung der Passagierzahlen um eine Millionen Fluggäste steigt die Zahl der direkt am Flughafen angebotenen Arbeitsplätze um 1.000 Stellen. Die Weiterentwicklung und der Ausbau des Flughafens haben daher eine deutliche beschäftigungsfördernde Funktion. Attraktive und sichere Arbeitsplätze am Flughafen und in der Region sind unmittelbar mit dem Wachstum des Airports verbunden.

Den Anforderungen der Zukunft gerecht werden

Seit Jahren zählt der Luftverkehr weltweit zu den wachstumsstärksten Wirtschaftszweigen. Allein in Deutschland waren im Jahr 2000 über 140 Millionen Menschen geschäftlich oder privat mit dem Flugzeug unterwegs. In den kommenden Jahren wird an den deutschen Verkehrsflughäfen ein durchschnittliches Wachstum der Passagierzahlen von fünf Prozent erwartet. Und obwohl das weltweite Passagieraufkommen längst die Milliardengrenze überschritten hat, wächst die Nachfrage nach Luftverkehrsleistungen mit rascher Geschwindigkeit weiter. Auf diese Entwicklung muss sich die gesamte Luftverkehrsbranche einstellen und sowohl die Terminalkapazitäten anpassen als auch den Ausbau der Infrastruktur vorantreiben.

Mit der Inbetriebnahme eines neuen Terminals am 1. Juli dieses Jahres wurde in Düsseldorf das Kernstück des Ausbauprojekts „airport 2000 plus“ erfolgreich abgeschlossen und die Weichen für die künftige Entwicklung des Airports gestellt. Mit einem Investitionsvolumen von 665 Millionen Mark ist der Terminalneubau, der nach einer Bauzeit von 31 Monaten fertig gestellt wurde, die größte Einzelinvestition in der fast 75-jährigen Geschichte der Flughafen Düsseldorf GmbH. Das Gesamtinvestitionsvolumen des Projektes „airport 2000 plus“, zu dem auch der Bau des neuen Bahnhofs, der im Mai 2000 eröffnet wurde, und die Erweiterung des Terminals B zählen, umfasst über eine Milliarde Mark. Die million Euros. The airport's capacity increases every year from about 17 million to over 22 million passengers. The idea behind the new building, namely that airports are developing more and more into modern, full-service commercial entities and independent business centres, is paying off.

Through the expansion of service capacity and consequent expansion of services the Düsseldorf airport is consolidating its position as the leading international air transport junction in North Rhine-Westphalia. The systematic, continued development of Düsseldorf airport into a multi-functional service- centre is already taking advantage of opportunities today that will result in the market of tomorrow.

The "airport 2000 plus"

While airports formerly restricted themselves primarily to the infrastructure necessary to for air transport, passengers today demand a lot more from airports. With the commissioning of the new terminal, Düsseldorf is getting a building that corresponds to the passengers' increased demands for mobility, service, architecture and atmosphere. All passenger facilities are located under one roof and distances between the various departure lounges are short.

The new main building and the extended Terminal B form the mid-point of the airport, which combines a multiplicity of attractive shops in a pleasant atmosphere. Following construction the number of retail outlets was increased by a total of 70 units. Forty shops alone have been built in the airport arcades. The remarkable thing about it is that these facilities and consumption are available not just to air travellers. The Airport Arcades are open to all visitors and, as such, are the expression of the retail, hospitality and service facilities at the Düsseldorf Airport.

High quality offices, conference rooms and meeting rooms are also part of the new airport, which has increased its office surface area from 9,000 to 14,000 square metres. The new conference centre directly in front of the new terminal has 1,600 square metres of space for conferences in a first class location. At the same time the property development of the airport provides not just for the quick, safe and comfortable transport of passengers and the availability of commercial space for airport-based companies, it also has attractive property available for visitors and other companies from the greater Düsseldorf region. A separate visitors' centre is an integral part of further planning and will be designed to give visitors an overview of the airport. In a planned information centre the visitor will gain a rare insight into the many and varied operations of a modern airport.

Immer wenn sich die Passagierzahlen um eine Million erhöhen, steigt die Anzahl der Arbeitsplätze um weitere 1.000.

Whenever passenger numbers increase by one million, the number of jobs increases by another 1,000.

The New Railway Station: Change Trains quickly and comfortably

The guarantee of mobility can be permanent and ecologically defensible only in combination with all forms of transport. To achieve this requires the effective cooperation of rail and air transport as a part of inter-modal transport concepts. Wit the opening of the new railway Düsseldorf Airport station in May 2000 the connection of rail and air was implemented in an exemplary fashion.

Das neue Flughafengebäude enthält zahlreiche Dienstleistungseinrichtungen.

The new airport building contains countless services facilities.

Passagierkapazität des Flughafens erhöht sich von jährlich rund 17 Millionen auf über 22 Millionen Fluggäste. Die Konzeption des neuen Gebäudes trägt der Tatsache Rechnung, dass Flughäfen sich heute immer mehr zu modernen, umfassenden Dienstleistungsunternehmen und eigenständigen Wirtschaftszentren entwickeln.

Durch die Erweiterung der Abfertigungskapazitäten und den konsequenten Ausbau des Dienstleistungsangebotes festigt der Flughafen Düsseldorf seine Position als führende internationale Luftverkehrsdrehscheibe in Nordrhein-Westfalen. Die systematische Weiterentwicklung des Flughafens Düsseldorf International zu einem multifunktionalen Dienstleistungszentrum wahrt damit schon heute die Chancen, die sich auf dem Markt von morgen ergeben werden.

Der „airport 2000 plus“

Beschränkten sich die Flughäfen früher in erster Linie darauf, die für den Flugbetrieb notwendige Infrastruktur bereit zu halten, so verlangt der Passagier heute deutlich mehr von einem Flughafen. Mit Inbetriebnahme des neuen Terminals erhält Düsseldorf ein Gebäude, das den gestiegenen Anforderungen der Fluggäste an Mobilität und Service, Architektur und Atmosphäre entspricht. Alle Passagiereinrichtungen sind unter einem Dach zusammengefasst, lange Wege zwischen den unterschiedlichen Flugsteigen gibt es nicht.

Das neue Zentralgebäude und der erweiterte Flugsteig B bilden den Mittelpunkt der „Erlebniswelt Flughafen“, die auf überschaubarer Größe eine Vielzahl attraktiver kommerzieller Angebote in einem angenehmen Ambiente vereint. Im Zuge des Neubaus wurde das Einzelhandelsangebot um insgesamt 70 Geschäftseinheiten ausgeweitet. Allein 40 Geschäfte sind in den Airport Arkaden entstanden. Das Besondere daran ist, dass diese Erlebnis- und Konsumwelt nicht nur für Reisende zugänglich ist. Die Airport Arkaden stehen jedem Besucher offen. Sie sind sichtbarer Ausdruck der Erweiterung des Retail-, Gastronomie- und Dienstleistungsangebotes am Düsseldorfer Airport.

Hochwertige Büroräume sowie Konferenz- und Tagungsräume sind ebenfalls Bestandteil des neuen Flughafens. So hat sich das Angebot an Büroflächen von 9.000 auf 14.000 Quadratmeter erhöht. Das neue Konferenzzentrum, das sich unmittelbar im neuen Terminal befindet, bietet auf einer Fläche von 1.600 Quadratmetern ausreichend Tagungskapazitäten in erstklassiger Lage. Dabei sieht die Immobilienentwicklung des Flughafens vor, über die schnelle, sichere und komfortable Beförderung von Fluggästen und die Bereitstellung von Flächen für flughafenansässige Unternehmen hinaus, auch für Unternehmen und Besucher des Flughafens aus der Region attraktive Immobilienangebote bereitzuhalten.
Ein eigenständiges Besucherzentrum ist fester Bestandteil der weiteren Planungen. Hier soll dem Besucher ein Eindruck der Düsseldorfer Airportwelt vermittelt werden. Im geplanten Informationszentrum, mit moderner Multi-Media-Technik ausgestattet, werden dem Besucher außergewöhnliche Einblicke in die facettenreiche Erlebniswelt eines modernen Verkehrsflughafens ermöglicht.

Der neue Bahnhof: Bequem und schnell umsteigen

Die Sicherstellung von Mobilität kann dauerhaft und ökologisch vertretbar nur im Zusammenspiel aller Verkehrsträger gewährleistet werden. Dazu ist vor allem das effektive Zusammenwirken von Schienen- und Luftverkehr im Rahmen intermodaler Verkehrskonzepte unabdingbar. Mit der Eröffnung des neuen Bahnhofs „Düsseldorf Flughafen“ im Mai 2000 wurde die Vernetzung der Verkehrsträger Schiene und Luft am Flughafen Düsseldorf International beispielhaft umgesetzt. Düsseldorf International gehört damit zu den wenigen deutschen Flughäfen, die über eine direkte Anbindung an das Fernstreckennetz der Deutschen Bahn und damit über die für die Verkehrsinfrastruktur wichtige Verzahnung von Schienen- und Luftverkehr verfügen. Durch die Anbindung an das Hochgeschwindigkeitsnetz der Bahn hat der Airport auch für den Fernverkehr einen wettbewerbsfähige Bahnanschluss erhalten, nachdem bereits seit 1975 eine Nahverkehrsanbindung mit zwei S-Bahn-Linien besteht. Ferner hat sich auch das Angebot

Insgesamt kostete das Projekt „airport 2000 plus“ über 500 Millionen Euro.

Overall, the „airport 2000“ project cost over 500 million Euro.

This makes Düsseldorf International one of the few airports in Germany with a direct link to the long-distance rail network of the Deutsche Bahn (German Railways), thereby making for an important meshing of rail and air transport. Through the access to the Deutsche Bahn's express rail network, the airport also has a competitive rail connection after a commuter rail line was added to two S-Bahn (light rail) lines in 1975. Regional rail services with their new stations have also improved. The airport thus has a competitive advantage over all other airports in North Rhine-Westphalia.

The number of passengers at Düsseldorf International Airport arriving or departing by rail is about 22 per cent. With the new railway station this figure is expected to increase to 30 per cent. In the mid-term the Flughafen Düsseldorf GmbH expects a further increase. In addition, the doing away with short-haul flights will lead to increased capacities at the airport, which can be used for mid- and long-distance flights. This improved linking of both transport systems will lead to an increase in the quality of air transport and contributes both to a move away from road transport to use of the rail system and to a noticeable lessening of the strain on the environment.

In the new station's check-in hall travellers have 20 check-in counters at their disposal. After handing over their luggage they can continue their journey with their on-board luggage and boarding-card. Over 70 per cent of the passengers will profit from this service. With the visitors' terrace at the railway station directly next-door to the runways and the take-off and landing strips the airport provides Düsseldorf with another popular excursion destination. The visitors' terrace is very popular with adults and children alike. It offers an excellent view of all landings and take-offs and gives an idea of airport's smooth and efficient operations, its latest processing facilities and complex transport systems. The re-opening of the visitors' terrace at Gate B by the Flughafen Düsseldorf GmbH has attracted much public interest and air travel fans now have two extremely attractive locations to observe passenger-processing and take-offs at first hand.

40 Geschäfte sind in den Airport-Arkaden entstanden.

Forty shops have started up in the airport arcades.

Limits to Capacity hinder Demand-Based Growth

Because of existing limits to capacity the airport is currently incapable of meeting the increased demand for starting and landing times, the so-called „slots". In spite of a new operating licence from the year 2000, which allows a moderate increase in the number of flight movements, the demand for slots is exceeding the approved number of approved movements.

im Regionalverkehr mit der neuen Station deutlich verbessert. Der Flughafen verfügt damit über einen Wettbewerbsvorteil gegenüber allen anderen Flughäfen in Nordrhein-Westfalen.

Der Anteil der Reisenden am Flughafen Düsseldorf International, die mit der Bahn an- bzw. abreisen, liegt derzeit bei etwa 22 Prozent. Mit dem neuen Bahnhof wird eine Steigerung des Anteils der Passagiere, die zur An- und Abreise die Bahn benutzen, auf 30 Prozent erwartet. Auf mittlere Sicht rechnet die Flughafen Düsseldorf GmbH mit einer weiteren Steigerung. Ferner können durch den Wegfall von Kurzstreckenflügen Kapazitäten am Flughafen zurückgewonnen werden und diese für mittlere und lange Distanzen genutzt werden. Die verbesserte Vernetzung der beiden Verkehrssysteme ermöglicht somit qualitatives Wachstum im Luftverkehr und trägt durch die Verlagerung des Straßenverkehrs auf die Schiene außerdem zu einer deutlichen Entlastung der Umwelt bei.

Freundlichkeit und guter Service sind Markenzeichen des Düsseldorfer Flughafens.

Friendliness and good service are trademarks of the Düsseldorf Airport.

In der Check-in-Halle des neuen Bahnhofs stehen dem Reisenden 20 Check-in-Schalter zur Verfügung. Nach der Gepäckaufgabe wird die Reise von dort aus bequem mit Handgepäck und Bordkarte fortgesetzt. Über 70 Prozent der Passagiere profitieren von diesem Service. Mit der Besucherterrasse am Bahnhof, die sich in unmittelbarer Nähe zu den Rollwegen und dem Start- und Landebahnsystem befindet, ist der Flughafen als beliebtes Ausflugsziel in Düsseldorf um eine Attraktion reicher. Die Besucherterrasse ist bei erwachsenen Flugzeugfans und Kindern gleichermaßen beliebt. Sie bieten eine hervorragende Aussicht auf den gesamten Flugbetrieb und Einblicke in reibungslose und effiziente Abläufe, modernste Abfertigungseinrichtungen und komplexe Transportketten. Dem starken Publikumsinteresse hat die Flughafen Düsseldorf GmbH mit der Wiedereröffnung der Besucherterrasse auf dem Flugsteig B Rechnung getragen. Somit haben Luftfahrtfans jetzt zwei äußerst attraktive Standorte, um das Geschehen auf dem Vorfeld und auf den Startbahnen hautnah verfolgen zu können.

Kapazitätsbeschränkungen bremsen nachfragegerechtes Wachstum

Aufgrund bestehender Kapazitätsbeschränkungen ist der Flughafen derzeit nicht in der Lage, die Nachfrage nach Start- und Landezeiten, den so genannten Slots, zu bedienen. Trotz einer neuen Betriebsgenehmigung aus dem Jahr 2000, die eine moderate Steigerung der Zahl der Flugbewegungen erlaubt, übersteigt die Slotnachfrage noch immer erheblich die genehmigungsrechtlich maximal zulässige Flugbewegungszahl.

So konnten rund 30.000 Airline-Anfragen nach Start- und Landezeiten für den Sommerflugplan 2001 nicht bedient werden. Der Nachfrageüberhang macht einerseits die hohe Attraktivität deutlich, die Slots in Düsseldorf für die Airlines besitzen, andererseits verdeutlicht er den Handlungsbedarf für die Flughafen Düsseldorf GmbH, einen Ausweg aus der bestehenden „Closed-Shop"-Situation zu finden.

Eine Beibehaltung der gegenwärtigen Genehmigungslage, mit der die Auslastung der vorhandenen Kapazität am Flughafen Düsseldorf International verhindert wird, schränkt den unternehmerischen Spielraum der Flughafen Düsseldorf GmbH nachhaltig ein. Aufgrund der bestehenden Kapazitätsbeschränkungen in Düsseldorf lag das Wachstum der Passagierzahlen trotz der in den letzten Jahren ständig steigenden Nachfrage unter dem bundesweiten Durchschnitt. Während das Passagierwachstum an den deutschen Flughäfen im Jahr 2000 durchschnittlich 6,7 Prozent betrug, war am Düsseldorfer Flughafen eine Steigerung der Passagierzahlen um 0,7 Prozentpunkte zu verzeichnen.

Mit dem neuen Terminal sind die Voraussetzungen geschaffen, neues Passagieraufkommen aufzunehmen. In gleichem Maße wie der Terminalneubau den Bedürfnissen und Wünschen der Kunden entspricht, ist es notwendig, ein marktgerechtes Verkehrsangebot bereitzustellen. Die weitere Entwicklung der Infrastruktur, insbesondere der Ausbau des Start- und Landebahnsystems, müssen der steigenden Nachfrage angepasst werden, damit der Flughafen Düsseldorf mit der äußerst dynamischen Entwicklung des Luftverkehrs Schritt halten kann und seiner herausragenden Marktstellung in Nordrhein-Westfalen auch künftig gerecht werden kann.

Die nachfragegerechte Entwicklung des Flugangebotes ist gerade in Hinblick auf die besondere Bedeutung des Luftverkehrsstandortes Düsseldorf für die Wirtschaft der Region und die internationalen Wirtschaftsbeziehungen Nordrhein-Westfalens zwingend geboten. Allein 5.000 Firmen aus Nordrhein-Westfalen unterhalten Wirtschaftsbeziehungen in die USA, umgekehrt sind rund 1.500 US-Unternehmen geschäftlich mit Nordrhein-Westfalen verbunden. Mehr als 400 US-Gesellschaften sind im unmittelbaren Einzugsgebiet des Düsseldorfer Flughafen ansässig und wickeln von hier aus ihre Deutschland- und Europa-Geschäfte ab. Daher ist die Nachfrage aus der Rhein-Ruhr-Region nach Nordatlantik-Verbindungen traditionell hoch. Im Jahr 2000 wurden auf den der drei täglichen Nonstop-Liniendiensten zwischen Düsseldorf und New York bzw. Chicago fast 365.000 Passagiere gezählt. Eine Untersuchung hat für den Flughafen Düsseldorf ein zusätzliches Passagierpotenzial von rund 400.000 Passagieren pro Jahr allein auf Strecken nach Nordamerika ermittelt.

Die Nachfrage nach Langstreckenverbindungen geht damit weit über die heute angebotenen Verbindungen. Um Nonstop-Interkontinentaldienste ohne Beschränkungen anbieten zu können, sieht das Entwicklungskonzept der Flughafen Düsseldorf GmbH den Ausbau des Start- und Landebahnsystems vor. Ziel des Ausbaus ist es, mittelfristig im Langstreckenverkehr die nachfragegerechte Bedienung von Zielen in Südostasien und Japan sowie auf dem amerikanischen Kontinent zu erreichen. Diese Strecken sind aufgrund der derzeitigen Länge der Startbahn teilweise nur mit Nutzlastbeschränkungen möglich und daher für die Airlines unter wirtschaftlichen und stratgischen Gesichtspunkten unattraktiv.

Düsseldorf International will seine führende Stellung im Luftverkehr in Nordrhein-Westfalen auch in Zukunft erhalten und ausbauen. Die Flughafen Düsseldorf GmbH konzentriert ihre Anstrengungen darauf, die vorhandenen Möglichkeiten für die markt- und kundengerechte Entwicklung des Verkehrsknotenpunktes Düsseldorf International im Interesse Nordrhein-Westfalens, der Wirtschaft und all der Menschen, die direkt oder indirekt von dem Funktionieren des größten nordrhein-westfälischen Verkehrsflughafens abhängen, zu nutzen. ■

Täglich 530 Starts und Landungen gibt es durchschnittlich.

On average there are 530 take-offs and landing each day.

This meant that some 30,000 enquiries from airlines for starting and landing slots for the summer timetable for 2001 could not be accommodated. On the one hand, the excessive demand illustrates the high degree of attractiveness of the slots in Düsseldorf for the various airlines, and on the other hand it shows that the Flughafen Düsseldorf GmbH needs to act in order to find a way out of the existing „closed-shop"-situation.

Maintaining the current approval situation, which hinders the full utilisation of existing capacity at the Düsseldorf International Airport, is causing a long term limit to its commercial potential. Due to the existing limits to capacity in Düsseldorf the growth in passenger numbers remained below the average for Germany in spite of the constantly rising demand. While the increase in passenger numbers at German airports in 2000 averaged 6.7 %, growth in Düsseldorf was only 0.7 %.

The new terminal will now permit increased passenger numbers. While the new terminal caters for the needs and wishes of the customers, facilities catering for market-based needs must also be provided. The continued development of the infrastructure, and the expansion of the runway in particular, must be adapted to cope with increased demand in order for Düsseldorf airport to keep pace with the extremely dynamic development in air travel and to do justice to its excellent position in the market in North Rhine-Westphalia.

The demand-based development of air services is absolutely vital, given Düsseldorf's special importance as a centre of air travel for the region's economy and North Rhine-Westphalia's international business relations. Five thousand companies in North Rhine-Westphalia alone have business connections with the USA, and conversely some 1,500 US companies have business connections in this State. More than 400 US companies are located in close proximity to Düsseldorf's airport and conduct their German and European business affairs from here. This is the reason that demand from the Rhein-Ruhr region for North Atlantic air connections is high. In 2000 almost 365,000 passengers were counted on the three daily non-stop scheduled services between Düsseldorf – New York/Chicago. A study found that there was additional potential for some 400,000 passengers per year on routes to North America.

The demand for long-distances connections far exceeds those available today. To be able to offer non-stop intercontinental services without any restrictions the Flughafen Düsseldorf GmbH development plan provides for an expansion of the runway. The mid-term aim of the expansion is to serve demand-based traffic to destinations in Southeast Asia and Japan and on the American Continent. These routes are feasible only to a limited extent because of the insufficient length of the runway and, hence, from an economic and strategic point of view, unattractive for airlines.

Düsseldorf International wants to retain and expand its leading position in air traffic in North Rhine-Westphalia. The Flughafen Düsseldorf GmbH is concentrating its efforts on using existing options for the market- and customer-related development of Düsseldorf International's transport hub in the interest of North Rhine-Westphalia, its economy and all the people who depend on the workings of the State's biggest airport. ■

RAG Aktiengesellschaft – ein Konzern im Wandel

RAG PLC – a Company in the Process of Change

Als ehemals reines heimisches Bergbauunternehmen 1969 unter dem Namen Ruhrkohle AG gegründet, hat sich die RAG Aktiengesellschaft in einen international tätigen Bergbau- und Technologie-Konzern gewandelt. Das Unternehmen erwirtschaftete im Jahr 2000 weltweit mit rund 93.000 Mitarbeitern 14,8 Milliarden Euro Umsatz, rund 30 Prozent davon im Ausland. Die RAG engagiert sich insbesondere in ihren Kerngeschäftsfeldern Bergbau, Energie, Immobilien und Chemie/Kunststoffe.

Prägt das Essener Stadtbild: die RAG Unternehmenszentrale.
The RAG's head office distinguishes Essen's city skyline.

In den vergangenen Jahren wurde das umfangreiche technologische Know-how in bergbaunahe Geschäftsfelder eingebracht und die Wertschöpfungskette rund um die Steinkohle auch im internationalen Geschäft ausgebaut. Basis nahezu aller unternehmerischen Tätigkeiten bleibt bis heute die Steinkohle. Unter dem Dach der Deutschen Steinkohle AG (DSK) ist der gesamte deutsche Steinkohlenbergbau zusammengefasst. Mit ihrer Förderung von über 33 Millionen Tonnen im Jahr 2000 aus 11 Bergwerken, 9 davon in NRW, leistet die DSK einen wichtigen Beitrag für die heimische Energieversorgung. Die Rahmenbedingungen für den politisch gewollten Rückgang der Steinkohlenförderung in Deutschland sind bis zum Jahr 2005 festgelegt. Bis dahin werden gegenüber 1997 die öffentlichen Hilfen nahezu halbiert und noch 26 Millionen Tonnen Steinkohle gefördert. Die DSK muss auf Basis der Vorgaben einen erheblichen personellen Anpassungsprozess vollziehen, den sie bis heute sozialverträglich gestaltet.

Ihre ausländischen Bergbauaktivitäten hat die RAG über ihre Tochter RAG Coal International deutlich ausgebaut. Mit Steinkohlebergwerken in den USA, Australien und Venezuela zählt die RAG zur weltweiten Spitzengruppe der privatwirtschaftlichen Kohleproduzenten. Gleichzeitig gehört das Unternehmen zu den größten Kohle-Handelshäusern. Darüber hinaus bildet der Export deutscher Bergbautechnik ein weiteres Standbein. Die Tochter DBT GmbH ist Weltmarktführer im Bereich untertägiger Strebtechnik und exportiert in wichtige Auslandsmärkte.

Ebenfalls eng mit der Kohle verbunden ist die STEAG Aktiengesellschaft. Mit einem Marktanteil von rund 20 Prozent ist STEAG Deutschlands zweitgrößter Kohleverstromer. STEAG plant, baut und betreibt bereits seit über 60 Jahren Kraftwerke. Noch jung ist das Geschäftsfeld „IPP International". Als Independent Power Producer konzentriert sich das Unternehmen in Zukunft verstärkt auf die Entwicklung und Realisierung von Kraftwerken im Ausland.

Einen intensiven Wandel hat auch die RÜTGERS AG vollzogen. Ehemals auf die Verarbeitung von Steinkohlenteer und petrostämmigen Rohstoffen spezialisiert, setzt das Unternehmen heute auf fokussiertes Wachstum in den Arbeitsgebieten Chemie und Kunststoffe. RÜTGERS ist Weltmarktführer bei Betonverflüssigern, europäische Nummer eins bei Kunststoff-Fensterprofilen und Basismaterialien für Leiterplatten.

Den Strukturwandel aktiv begleitet die RAG Immobilien AG. Über 70.000 Wohnungen zählen zum Bestand des Teilkonzerns. Im Geschäftsfeld Flächenentwicklung und Gewerbeimmobilien schafft RAG Immobilien „Raum für Zukunft" revitalisiert ehemalige Zechengelände, schiebt den Strukturwandel an und schafft neue Arbeitsplätze.

Der jüngste Teilkonzern des Essener Unternehmens ist die RAG Saarberg AG mit Sitz in Saarbrücken. Über 75 % seines Umsatzes generiert das Unternehmen mit Energie und Energiedienstleistungen, weitere Geschäftsfelder sind Umwelt und Gummi. ■

11 deutsche Bergwerke förderten im Jahr 2000 33 Millionen Tonnen Steinkohle.

11 German coal mines produced 33 million tonnes of hard coal in the year 2000.

Founded as a former, exclusively local mining company in 1969 under the name of Ruhrkohle AG, the RAG AG has changed into an internationally active mining and technology group. With some 93,000 employees the group made 14.8 thousand million Euro in the year 2000, 30 % from outside Germany. RAG got especially involved in its corebusinesses of mining, energy, property andchemicals/plastics.

In the past few years it introduced comprehensive technological know-how into its mining-related activities and expanded the value-creating chain in all aspects of hard coal as well. The basis of almost all commercial activities is still hard coal. The whole of Germany's hard-coal mining is carried out under the aegis of the Deutsche Steinkohle AG (German Hard Coal AG, or DSK). With output of over 33 million tonnes in 2000 from 11 mines, including nine in North Rhine-Westphalia, the DSK makes an important contribution to domestic energy-supply. The basic conditions for the political wish for a reduction in Coal production have been laid down up to the year 2005. Until then public assistance will be almost halved in comparison to that given in 1997 and 26 million tonnes of hard coal mined. The DSK must make a considerable number of personnel redundant in on the basis of government guidelines, which it is doing up till today as painlessly as possible.

The RAG has considerably expanded its overseas activities via its subsidiary RAG Coal International. With hard coal mines in the USA, Australia and Venezuela the RAG is one of the world's top private producers of coal in the world. Additionally the group is one of the biggest coal trading companies. The export of German coal mining technology is also a further source of revenue. The subsidiary DBT AG is the world's market leader in the field of underground conveyor belt technology and exports to import world markets.

The STEAG Aktiengesellschaft (STEAG AG) is also closely connected to coal. With a market share of around 20 percent, STEAG is Germany's second biggest coal-mining company. STEAG has planned, built and operated power station for over 60 years. The "IPP International" business area is still young. As an independent power producer the company will be concentrating increasingly in the future on the development and commissioning of power stations abroad.

The RÜTGERS AG has also completed an intensive change. Formerly specialising in hard coal tar and petroleum-based raw materials, the company is now focussing its growth strategy on the chemical and plastics industries. RÜTGERS is the world leader in plastic window-frames and basic materials for ladder-steps.

The RAG Immobilien AG is actively working with structural change. The company's subgroup has a store of over 7,000 apartments. In its property development andcommercial/industrial property business, the RAG Property is creating "Space for the Future" and redeveloping former mining properties, accelerating structral change and creating new jobs.

The Essen company's most recent sub-group is the RAG Saarberg AG, based in Saarbrücken. Over 75 % of its turnover is generated with energy and energy services. Other business areas are the environment and rubber. ■

Bergbautechnik „made in Germany" ist weltweit führend im untertägigen Steinkohlebergbau.

Mining technology "made in Germany" is a world leader in underground hard coal mining.

RAG

RAG Aktiengesellschaft

Vorsitzender des Vorstands/CEO:
Karl Starzacher

Vorstand/Management Board:
Ulrich Weber
Dr. Peter Schörner

Gründungsjahr/Year of Foundation:
Ruhrkohle AG 1969,
Umfirmierung in RAG Aktiengesellschaft 1997
Ruhrkohle AG 1969; corporate name changed to RAG Aktiengesellschaft 1997

Mitarbeiter/Employees 2000:
93.000

Umsatz/Revenues 2000:
14,8 Mrd. €

Jahresüberschuss/Net income:
170 Mio. €

Zur RAG Aktiengesellschaft gehören folgende Teilkonzerne und Servicegesellschaften/
Sub-groups and service companies of the RAG Aktiengesellschaft:

Teilkonzerne/Subgroups:
- Deutsche Steinkohle AG, Herne
- RAG Coal International, Essen
- RAG Immobilien AG, Essen
- STEAG Aktiengesellschaft, Essen
- RÜTGERS AG, Essen
- RAG Saarberg AG, Saarbrücken

Dienstleistungsgesellschaften/
Service companies:
- RAG BILDUNG GmbH, Bottrop
- RAG INFORMATIK GmbH, Gelsenkirchen
- RAG Versicherungs-Dienst GmbH, Essen

Anschrift/Address:
Rellinghauser Straße 1–11
D-45128 Essen
Telefon +49 (201) 177-01
Telefax +49 (201) 177-3475
Internet www.rag.de

Eisenbahn + Binnenhäfen + Logistik = HGK

Railway + Domestic Ports + Logistics = HGK

Häfen und Güterverkehr Köln AG

Vorstand/Executive Board:
Dr. Rolf Bender, Werner Böllinger

Gründungsjahr/Year of Foundation: 1992

Mitarbeiter/Employees: 643

Kennzahlen/Indicators:
Bilanzsumme/Balance: 162,9 Mio./162.9 Mill. €
Güterverkehr/Goods locomotives & rolling stock:
39 Lokomotiven/locomotives
davon 31 zugelassen für das Schienennetz der DB Netz AG, 7 zugelassen für das Schienennetz in den Niederlanden, 449 Güterwagen
including 31 registered to use the Deutsche Bahn rail network, 7 registered for use in the Netherlands; 449 goods wagons
319.656.072 tkm (netto)/tonnes (net) carried per km
5,5 Mio. t beförderte Güter/5.5 million tonnes of goods carried
Häfen/ports: 6
25 Krananlagen/cranes
9,6 Mio. t Umschlag, 280.000 TUE Containerumschlag/9.6 million tonnes of goods turned around; 280,000 20-foot containers turned around
Fahrweg:
65 Gleisanschließer, 309,2 km Gleislänge
65 companies with rail connections; 309.2 km of track

Geschäftstätigkeit/Business Activities:
Hafenbetrieb/ports
Schienentransporte/rail transport
Logistiklösungen/logistic solutions

Anschrift/Address:
Bayenstraße 2
D-50678 Köln
Postfach 25 03 48
D-50519 Köln
Telefon +49 (221) 390 0
Telefax +49 (221) 390 13 43
E-Mail hgkpresse@hgk.de
Internet www.hgk.de

Als Traditionsunternehmen in der Köln-Bonner Region beschreitet die Häfen und Güterverkehr Köln AG neue Wege – hin zu einem Plus an Service und Flexibilität, einem Plus an Innovation und Qualität. Wann immer es um Schienentransporte, Hafenbetrieb oder fortschrittliche Logistiklösungen geht, ist die HGK Ihr Ansprechpartner.
Hafenbetriebe stellen für Köln, die Stadt am Rhein, eine jahrtausend alte Tradition dar; deren Güter in Niehl, Deutz und Godorf umgeschlagen werden. So behauptet Köln seinen Platz als zweitgrößter Binnenhafen in Deutschland. Güterverkehr bedeutet bei der HGK vor allem Transport auf der Schiene.
Durch die Zusammenfassung von Hafenaktivität und Eisenbahnbetrieb erwächst für die Region eine neue Qualität auf dem Güterverkehrsmarkt. Verbundene Transportketten vom Wasser auf die Schiene können individuell erarbeitet und komplett angeboten werden.
Zunehmende Verkehrsdichte auf den Straßen, Umweltfürsorge sowie die Anforderungen an Zuverlässigkeit und Qualität werden den Transportmarkt in den nächsten Jahren weiter verändern. Die HGK reagiert bereits auf diese Veränderungen; das Unternehmen ist daher auf die Anforderungen der Zukunft gut vorbereitet. Durch die Zusammenfassung der Hafenaktivitäten mit dem Eisenbahnbetrieb eröffnet die HGK neue Perspektiven für den Güterverkehr. Die verbundene Transportkette Wasser/Schiene ist die Lösung für vielfältige Verkehrs- und Transportprobleme. Kohle, Eisen, Stahl, Baustoffe, aber auch Heizöl, Gase sowie Erzeugnisse der chemischen Industrie werden mit modernstem Equipment sachgerecht umgeschlagen. Container- oder Automobiltransport und -umschlag runden das Leistungsangebot ab. Die HGK ist nicht nur mit ihren Terminals, sondern auch mit eigenen intenationalen Containerzügen im Kombinierten Ladungsverkehr tätig. ■

Entladung von Rohstoffen beim Kunden.
Unloading raw materials for a customer.

Ein Umschlagplatz für den Kombinierten Landungsverkehr.
A combined transshipment port for mixed-mode transport.

As a traditional company in the Cologne-Bonn region the Häfen und Güterverkehr Köln AG (Cologne Port and Goods Company Plc) is beating new paths to more service and flexibility, to more innovation and quality. Whenever you need rail transport, port facilities or modern logistics solutions, the HGK is the company to talk to. Cologne, the city on the Rhine, has a thousand-year history. Goods are turned around in its suburbs of in Niehl, Deutz and Godorf, thereby maintaining its position as Germany's second-biggest inland port.

At the HGK goods transport means primarily rail goods. Through the combination of port activities and rail operations a new quality is developing for the in the region's market. Combined water-to-rail transport can be worked out individually and offered as package deals. Increasing road traffic, environmental care and demands for reliability and quality will continue to change the transport market in the next few years. The HGK is already reacting to these changes and is thus well-prepared for the demands of the future. Through the combination of its port activities with its rail operations the HGK is opening up new perspectives for goods transport.

The combined water-rail transport modes are the solution for various transport problems. Coal, iron, steel, building materials and even heating oil, gases and chemical products are turned around properly with the latest equipment. Container- or motor vehicle transport and transshipment complete HGK's services. It not only operates its own termini, but also its own container trains in mixed-mode transport. ■

Tradition und Fortschritt der Schienenherstellung

Tradition and Progress in Rail Manufacture

Die TSTG wurde am 1. 4. 1998 aus dem Geschäftsbereich Oberbau/Profile der ThyssenKrupp Stahl AG als eine eigenständige GmbH ausgegliedert und mit Wirkung zum 1. 8. 2001 von der VOEST-ALPINE SCHIENEN GmbH übernommen. Im voestalpine-Konzern ist die TSTG in der Division Bahnsysteme angesiedelt. Die Geschäftstätigkeit umfasst Entwicklung, Herstellung und Vertrieb von Schienen, Oberbaumaterial, Profilstahl und Halbzeug. TSTG liefert ein umfangreiches Sortiment an deutschen und ausländischen Schienenprofilen in Regel- und hochverschleißfesten Sondergüten.

Ein besondere Spezialität ist die Entwicklung und Fertigung von Sonderprofilen für unterschiedliche Verkehrssysteme z. B. für die Wuppertaler Schwebebahn. Darüber hinaus werden vielfältige Dienstleistungen „Rund um die Schiene“ angeboten, z. B. das Biegen von Schienen, Erstellen von Gleisteilungsplänen, Transporte „Just in Time“ zur Baustelle, Unterstützung bei schweißtechnischen Problemlösungen.

TSTG zählt weltweit zu den bedeutendsten Schienenherstellern und blickt bei der Schienenproduktion auf eine über 100-jährige Tradition zurück. Entscheidende Entwicklungen und Verbesserungen in der Walztechnologie, hoch entwickelte Mess- und Prüfmethoden und umfangreiche Forschungsaktivitäten sind die Basis für Qualitätserzeugnisse, die den ständig wachsenden Anforderungen an Belastbarkeit und Wirtschaflichkeit gerecht werden. ■

The TSTG was separated out from Thyssen-Krupp Stahl AG's permanent way/profile business area as an independent GmbH (Plc) and taken over by VOEST-ALPINE SCHIENEN GmbH as from 1st August 2001. The TSTG is based in the Railway Systems Division of the voestalpine-Group. Its activities include the development, production and sale of railway tracks, permanent way material, profile steel and semi-finished products. TSTG supplies a comprehensive range of railway track sections in standard and wear-proof versions to German and overseas customers.

A special feature is the development and production of special sections for varying transport systems, e. g. for Wuppertals suspension railway. In addition it offers a variety of railway track-related services such as rail-bending, designing rail-division plans, "just-in-time" transport to construction sites and assistance with welding problems.

TSTG is one the world's most important rail manufacturers and can look back on more than a 100-year tradition. Important developments and improvements in rolling technology, highly-developed measuring and checking methods and comprehensive research are the basis of its quality products that match the constantly growing demands for long life and economy. ■

THYSSEN SCHIENEN TECHNIK GMBH

TSTG Thyssen Schienen Technik GmbH

Geschäftsführung/Management Board:
Peter Sokolowsky (Sprecher/Spokesman)
Karl Ebner
Hans Pfeiler

Stammkapital/Nominal capital:
4.09 Mio.€

Anteilseigner/Muttergesellschaft/
Shareholder/Parent company:
TSTG gehört zu 100 % zum Voest-Alpine Konzern
TSTG is owned 100 % by the Voest-Alpine group

Anzahl der Beschäftigten/
Number of employees:
ca. 450/approx. 450

Jahresumsatz/Annual turnover:
ca. 130 Mio.€/approx. € 130 million

Anschrift/Address:
Kaiser-Wilhelm-Straße 100
D-47166 Duisburg
Postfach
D-47161 Duisburg
Telefon +49 (203) 5 22 46-93
Telefax +49 (203) 5 22 46-94
E-Mail info@tstg.de
Internet www.tstg.de

Qualität sichern, Ideen fördern, neue Wege gehen – der Messestandort NRW

Ensuring Quality, promoting Ideas, going down new Paths: North Rhine-Westphalia – the Trade Fair Location

Nordrhein-Westfalen ist ein Messe-Land. Ein Land, das entscheidend die europäische und internationale Messelandschaft prägt. Hier, zwischen Rhein und Ruhr, spielen sich mit den Messeplätzen Düsseldorf, Köln, Essen und Dortmund 40 % des bundesdeutschen Messegeschehens ab. Düsseldorf nimmt einen herausragenden Platz ein: Mit rd. 230.000 m^2 Ausstellungsfläche in 17 Hallen, 43 veranstalteten Messen (22 Eigen- und 21 Gastveranstaltungen), fast 2 Mio. Besuchern und rd. 30.000 Ausstellern im letzten Jahr bietet die Messe Düsseldorf GmbH für insgesamt über 20 Leitmessen eine wirtschaftliche Plattform, an der niemand vorbeikommt – hier treffen sich die Entscheider. Bei einem 2000er Umsatz von rd. 660 Mio. DM weist der Konzern ein Jahresergebnis von über 29 Mio. DM aus. Die Messe Düsseldorf GmbH ist mit einem Anteil am Konzernumsatz von über 548 Mio. DM die bedeutendste Gesellschaft in der Gruppe. Das Unternehmens ist seit langem u. a. führend in den Kategorien Druck und Verpackung, Kunststoff, Medizin und Gesundheit sowie Mode und Sport – präsent in jedem Markt der Welt. 62 Auslandsvertretungen für 93 Länder und 12 direkte Beteiligungen bzw. Tochtergesellschaften begleiten parallel zu den Veranstaltungen in Düsseldorf Unternehmen in ausgesuchte Wachstumsregionen.

Messe Düsseldorf – hier treffen sich die Entscheider.
The Düsseldorf Trade Exhibition – where the decision-makers meet.

Die Strategie der Messe Düsseldorf

Zunehmender Konkurrenzdruck, sich verändernde Kundenbedürfnisse, der Einzug der neuen Medien – in einer Zeit ständigen gesellschaftlichen und wirtschaftlichen Wandels sind Flexibilität und Innovationsfreude elementare Voraussetzungen der unternehmerischen Existenzsicherung. Und seit die internationale Konkurrenz verstärkt und zielstrebig in das europäische Messewesen eingestiegen ist, müssen auch die deutschen Messeveranstalter neue Wege gehen. Die Ära der Kooperationen und des internationalen Engagements ist für europäische und deutsche Messegesellschaften bereits unternehmerische Realität. Die Strategie der Messe Düsseldorf GmbH ist klar:

- Sie bietet im Bereich Messe- und Kommunikationsdienstleistungen optimalen Service an – in Düsseldorf und weltweit.
- Sie sichert ihre Leitmessen und baut sie aus.
- Sie treibt die Erschließung neuer Märkte bzw. die Konzentration auf ausgewählte Wachstumsmärkte u. a. durch Kooperationen voran.

Karlheinz Wismer

Der Autor wurde 1936 in Düsseldorf geboren und studierte in Köln Volkswirtschaft und Außenwirtschaftspolitik. Ab 1961 war er bei der Bundesstelle für Außenhandelsinformation in Köln tätig, bevor er 1961 bei der Messe Düsseldorf GmbH (vormals Düsseldorfer Messegesellschaft mbH – NOWEA) seine Messelaufbahn begann. Seit 1975 war er dort Geschäftsführer, seit 1979 stellvertretender Vorsitzender der Geschäftsführung, verantwortlich u. a. für einen großen Teil des Messeprogramms in Düsseldorf und des Auslandsgeschäftes. 1999 wurde er zum Vorsitzenden des Vorstandes der BVV Messe und Ausstellungen Brünn gewählt, einer tschechischen Tochter des Unternehmens. Seit Januar 2000 ist er Vorsitzender der Geschäftsführung der Messe Düsseldorf GmbH.

The author was born in Düsseldorf in 1936. He studied Economics and Foreign Trade in Cologne. He worked for the Federal Foreign Trade Information Agency in Cologne from 1961 before beginning his trade exhibition career with the Messe Düsseldorf GmbH (formerly the Düsseldorfer Messegesellschaft mbH – NOWEA). He was Managing Director from 1975 and from 1979 Deputy Chairman of the Management, with responsibility for a large part of the exhibition programme in Düsseldorf and its overseas business. In 1999 he was elected Chairman of the Management Board of the BVVV Messe und Ausstellungen Brünn, a Czech subsidiary of the company. Since January 2000 he has been Management Chairman of the Messe Düsseldorf GmbH.

Die Messe Düsseldorf: rund 230.000 m² Ausstellungsfläche in 17 Hallen.

The Düsseldorf Trade Exhibition: approximately 230,000 m² of exhibition space.

North Rhine-Westphalia is a trade fair State, a State instrumental in shaping the European and international trade fair landscape. Here, between Rhine and Ruhr, is where 40 % of all German trade fairs in cities such as Düsseldorf, Köln, Essen and Dortmund, take place. Düsseldorf is the leader, with some 230,000 m^2 of exhibition space in 17 halls, 43 organised exhibitions yearly (22 regular exhibitions and 21 guest exhibitions), almost 2 million visitors and about 3,000 exhibitors in 2001 the Messe Düsseldorf GmbH offers a business platform for a total of over 20 main exhibitions that nobody can afford to miss - this is where the decision-makers meet. With turnover of some 330 thousand million Euro in 2000 the group made a profit of over 14.5 million Euro. With a share of group turnover of over 274 million Euro the Messe Düsseldorf GmbH is the most important company in the group. The company has long been a leader in the categories of printing and packaging, plastic, medical and health, sport and fashion – and is present in every market in the world. Parallel to the fairs in Düsseldorf, 62 overseas representative offices for 93 countries and 12 direct shares and/or subsidiaries are held in selected growth regions.

Die Düsseldorfer Messe als Zentrum der Modeindustrie.

The Düsseldorf Trade Exhibition is the centre of the fashion industry.

Über 2 Millionen Besucher informieren sich jährlich über Produktinnovationen.

Over 2 million visitors every year find out about new products.

The Strategy of the Düsseldorf Trade Fair

Increasing competition, changing customer needs, the advance of the new media – in an age of constant social and economic change the flexibility and pleasure at innovation are elementary requirements for securing an entrepreneurial existence. And since the international competition has got into European trade fairs the German trade fair organisers have had

Das Auslandsgeschäft – einige ausgewählte Engagements

Der mittel- und osteuropäische Wirtschaftsraum

Moskau

Durch die Verschmelzung mit der Messe Düsseldorf International GmbH im letzten Jahr wurde das Auslandsgeschäft in die Messe Düsseldorf GmbH integriert. Zielrichtung ist eine stärkere Fokussierung auf die Messeprodukte, die ausserhalb Deutschlands weiterentwickelt werden sollen. Das wichtigste Standbein ist hier das Russlandgeschäft am Standort Moskau, an dem traditionell – mit Ausnahme des Standortes Brünn/Tschechien – der größte Teil des Auslandsumsatzes erzielt wird. Zur Stärkung des dortigen Messeprogramms hat sich die Messe

Moskau ist der russische Messepartner …
Moscow is the Russian trade exhibition partner …

Düsseldorf gemeinsam mit der dort ansässigen Messegesellschaft Expocenter an der Finanzierung für den Bau einer neuen Messehalle beteiligt.

Brünn

Der einschlägige Erfolgskurs der Partnerschaft mit der BVV Messe Brünn, die 1998 begann, verläuft äußerst erfolgreich. Mit fast 50 Veranstaltungen, die einem Marktanteil von ca. 50 % entsprechen, bestätigt die BVV ihre Führungsposition auf dem tschechischen Messemarkt und ihre zentrale Rolle als Handelsplattform in Mittel- und Osteuropa. Die BVV hat im abgelaufenen Geschäftsjahr bei einem Umsatz von über 95 Mio. DM ein Jahresergebnis nach Steuern in Höhe von fast 14 Mio. DM erzielt. Dies entspricht einer Umsatzrendite von 14,6 %. Im Vergleich zu anderen Messegesellschaften in Europa ist dies ein überdurchschnittlicher Wert.

Der asiatisch-pazifische Wirtschaftsraum

China

Im Rahmen der Weiterentwicklung der internationalen Aktivitäten hat sich die Messe Düsseldorf gemeinsam mit den Messegesellschaften Hannover und München an einem chinesisch-europäischen Jointventure beteiligt. Im November 2001 wurde zusammen mit der Shanghai Pudong Land Developement Corporation ein modernes Messegelände in Pudong errichtet und eröffnet. In Hongkong wurde 2000 die neue Tochter Messe Düsseldorf China Ltd. gegründet, um von dort aus Düsseldorfer Messethemen für den chinesischen Markt zu organisieren. Die Messen sollen überwiegend in dem neuen Messegelände in Pudong durchgeführt werden.

Indien

Zusätzlich hat die Messe Düsseldorf gemeinsam mit der Köln Messe International GmbH die CIDEX Trade Fairs PVT. LTD New Dehli gegründet, um gemeinschaftlich spezifische Messethemen für diese äußerst entwicklungsfähige Region zu organisieren. Die Erfahrung vieler internationaler Firmen hat gezeigt, dass eine effektive Marktbearbeitung in Indien auf Grund historischer und gesellschaftlicher Spezifika nur aus dem Land selbst heraus möglich ist. Die Cidex Trade Fairs Pvt. Ltd. wird gemeinsame

… und Pudong der chinesische.
… and Pudong is the Chinese partner.

Messethemen der beiden Gesellschaften aufgreifen und – angepasst an den indischen Markt – weiterentwickeln. Zusätzliche Büros in Mumbai und Hyderabad werden diese Arbeit unterstützen. Die KölnMesse International und die Messe Düsseldorf GmbH sind mit jeweils 50 % an dem neuen Unternehmen beteiligt.

Hohe Internationalität: Über 50 % der Aussteller kommen aus dem Ausland.
Very international: over 50 % of the exhibitors come from abroad.

Der Standort Düsseldorf

Serviceoptimierung

Eine rundum perfekte Service-Dienstleistung ist das, was Kunden national und international von einer Messegesellschaft erwarten dürfen – heute und in Zukunft. Hier geht es permanent darum, mit Ideen, neuen Konzepten und weitsichtigen Investitionen die Position der Messe Düsseldorf GmbH als einen der führenden Veranstalter zu festigen.

Infrastruktur: die neuen Hallen

160 mal 160 Meter umfasst die neue multifunktionale Halle 6, die direkt gegenüber dem Rheinstadion 2000 eröffnet wurde. Auf einer Fläche von 90 x 90 m ist die Tageslichthalle völlig stützenfrei und wird von einer 7,50 m breiten Galerie, die neben Restaurants, Konferenz- und Sanitärräumen auch Platz für flexible Tribühnen mit 8.800 Plätzen bietet, umgeben. Ergänzt wird die Halle durch die parallel erbaute Halle 7, die in direkter Nachbarschaft auf 4.500 m^2 modernsten Messekomfort bietet. 30.000 m^2 brutto ergänzen nun insgesamt das Flächenangebot am Messeplatz Düsseldorf und sichern damit die für die großen

Die Halle 6 wurde 2000 fertig gestellt.

Hall 6 was completed in 2000.

to tread new paths. The era of cooperation and international involvement is already commercial reality. The strategy of the Messe Düsseldorf GmbH is clear:

- it offers top trade fair and communications services – in Düsseldorf and internationally.
- it consolidates and expands its main exhibitions.
- it opens up new markets and concentrates on selected growth-markets by means of cooperative efforts.

Overseas Activities – a few selected Examples

Taking Care of the Central and Eastern European Economic Region

Moskow

The merger with the Messe Düsseldorf International GmbH in 2001 integrated overseas activities into the Messe Düsseldorf GmbH. The most important pillar here is the Russian exhibition in Moscow, where – with the exception of Brünn in the Czech Republic – the most turnover is made. To strengthen the trade fair programme there the Messe Düsseldorf is sharing the costs of building a new exhibition hall with the local trade fair company Expocentre.

Brünn

The respective success of the partnership with the BVV Messe Brünn (Brünn Trade Fair), which began in 1998, is proceeding extremely successfully. With almost 50 exhibitions, which corresponding to a market share of about 50 %, the BVV is consolidating its position in the Czech trade fair market and its central role as trade platform in Eastern and Central Europe. In the past business year the BVV made a post-tax profit of over 14 million Euro from a turnover of more than 45 million Euro, or 14.6 %. Compare to other trade fair companies in Europe this is above average.

Taking Care of the Asian-Pacific Economic Area

China

As part of the continued development of its international activities the Messe Düsseldorf, together with the trade fair companies in Hanover and Munich, are involved in a Chinese-European trade fair joint venture. In November 2001 a modern trade fair grounds was built and inaugurated in Pudong. In Hong Kong a new subsidiary of the Messe Düsseldorf China Ltd. was established in 2000 in order to organise Düsseldorf trade fair themes for the Chinese market. The fairs are to be held primarily at the new Pudong fair grounds.

India

Together with the Köln Messe International GmbH in Cologne, the Messe Düsseldorf has also established the CIDEX Trade Fairs PVT. LTD New Dehli, in order to organise fairs specifically for the lesser-developed regions in Asia. The experience of many international firms has shown that, for historical and social reasons, the Indian market can only be effectively worked on in India. The Cidex Trade Fairs Private Ltd will be taking up trade fair themes – after adapting them to the local market – and will develop them further. Additional offices in Mumbai (Bombay) and Hyderabad will support this work. The Köln-Messe International and die Messe Düsseldorf GmbH each have a 50 % share in the new company.

Innenansicht Halle 6: 90 mal 90 Meter stützenfreie Tageslichthalle.

An inside view of Hall 6: 90 x 90 metres of sunlit hall with no internal support.

The Düsseldorf Trade Fair Grounds:

Improving Service

Customers from within Germany and from overseas have the right to expect perfect service - today and in the future. In Düsseldorf the company is involved in developing new concepts and is making

DüsseldorfCongress. Für Veranstaltungen stehen Räume für 800 bis zu 10.000 Personen zur Verfügung.

DüsseldorfCongress. rooms for 800 to 10,000 people are available.

internationalen Leitmessen notwendigen Flächenkapazitäten.

Logistik

Ein neues Logistikkonzept sorgt seit letztem Jahr auf dem Messegelände Düsseldorf für einen noch reibungsloseren Ablauf beim Auf- und Abbau – Zeitverluste gehören mehr denn je der Vergangenheit an. Die zentrale Strategie des neuen Systems ist einfach: Es geht in erster Linie darum, die Stand- und Wartezeiten der Lkw vom Messegelände auf den Parkplatz zu verlagern. Und sie greift: Die Standzeit innerhalb des Messeareals konnte um die Hälfte reduziert werden. Das Ergebnis: Platz auf dem Gelände, ein ungehinderter Arbeitsablauf. Ein Konzept, das einzigartig ist im Messeland Deutschland.

Das Internet

Seit fast einem Jahr nutzt die Messe Düsseldorf GmbH das Medium Internet als zusätzliches Serviceinstrument und verfolgt in diesem Zusammenhang eine 3-Säulen-Strategie:

1. Das Internet wird als zusätzliche Informations- und Orientierungsplattform ausgebaut.
2. Das Thema e-Commerce wird vorangetrieben. Die gesamten Unterlagen sind auf der Homepage des Unternehmens weltweit jederzeit abrufbar. Die Aussteller werden nutzerfreundlich durch sämtliche Bestellformulare geführt. Mit diesem Angebot gehört die Messe Düsseldorf zu den Pionieren im deutschen Messewesen. Zusätzlich wird die Serviceleistung durch ein Online-Order-System erweitert.
3. Die Messe Düsseldorf entwickelt im Rahmen eines Pilotprojekts für einzelne ausgewählte Messethemen Portale, die eine ganzjährige Präsentation von Veranstaltungen ermöglichen.

Mehrwert Kongress

Der deutsche Tagungs- und Kongressmarkt verzeichnete in den vergangenen Jahren ein dynamisches Wachstum. Die Entwicklung bei DüsseldorfCongress. spiegelt dieses Wachstum wider. Die Zahl der Veranstaltungen belief sich im Jahr 2000 auf 2.641. Highlights waren unter anderem der World Youth and Student Travel Congress, die Premiere des zentralen Augenärztekongresses sowie der Deutsche Präventionstag. DüsseldorfCongress. bietet Kongresslösungen aus einer Hand: von der Planung und Konzeption über Dramaturgie und Regie bis hin zur Abrechnung einer Veranstaltung. Für touristische Dienstleistungen wie Buchungen von Zimmern, Flügen etc. sowie Tickets und Rahmenprogramme greift DüsseldorfCongress. auf die Leistungen der Düsseldorf. Marketing & Tourismus GmbH zurück. DüsseldorfCongress. hält eine Beteiligung von 5 % an dieser neu gegründeten GmbH.

„Eventisierung", die Realisierung erlebnisorientierter Veranstaltungen, die emotionale Vermittlung von Botschaften, ist eines der bedeutsamsten Themen der Zukunft für das Kongresswesen. Vor diesem Hintergrund werden räumliche Flexibilität und ein interessantes Location-Angebot entscheidender denn je. Eine Anforderung, die DüsseldorfCongress. unter anderem mit den zu-

Das CCD Süd.

The CCD South.

Perspektiven in Glas, Stahl und Beton – das Düsseldorfer Torhaus.
Views in glass, steel and concrete – the Düsseldorf Gatehouse.

long-term investments in order to firmly establish the Messe Düsseldorf GmbH as a leading exhibitor.

Infrastructure: the New Halls
The new multi-purpose Hall 6, measuring 160 x 160 m situated opposite the Rhein Stadium, was opened in 2000. On an area of 90 x 90 m the sunlit hall is completely free of internal supports and is surrounded by a 7.5 m wide gallery which, besides restaurants, conference and sanitary facilities, also leaves room for flexible stages and has room for 8,000 people. The Hall's design is rounded off by Hall 7 constructed parallel next door, and offers 30,000 m^2 of the latest trade fair comfort. The whole fairgrounds are completed by a total area of 30,000 m^2, thus ensuring the necessary space for major international trade fairs.

Logistics
A new logistics concept has ensured smooth construction and dismantling of the halls - lost time is now a thing of the past. The central strategy of the new system is simple – transferring waiting time for trucks from the fairgrounds to the parking grounds. And it is working – the waiting time inside the fairgrounds was reduced by half, which resulted in more space in the grounds and unhindered work. This a concept which is unique in trade fairs in Germany.

The Internet
For almost a year the Messe Düsseldorf GmbH has used the internet as an additional tool and is pursuing a three-point strategy:

1. The internet is being expanded as an additional information- and orientation platform.
2. E-Commerce is being accelerated. All documents relating to the fairgrounds can be called up on the company's homepage at any time from anywhere in the world. The exhibitors are guided through it by user-friendly order forms. With this service the Messe Düsseldorf is one of Germany's trade fair pioneers. This service is also extended by an online order system.
3. As part of a pilot project the Messe Düsseldorf is developing an internet portal for a year-round presentation of individually selected exhibition themes.

An "Added-Value" Congress
The German conference and congress market has experienced dynamic growth in the last few years. The development at DüsseldorfCongress. reflects this growth. In 2000 the number of events ran to 2,641. Some of the highlights were the World Youth and Student Travel Congress, the central Opthalmologists' Congress and the German Prevention Conference. DüsseldorfCongress. offers congress solutions on a „one-stop-shop“ basis, from planning and conception, stage presentations and directing to billing an event. For tourist services such as booking rooms, flights etc and tickets and supporting programmes the DüsseldorfCongress. uses the services of the Düsseldorf Marketing & Tourismus GmbH. DüsseldorfCongress. has a 5 % share in this newly-founded company. "Eventisation", the organising of experience-oriented events, the putting across of messages using emotions, is one of the most important topics of the future for the Congress.

Against this background flexibility of space and an attractive choice of location are more impor-

10 Minuten mit dem Taxi vom Flughafen zur Messe.

The trip from the airport to the exhibition grounds takes ten minutes.

sätzlichen Raummöglichkeiten der Rhein Halle erfüllt. Künftig können Events von 800 bis zu 10.000 Personen verwirklicht werden.

Standortmarketing – erfolgreiche Partnerschaft von Stadt und Messe

Messen leisten einen entscheidenden Beitrag zur regionalen Wirtschaft und damit zur Standortsicherung. Auf der anderen Seite ist die Qualität des Standorts ganz entscheidend für den Erfolg jeder Veranstaltung. Die Stadt, die Region muss den stets wachsenden Ansprüchen von Besuchern und Ausstellern gerecht werden. Die Bedeutung von gezieltem Standortmarketing ist offensichtlich. Die Stadt und die Messe Düsseldorf GmbH setzen daher schon lange erfolgreich auf eine gute Kooperation. Das zeigte der Erfolg der gemeinsamen Projekte, u. a.:

- Die Destination Düsseldorf, ein Zusammenschluss von Düsseldorfer Unternehmen, engagiert sich seit langem für Veranstaltungen wie das Kö-Fest, die Düsseldorfer Jazz Rally, das Altstadt-Event zum Französischen Nationalfeiertag und den DD-Golf-Cup.
- Im „Sport-Jahr 2000“, das unter anderem von den Olympischen Sommerspielen in Sydney und der Fußball Europameisterschaft in Belgien und den Niederlanden geprägt war, konzentrierte sich die Messe Düsseldorf GmbH verstärkt auf diesen Sektor. Dies äußerte sich in der Federführung bei den Düsseldorfer PR-Aktionen für die Kampagne „Fußball-WM 2006 nach Deutschland“.
- Zusammen mit der Stadt Düsseldorf, des International Airport Düsseldorf, des Congress Centrum Düsseldorf und anderer ortsansässiger Unternehmen wird ein Gemeinschaftsauftritt auf der IT&ME (Incentive Travel & Meeting Executives Show) in Chicago organisiert.
- Als Koordinator und Organisator des Auftritts der Stadt Düsseldorf zeigt die Messe Düsseldorf auf der EXPO REAL (Commercial Real Estate Exposition) in München und der MIPIM (International Property Market) in Cannes Präsenz.

Der sozioökonomische Effekt

Messen leisten einen entscheidenden Beitrag zur regionalen Wirtschaft und damit zur Standortsicherung. Und hier spricht der sozioökonomische Effekt von ca. 4 Mrd. DM Gesamtausgabevolumen und damit verbundenen rund 23.000 Arbeitsplätzen p. a. für sich.

Gleichzeitig gilt es, den gewachsenen Bedürfnissen von Besuchern und Ausstellern gerecht zu werden, um nationales und internationales Wachstum auf Kundenseite zu erzielen. Standortmarketing ist hier eine Sache, die Sicherung des wirtschaftlichen Fortbestandes und der Innovationsfähigkeit der Messen eine andere. Dass weiterhin beides parallel so gut funktioniert wie in Düsseldorf, bleibt auch in Zukunft das vorrangige Ziel der Messe Düsseldorf. ■

Messen und mehr: eine Rheinfahrt gehört zum Messebesuch.

Exhibitions and more: a journey on the Rhine is a part of a visit to the exhibition.

Auf einen Blick

Messe Düsseldorf GmbH
Stockumer Kirchstraße 61
D-40474 Düsseldorf
Tel.: +49 (211) 45 60-0
Fax: +49 (211) 45 60-0
Internet: www.messe-duesseldorf.de

Gründungsjahr:
1947

Gesellschafter:
- Stadt Düsseldorf, 56,50 %
- Industrieterrains Düsseldorf Reisholz AG, 20,000 %
- Land Nordrhein-Westfalen, 20,000 %
- Industrie- und Handelskammer, 1,75 %
- Handwerkskammer Düsseldorf, 1,75 %

Programmschwerpunkte:
- Maschinen und Ausrüstungen
- Medizin und Gesundheit
- Handel und Dienstleistungen
- Mode
- Freizeit und Kunst

Tochtergesellschaften/Beteiligungen:
- Messe Düsseldorf ASIA Pte.Ltd., Singapur, 100 %
- Messe Düsseldorf Poland Sp.z.o.o., Warschau, 100 %
- Messe Düsseldorf North America Inc., Chicago, 100 %
- Messe Düsseldorf Japan Ltd., Tokio, 100 %
- Messe Düsseldorf China Ltd., Hongkong, 80 %
- GEDO Intern. Modemessen Kronen GmbH & Co. KG, 49 %
- BVV Messen und Ausstellungen Brno a. s., 64,12 %
- CIDEX Trade Fairs Pvt Ltd., New Delhi, 50 %
- GEC German Exposition Corporation International GmbH, Berlin, 33,33 %
- Düsseldorf Fashion House GmbH, 50 %
- CCD Congress Center Düsseldorf GmbH, 50 %
- Düsseldorf Marketing und Tourismus GmbH, Düsseldorf, 15 %

Mitarbeiter:
620 (Stand 09/2001)

Konzernumsatz:
660 Mio. DM (in 2000)

Hallenfläche:
rd. 230.000 m² brutto in 17 Hallen

Moderne Architektur im Düsseldorfer Hafen.

Modern architecture in the Düsseldorf port.

tant than ever. It is a demand that Düsseldorf Congress can fill with the additional room offered by the Rhine Hall. In future it will be able to cater for events for between 800 and 10,000 people.

Location Marketing – A successful Partnership of City and Trade Fair

Trade fairs make a considerable contribution to the regional economy, thus ensuring the location's economic safety. On the other hand the quality of the location a very decisive factor for the success of the event. The city and the region must accommodate the growing demands of visitors and exhibitors. The significance of direct location marketing is obvious. The city of Düsseldorf and Messe Düsseldorf GmbH are therefore putting their hopes in successful cooperation. This has been shown by the success of the following two projects:

- "Destination Düsseldorf", a collaborative effort between several Düsseldorf companies, has been involved for a long time events such as the Kö-Fest, the Düsseldorf Jazz Rally, the Old City event on French Day and the DD-Golf-Cup.
- In the "Sport-Year 2000", distinguished among other things by the Olympic Summer Games in Sydney and the European Soccer in Belgium and the Netherlands, Messe Düsseldorf GmbH more concentrated on this sector. This was obvious in the leadership provided by the Düsseldorf PR offensive for the "World Soccer Championships in Germany in 2006". A joint presence for local companies at the IT&ME (Incentive Travel & Meeting Executives Show) will be organised in Chicago.
- As coordinator and organiser of the appearance of the city of Düsseldorf the Messe Düsseldorf will be showing the flag at the EXPO REAL (Commercial Real Estate Exposition) in Munich and the MIPIM (International Property Market) in Cannes.

The Socio-Economic Effect

Trade fairs make a decisive contribution to the regional economy and thus ensure the location's economic safety. And this is where the socio-economic effect of the some 2 thousand million Euro that are spent here and the 23,000 jobs connected with it speak for themselves.

At the same time the growing needs of visitors and exhibitors must be satisfied in order to achieve an increase in the numbers of visitors from within Germany and from abroad. Location marketing here is only one issue here, ensuring the trade fairs' economic survival and the ability to innovate another. The fact that both continue to work so well together as they do in Düsseldorf, remains the primary goal of Messe Düsseldorf. ■

At a Glance

Messe Düsseldorf GmbH
Stockumer Kirchstraße 61
D-40474 Düsseldorf
Tel.: +49 (211) 45 60-0
Fax: +49 (211) 45 60-0
Internet: www.messe-duesseldorf.de

Founded:
1947

Shareholders
- The city of Düsseldorf: 56.5 %
- Reisholz Industrial Properties Düsseldorf: 20 %
- The State of North Rhine-Westphalia: 20 %
- The Düsseldorf Chamber of Industry and Commerce: 1.75 %
- The Düsseldorf trades Chamber: 1.75 %

Principal exhibitions:
- Machinery and Equipment
- Medicine and Health
- Commerce and Services
- Fashion
- Leisure and Art

Subsidiaries and participating Interests:
- Messe Düsseldorf ASIA Pte. Ltd., Singapore, 100 %
- Messe Düsseldorf Poland Sp.z.o.o., Warsaw, 100 %
- Messe Düsseldorf North America Inc., Chicago, 100 %
- Messe Düsseldorf Japan Ltd, Tokio: 100 %
- Messe Düsseldorf China Ltd., Hongkong: 80 %
- International Modemessen Kronen GmbH & Co. KG: 49 %
- Ausstellungen Brno a. s.: 64,12 %
- CIDEX Trade Fairs Pvt Ltd., New Delhi: 50 %
- German Exposition Corporation International GmbH, Berlin, 33,33 %
- Düsseldorf Fashion House GmbH: 50 %
- CCD Congress Center Düsseldorf GmbH: 50 %
- Marketing und Tourismus GmbH, Düsseldorf: 15 %

Employees:
620 (as at September 2001)

Group Turnover:
330 mill. Euro (as at 2000)

Gross surface area of the 17 halls:
230,000 m^2

Maßgeschneiderte Lösungen rund um die Immobilie

Made-to-measure real estate Solutions

RAG IMMOBILIEN

RAG Immobilien AG

Vorstand/Executive Board:
RA Hermann Marth (Vors.)
Wilfried Beimann
Hermann Felten
Robert Schmidt

Gründungsjahr/Year of Foundation: 1997

Geschäftsfelder/Business activities:
- Wohnimmobilien
- Flächenentwicklung und Gewerbeimmobilien
- Immobilien-Dienstleistungen
- Sortimente
- Residential properties
- Property development and commercial/industrial properties
- Property services
- Assorted services

Mitarbeiter/Employees: 2.501

Umsatzzahlen (im Jahr 2000)/
Annual turnover figures:
Umsatz/Turnover: 805 Mio. €
Ergebnis nach Steuern/After-tax profit: 64 Mio. €

Geschäftstätigkeit/Business Activity:
Immobilien- und baunahe Handels- und Dienstleistungsaktivitäten
Property and building industry-related trading and service activities

Anschrift/Address:
Rellinghauser Straße 7
D-45128 Essen
Telefon +49 (201) 17 70 6
Telefax +49 (201) 17 74 12 8
E-Mail info@rag-immobilien.de
Internet www.rag-immobilien.de

Unter dem Dach der Essener RAG IMMOBILIEN, einer von sechs Teilkonzernen der RAG Aktiengesellschaft, sind die Immobilien- sowie die baunahen Handels- und Dienstleistungsaktivitäten des Konzerns gebündelt. Das Leistungsspektrum umfasst Wohnimmobilien, Flächenentwicklung und Gewerbeimmobilien, Immobilien-Dienstleistungen sowie Sortimente.

Die RAG IMMOBILIEN ist einer der großen Flächenentwickler.
RAG IMMOBILIEN is one of the big property developers.

„Raum für Zukunft" ist der Leitsatz der RAG IMMOBILIEN. Vor diesem Hintergrund gestaltet RAG IMMOBILIEN Lebensräume für Menschen und Unternehmen. Mit der Entwicklung von Flächen, Projekten und der Schaffung neuer Arbeitsplätze leistet das Unternehmen einen wesentlichen Beitrag zum Strukturwandel im Ruhrgebiet. Als kompetenter Partner bietet es seinen Kunden maßgeschneiderte Lösungen „rund um die Immobilie" an. Das Angebot reicht von der Planung und Realisation familienfreundlichen Wohnraums, der Reaktivierung ehemaliger Industrieareale über den Bau marktgerechter Gewerbeimmobilien bis hin zum Fullservice beim Bewirtschaften von gewerblich genutzten Immobilien. Die Zusammenstellung von Werkzeug- und Baustoffsortimenten und deren europaweiter Vertrieb an Bau- und Fachmärkte runden das Leistungspektrum ab.

Die RAG IMMOBILIEN bewirtschaftet und verwaltet im Ruhrgebiet und in der Aachener Region rund 70.000 Wohnungen und trägt damit Verantwortung für über 200.000 Menschen.

RAG IMMOBILIEN ist einer der großen Flächenentwickler in Deutschland. Sie schafft die Basis für dauerhafte Arbeitsplätze und leistet so einen wichtigen unternehmerischen Beitrag zum Strukturwandel in NRW. ■

Die RAG IMMOBILIEN bewirtschaftet rund 70.000 Wohnungen.
RAG IMMOBILIEN looks after some 70,000 apartments.

The Essen based RAG IMMOBILIEN (RAG Real Estate), one of six partial groups of the RAG Plc, has real estate and building industry-related trading and service activities combined under it. Its range of services includes residential housing, property development and commercial/industrial properties, property services and assorted services. "Space for the Future" is the motto under which RAG IMMOBILIEN provides accommodation for people and companies. With property development, projects and the creation of employment the company is making a considerable contribution to structural change in the Ruhr Valley. As a competent partner it offers its services to its customers made-to-measure solutions in all aspects of real estate. Its services range from the planning and implementation of family-friendly residences, the redevelopment of former industrial properties, construction of commercial/industrial buildings to full service administration of commercial/industrial properties. The making up of assorted tools and building materials and their sale to building markets all over Europe completes its range of services.

RAG IMMOBILIEN looks after and administers some 70,000 apartments in the Ruhr Valley and the Aachen region; it is thus responsible for over 200,000 people.

RAG IMMOBILIEN is one of the biggest property developers in Germany. It creates the basis for long-term jobs, thus making an important commercial contribution to structural change in North Rhine-Westphalia. ■

META: Zukunftsweisende Lagertechnik mit System

META: Systematic, future-oriented Warehousing

Das moderne Bürogebäude von META – Transparenz und Glas stehen für Offenheit und Dialog.
META's modern office block – transparence and glass stand for openness and dialogue.

Angesichts des rasanten Wachstums im Versandgeschäft – u. a. aufgrund des Vertriebsweges Internet – gewinnen maßgeschneiderte und innovative Logistik- und Lagertechniklösungen heute zunehmend an Bedeutung. Die Meta-Regalbau GmbH & Co. KG ist einer der führenden europäischen Hersteller für Lagertechnik mit System, der sich diesen neuen Herausforderungen mit Kompetenz und Know-how stellt. Die Logistikanlagen von META garantieren zeitlich perfekt aufeinander abgestimmte Abläufe und zeichnen sich durch Kompatibilität und hohe Flexibilität aus. Zur Produktpalette gehören Fachbodenregale genauso wie Komplettlösungen für Kleinteileläger, Verschiebe- und Durchlaufregale bis hin zu Kragarmregalen und Stahlbau-Systembühnen. Herausragende Beispiele dafür sind das Distribution Center von Amazon.de in Bad Hersfeld und das flexible Verschieberegalsystem META MULTI-BLOC® im Faltschachtelwerk von Melitta in Minden. Alle Regalsysteme werden individuell auf die speziellen Bedürfnisse des Kunden abgestimmt. Dabei zählt die Kommunikation mit den Kunden, Mitarbeitern und Kollegen zu den wesentlichen Erfolgsfaktoren des Unternehmens. ■

Das Herzstück der Amazon.de-Logistik: die Fachbodenregalanlage META CLIP®.
The heart of Amazon.de's logistics: the META CLIP® floor-based shelving system.

Given the rapid growth in the mail order business, among other things because of the use of the internet as a means of distribution, made-to-measure and innovative logistics and warehousing are gaining importance today. The Meta-Regalbau GmbH & Co. KG (Meta Shelving Company Limited Commercial Partnership) is one of the leading European manufacturers of warehousing equipment confronting this new challenge with competence and know how. META's logistics equipment guarantee perfectly timed processes and are distinguished by their compatibility with other equipment and their great flexibility. The product range consists of floor-based shelving, complete shelving systems for small parts warehouses, sliding shelving, continuous shelving to cantilevered shelving and steel shelving system floors. Excellent examples of this are the Distribution Centre of Amazon.de in Bad Hersfeld and the flexible META MULTI-BLOC® sliding shelving system Melitta's box-folding works in Minden. All shelving systems are specially assembled according to the customer's special requirements. Communication with the customers, employees and colleagues also contribute to the company's success. ■

META
Das Lagersystem

META-Regalbau GmbH & Co. KG

Inhaber/Owner:
Joachim Loh

Geschäftsführer/Manager:
Joachim Loh

Gründungsjahr/Year of Foundation:
1896, seit 1986 ein Unternehmen der Joachim Loh Unternehmensgruppe
1896; a member of the Joachim Loh Group since 1986

Mitarbeiter/Employees: 350

Umsatz/Turnover: ca. 55 Mio. Euro

Geschäftstätigkeit/Business Activity:
Herstellung von Lagertechnik-Systemen:
- Fachbodenregale
- Palettenregale
- Kragarmregale
- Verschieberegale
- Bühnensysteme
- Shelving systems
- Pallet racking
- Cantilever racking
- Flow storage racking
- Mezzanine floors

Tochterunternehmen/Subsidiaries:
META Lagertechnik Ges.m.b.H, Wien
META skladovaci technika s. r. o., Tschechien, Budweis

Anschrift/Address:
Eichenkamp
D-59759 Arnsberg
Telefon +49 (29 32) 9 57-0
Telefax +49 (29 32) 9 57-202
E-Mail infometa@jlu.de
Internet http://www.meta-online.de

Joachim Loh.

Schneller in die Zukunft – Energie mit System ENRW – Die Energiepartner

Faster into the Future – Energy with Method
ENRW – the Energy Partner

Mit der ENRW – Energie Nordrhein-Westfalen GmbH – ist nach der offiziellen Besiegelung der Partnerschaft zwischen den Stadtwerken Düsseldorf AG und der EnBW Energie Baden-Württemberg AG ein gemeinsames Tochterunternehmen entstanden. Künftig werden die Aktivitäten der Muttergesellschaften in ganz Nordrhein-Westfalen und den angrenzenden Benelux-Ländern in der ENRW gebündelt. Dazu gehört der Aufbau eines partnerschaftlichen Netzwerks von leistungsfähigen Stadtwerken ebenso wie die kooperative Beratung und Betreuung von Geschäftskunden in der Region.

Die ENRW fungiert dabei als der Problemlöser für Geschäftskunden in allen Fragen rund um die Themen „Energie“ und „Services“. Die Key-Account-Manager des Unternehmens stehen dem Kunden in allen Fragen der Energiedarbietung beratend zur Seite. Gemeinsam werden künftige Strategien erarbeitet und Projekte konsequent umgesetzt. So kann sich der Geschäftskunde auf sein Kerngeschäft konzentrieren.

Über einen innovativen Geschäftsansatz bietet die ENRW „integrierte Lösungen“ an. Unter strikter Ausrichtung auf die Belange des Kunden werden Ansätze für ein wertsteigerndes Energiemanagement, das am Prinzip des „Sustainable Development“ orientiert ist, erarbeitet. Dazu gehören Fragen der bedarfsgerechten Planung und unternehmens- und standortübergreifenden Koordination ebenso wie die stetige Optimierung des Energiehaushalts.

Auf Basis von Kostensenkungs- und Optimierungsmaßnahmen werden Wege zu einem ökonomisch und ökologisch ausgewogenen Energiemanagement aufgezeigt. Gemeinsam mit ihren Dienstleistungspartnern bietet die ENRW unter anderem folgende Leistungen an: umfassende Medienversorgung mit Strom, Erdgas, Wärme etc., Energiemanagement, Contracting, Anlagenplanung und -betrieb, Facility-Management, Erschließungen, Entsorgungskonzepte und regenerative Energien.

Im Segment der Energieversorgungsunternehmen stehen modular aufgebaute Leistungssysteme zur Steigerung der Wettbewerbsfähigkeit der Kooperationspartner zur Verfügung. Energieversorger können aus einer breiten Palette von Dienstleistungen und flexiblen operativen, strategischen oder gesellschaftsrechtlichen Partnerschaftsmodellen auswählen, welche Form der Zusammenarbeit für sie die günstigste ist. Die Vorteile solcher Kooperationen liegen insbesondere in Bereichen, die Energieversorger nur selten selbst abdecken, wie beispielsweise im Energiehandel. Dieser wird von der ENRW genutzt, um zur Optimierung der Energiebeschaffung und Minimierung der Geschäftsrisiken ihrer Partner beizutragen.

Aus diesem Grund sieht die ENRW ihren Schwerpunkt im Aufbau langfristiger Geschäftsbeziehungen, in deren Rahmen sich die Potenziale eines nachhaltigen Energiemanagements zum Vorteil aller Beteiligten erschließen lassen. ■

Geschäftsführer Reinhold Wetjen.

Manager Reinhold Wetjen.

With the formation of ENRW – Energie Nordrhein-Westfalen GmbH – a mutual subsidiary company was begun after the sealing of the partnership between the Düsseldorf City Works Department and EnBW Energie Baden-Württemberg AG. In future the activities of the parent companies all over North Rhine-Westphalia and the bordering Benelux countries will be combined in the ENRW.

This includes the establishing of a network of competent city works departments and the common advising and looking after of commercial customers in the region.

ENRW functions as a problem-solver for commercial customers in all matters concerning "energy" and "services". The company's key account managers advise their customers in all energy matters. They work out future strategies together and implement projects, thus allowing commercial customers to concentrate on their core businesses. ENRW offers "integrated solutions" using an innovative business approach. Concentrating strictly on the needs of the customer, the parties work out approaches for increasing the value of energy management oriented to the principle of "sustainable development". This includes questions of needs-related planning and combined company and location coordination as well as the constant improvement of the ratio of power generation to energy requirements. Using cost-cutting and improvement measures, ENRW shows its customers ways to achieve an economically and ecologically balanced form of energy management.

Together with its service partners ENRW offers the following services: comprehensive supply of power, natural gas, heating, energy management, contracting, plant planning and

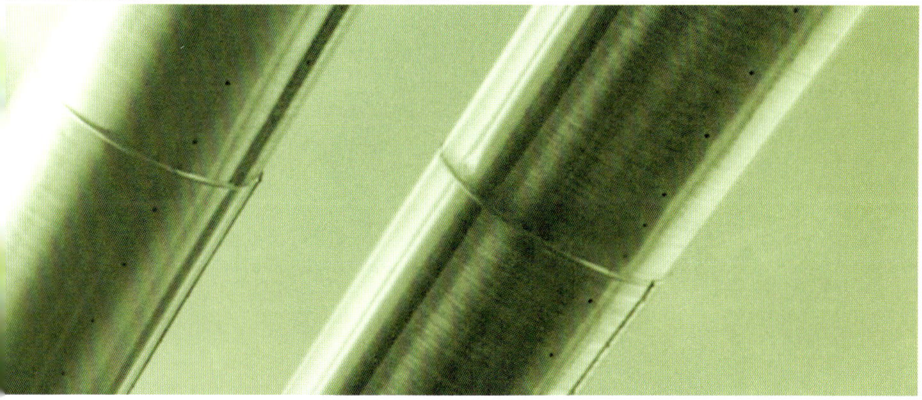

Geschäftsführer Ulrich Koch.

Manager Ulrich Koch.

operation, facility management, new areas of business, waste removal ideas and regenerative energy. The energy supply companies have a wide range of services and flexible operational, strategic or social partnership models and can choose the model that is the best for them. The advantages of such cooperation are in the areas covered only rarely by the energy suppliers themselves – in energy-reselling, for example. This is used by the ENRW to help improve the obtaining of energy and to minimise the commercial risks of its partners. For this reason the ENRW sees its main area of activity in the building up of long term business relationships, in which all those involved benefit from the potential of permanent energy management. ■

ENRW
Die Energiepartner.

Energie Nordrhein Westfalen GmbH
(ENRW GmbH)

Geschäftsführer/Manager:
Reinhold Wetjen, Ulrich Koch

Gründungsjahr/Year of Foundation: 2002

Mitarbeiter/Employees: 53

Geschäftsfelder/Business areas:

1. Energie/Energy
Strom/Power
Erdgas/Natural gas
Wasser/Water
Wärme/Heating

2. Services/Services
Energiemanagement/Energy management
Contracting/Contracting
Anlagenplanung und -betrieb/Installation planning and operation
Facility-Management/Facility management
Erschließungen/Developing new sources of energy
Entsorgungskonzepte/Waste removal ideas
Regenerative Energien/Renewable sources of energy

Geschäftstätigkeit/Business Activity:
Beratung und Betreuung von Geschäftskunden in Nordrhein-Westfalen und den angrenzenden Beneluxstaaten rund um das Thema Energie und Services sowie Kooperationen mit anderen Energiedienstleistungsunternehmen zum Aufbau eines partnerschaftlichen, leistungsfähigen Netzwerks
Advising and looking after business customers in North Rhine-Westphalia and the bordering Benelux countries in all aspects of energy and related services as well as cooperation with other energy service companies in building up a partnership of an efficient energy network

Anschrift/Address:
Hauptsitz
Werdener Straße 4
D-40227 Düsseldorf
Telefon +49 (211) 600 68 40
Fax +49 (211) 600 68 61

ENRW-Dortmund
Im Defdahl 5–10
D-44141 Dortmund

ENRW-Köln
Kölner Straße 259
D-51149 Köln

E-Mail info@enrw-gmbh.de
Internet www.enrw-gmbh.de

Vielfältigkeit, Exzellenz und reibungsloser Technologietransfer

Variety, Excellence and smooth Technology Transfer

NRW ist einer der führenden Wissenschafts- und Technologiestandorte in Europa

Welches Urteil wäre schwerer umzustoßen als ein Vorurteil?, hat Stefan Zweig einmal gefragt. Wir in Nordrhein-Westfalen wissen gut, was der Dichter mit diesem Stoßseufzer gemeint hat. Denn obwohl unser Land in den letzten 30 Jahren einen umfassenden Strukturwandel durchlaufen hat, gelten wir vielen immer noch als das Land von Maloche, Kohle und Stahl. Fragte man zum Beispiel, wo in Deutschland die meisten Tempel von Wissenschaft und Forschung stehen und wo die Kooperation zwischen Wirtschaft und Wissenschaft mit besonderem Nachdruck vorangetrieben wird, würden viele vermutlich auf ein süddeutsches Bundesland tippen. Tatsächlich lautet aber die richtige Antwort: Nordrhein-Westfalen!

Forschung und Wissenschaft haben in NRW schon seit Mitte der 60er-Jahre einen dynamischen Aufschwung erfahren. In den vergangenen Jahrzehnten entstand hier die dichteste Hochschullandschaft Europas und eine differenzierte wissenschaftliche und technologische Infrastruktur, die wesentlich dazu beigetragen hat, aus NRW einen der führenden Technologie-Standorte Europas zu machen. Das Zusammenspiel von Wirtschaft und Industrie einerseits und Hochschulen und Wissenschaft andererseits war dabei stets eines der wesentlichen, die Entwicklung vorantreibenden Elemente. An dieser Erfahrung orientieren wir uns auch heute. Angesichts neuer, weltweiter ökonomischer und wissenschaftlicher Herausforderungen bauen wir in NRW unsere Initiativen zur Förderung der Kooperation von Wissenschaft und Wirtschaft und des Innovationstransfers weiter aus. Wir wollen Industrie und Wirtschaft als dauerhafte Partner für unsere Hochschulen und Forschungseinrichtungen gewinnen, um die wirtschaftliche Entwicklung im Land und seinen Regionen voranzutreiben. Unser Ziel heißt: Technologietransfer ohne Reibungsverluste.

NRW – Europas führender Technologiestandort.

North Rhine-Westphalia – Europe's leading technology location.

Die dichteste Forschungs- und Hochschullandschaft Europas

Das Kapital, das die Hochschulen und die Forschungseinrichtungen in NRW dabei in Kooperationsprojekte mit der Wirtschaft einbringen können, ist vielfältig und exzellent.

Nordrhein-Westfalen verfügt heute über 53 Hochschulen. Jede zehnte Mark des Landeshaushalts fließt in die Wissenschaft. Im Wintersemester 2000/01 gab es rund 493.000 Studierende. Das sind mehr als in Bayern und Baden-Württemberg zusammen. An den Hochschulen des Landes studieren 28 % aller in der Bundesrepublik Deutschland Studierenden; in Nordrhein-Westfalen werden 28 % des ingenieurwissenschaftlichen und ca. 29 % des naturwissenschaftlichen Nachwuchses ausgebildet. Und: NRW verfügt über eine breite Palette von leistungsfähigen Einrichtungen und Instituten, die das Spektrum von der Grundlagenforschung bis hin zur wirtschaftsnahen Forschung abdecken.

Die Max-Planck-Gesellschaft zur Förderung der Wissenschaft e. V. z. B. unterhält als gemeinnützige Forschungsorganisation in Nordrhein-Westfalen derzeit zehn, künftig elf Forschungseinrichtungen. Die Institute betreiben Grundlagenforschung in den Natur-, Bio- und Geisteswissenschaften und ergänzen die Arbeit der Universitäten auf wichtigen Forschungsfeldern.

Das Deutsche Zentrum für Luft- und Raumfahrt e. V. (DLR) in Köln-Porz ist die größte ingenieurwissenschaftliche Forschungseinrichtung in Deutschland. Das Zentrum befasst sich mit Luftfahrt,

Gabriele Behler

Die Autorin, 1951 in Lippe geboren, arbeitete nach dem Studium der Germanistik und Geschichte in Münster zunächst im Schuldienst. Ihre politische Tätigkeit begann 1972 als SPD-Mitglied, 1989 wurde sie Mitglied des Landesvorstandes der SPD NRW, seit 1990 dessen Stellvertretende Vorsitzende, und 1996 trat sie als Abgeordnete in den Landtag NRW ein. 1995 wurde Gabriele Behler Ministerin für Schule und Weiterbildung, Wissenschaft und Forschung des Landes NRW. Seit 2000 Ministerin für Schule, Wirtschaft und Forschung.

The author was born in Lippe in 1951. After studying German and History at the University of Münster she first worked as a teacher. Her political activities began in 1972 as a member of the SPD. In 1989 she became a member of the State Managing Board of the party, whose Vice-President she has been since 1990. She entered the State Legislature in North Rhine-Westphalia in 1996. Gabriele Behler became State Minister of Schools and Further Education, Science and Research of North Rhine-Westphalia in 1995, and has been State Minister of Schools, Commerce and Research there since 2000.

NRW is one of the leading scientific and technology locations in Europe

What sentence could more difficult to quash than a prejudice, Stefan Zweig once asked. We in North Rhine-Westphalia know very well what the author meant by this heartfelt sigh. For although our State has gone through major structural change in the last 30 years we are still considered the State of coal, steel and hard work. If you were to ask where the most temples of science and research are, for example, and where cooperation between commerce and science are being pushed ahead with particular emphasis, many people would probably pick a State in Southern Gemany. In fact the right answer is: North Rhine-Westphalia.

Research and science have been going through a dynamic upswing in North Rhine-Westphalia since the 1960's. In the past few years the highest number of universities in Europe were established here, and a different scientific and technological infrastructure which essentially contributed to it, made NRW one of the leading technology locations in Europe.

The interplay of commerce and industry on the one hand and universities and science on the other was always one of the essential, development of driving elements. We orient ourselves by this experience today. In view of new, world wide economic and scientific challenges we in NRW are expanding our initiatives to promote cooperation between science and commerce and innovation transfer. We want to win industry and commerce as long term partners in order to accelerate economic development in the State and its regions. Our goal is: technology transfer without any loss of friction.

The most densely-populated research and university landscape in Europe, the capital that the universities and research institutes in NRW can attract in cooperation projects with the business community is varied and excellent. Today North Rhine-Westphalia has over 53 universities. Every tenth Euro from the State Budget flows into science. In the winter semester 2000/2001 there were about 493,000 students. That is more than in Baden-Württemberg and Bavaria together. Twenty-eight percent of all students in Germany are studying at the universities in our State. The universities in North Rhine-Westphalia produce some 28 % of Germany's engineers and some 29 % of its scientists. And: NRW has a wide range of efficient institutes and facilities that cover the spectrum from basic research to commercially applicable research.

As a non-profit organisation in North Rhine-Westphalia the *Max-Planck Society for the Promotion of Science* currently maintains ten – soon to be 11 – research institutes. These institutes carry out basic research in the biological and natural sciences and the humanities and supplement the work of the universities in important fields.

The Deutsche Zentrum für Luft- und Raumfahrt e. V., or German Centre for Air and Space Travel (DLR) in Cologne-Porz is the biggest engineering research institute in Germany. The Centre is concerned with air travel, space travel and space

Eine breite Palette von Einrichtungen und Instituten, die das Spektrum von der Grundlagenforschung bis zur wirtschaftsnahen Forschung abdecken, haben ihren Sitz in NRW.

A wide range of institutes and facilities covering the spectrum of basic research to commercially applicable research are based in NRW.

Raumfahrt und Raumfahrtmanagement, aber auch mit Energietechnik einschließlich der alternativen Energiequellen, mit Verkehrstechnik sowie mit dem Bereich Klima/Umwelt. Das DLR beschäftigt allein in Köln 1.400 Mitarbeiterinnen und Mitarbeiter und Nachwuchskräfte.

Im Forschungszentrum Jülich GmbH (FZJ) beschäftigt man sich insbesondere mit der Materialforschung, der Informationstechnik, den Lebenswissenschaften, der Umweltvorsorgeforschung und der Energietechnik. Der Anteil der Energietechnik an den Gesamtausgaben des Zentrums beträgt 32 %. Daran ist die Kerntechnik inzwischen mit weniger als einem Drittel beteiligt. Im FZJ sind rd. 4.200 Mitarbeiterinnen und Mitarbeiter sowie Nachwuchskräfte tätig.

Außerdem sind elf *Fraunhofer-Institute* in Nordrhein-Westfalen angesiedelt. Sie betreiben Forschung und Entwicklung auf fast allen wirtschaftlich relevanten Gebieten der angewandten Naturwissenschaften und der Technik. Sie führen Vertragsforschung für die Industrie, für Dienstleistungsunternehmen und die öffentliche Hand durch. Sie tragen dazu bei, Ergebnisse der Grundlagenforschung innovativ und zeitnah in die Praxis umzusetzen.

Daneben wäre noch eine Vielzahl von weiteren Forschungseinrichtungen zu nennen. Mehr als 100 *An-Institute* sorgen z. B. an den Hochschulen in NRW für einen intensiven Kontakt zur internationalen Forschung, und sie sind zugleich ein wichtiges Bindeglied zwischen der Hochschulforschung und der Verwertung von Forschungsergebnissen in Industrie und Wirtschaft. Darüber hinaus sind neun Institute der Blauen Liste in Nordrhein-Westfalen angesiedelt.

Nordrhein-Westfalen hat damit die höchste Konzentration von Forschungs- und Bildungseinrichtungen in Europa. Hinzu kommt ein flächendeckendes Netz von Technologietransferstellen an allen Hochschulen, von Technologiezentren und von Technologieagenturen – und außerdem noch eine Vielzahl von aktuellen Maßnahmen und Programmen der Landesregierung, mit denen wir dafür Sorge tragen, dass der Wissenschafts- und Forschungsstandort NRW seinen Platz an der internationalen Spitze festigen und weiter ausbauen kann.

Neue Technologien haben eine große Zukunft in NRW.

New technologies have a great future in NRW.

Innovationsförderung in NRW

Zu nennen ist hier insbesondere das Förderungsprogramm *Offensive zukunftsorientierte Spitzenforschung*. Es hat das Ziel, die Leistungsstärke der Forschung an unseren Hochschulen weiter zu stärken, die Vernetzung der Hochschulforschung mit hochschulexternen Forschungseinrichtungen und mit der Wirtschaft zu intensivieren und den internationalen Austausch von Wissenschaftlern zu unterstützen.

Die Schwerpunkte des Programms liegen in den Bereichen Biotechnologie und Life Sciences, Informations- und Kommunikationstechnologien, Materialwissenschaften und Produktionstechnik, nachhaltige Umwelt- und Energieforschung, Verkehrs- und Mobilitätsforschung sowie in der Intensivierung der geistes- und gesellschaftsbezogenen Forschung.

Die Landesregierung stellt dafür jährlich ca. 18 Mio. Euro zur Verfügung. Die Hochschulen, Forschungseinrichtungen und Unternehmen leisten ihrerseits einen angemessenen Beitrag an den Kosten der jeweiligen Projekte.

Das *Technologie- und Innovationsprogramm NRW (TIP)* hat dieselben Schwerpunkte wie das Programm zur Förderung der Spitzenforschung, richtet sich allerdings speziell an kleine und mittlere Unternehmen der gewerblichen Wirtschaft. Ihnen soll mit öffentlichen Fördermitteln dabei geholfen werden, sich – in Zusammenarbeit mit Wissenschaft und Forschung – auf den besonders dynamischen und wachstumsstarken Innovations- und Technologiefeldern nachhaltig zu behaupten.

Um die Kontakte zwischen Wirtschaft und Wissenschaft noch weiter zu intensivieren, hat die Landesregierung darüber hinaus das Programm *Transferorientierte Forschung an Fachhochschulen (TRAFO)* und den *Zukunftswettbewerb Ruhrgebiet*, ein Gemeinschaftsprojekt des Wirtschafts-, des Technologie- und des Bildungsministeriums sowie der Industrie- und Handelskammern und der Handwerkskammern, gestartet. Beide Programme dienen ebenfalls der gemeinsamen Entwicklung von innovativen Produkten, Verfahren oder Dienstleistungen durch Wirtschaft und Wissenschaft.

Neue Wege des Technologietransfers

Die Forschungs- und Hochschulpolitik in Deutschland muss bereit sein, neue Wege zu gehen, um den Technologietransfer zwischen Wirtschaft und Wissenschaft zu beschleunigen. Neue, innovative Produkte müssen schneller auf den Markt. Junge Wissenschaftler brauchen bessere Chancen, ihre produktiven Ideen eigenständig und möglichst rasch realisieren zu können. Denn das dient der Wirtschaft ebenso wie dem Arbeitsmarkt. Deshalb bieten alle Hochschulen in NRW jungen Hochschulabsolventen besondere Hilfen auf dem Weg in die Selbstständigkeit an, z. B. indem sie „Gründertage“ durchführen, individuelle Coachings anbieten oder Business Incubatoren auf dem Campus einrichten.

Die Landesregierung fördert das u. a. durch *PFAU*, das Programm zur finanziellen Absicherung von Unternehmensgründern aus Hochschulen. *PFAU* bietet jungen Hochschulabsolventen, die ein Unternehmen gründen wollen, wichtige Starthilfen und die besten Chancen, aus ihren innovativen Ideen ein neues, marktfähiges Produkt zu entwickeln. Den künftigen Unternehmensgründern wird für zwei Jahre eine halbe Stelle an ihrer Universität bzw. Fachhochschule zugewiesen. Zudem werden sie wirtschaftlich beraten und travel management and energy technology, including alternative sources of energy, traffic technology and the field of climate and the environment. The DLR employs 1,400 people in Cologne alone.

The Jülich Research Centre GmbH (FZJ) is concerned particularly with materials research, information technology, the Life Sciences, preventive environmental research and energy technology. The share of energy technology as a percentage of the Centre's total expenditure is 32 %. Nuclear technology is now less than a third of this figure. The FZJ employs about 4,200 people, including trainees.

In NRW trifft man auf eine differenzierte wissenschaftliche und technologische Infrastruktur.
In NRW you find a varied scientific and technological infrastructure.

In addition, eleven *Fraunhofer Institutes* are in North Rhine-Westphalia. They carry out research and development in almost all relevant fields of applied sciences and technology. They carry out contract research for industry, the service sector and the public sector. They contribute to the implementation of the results of basic research in an innovative and topical fashion.

There is a multitude of other research institutes that could be named here. More than 100 *An-institutes*, e. g. at the universities in NRW, ensure intensive contact to international research, and they are simultaneously an important link between university research and the use of research findings in industry and commerce. Over and above this nine institutes of the "Blue List" are based in North Rhine-Westphalia.

North Rhine-Westphalia thus has the highest concentration of research and educational facilities in Europe. As well, there is a exhaustive network of technology-transfer offices in all universities, and an equally a exhaustive network of technology centres and agencies with which we ensure that NRW as a scientific and research location can occupy and expand its place at the top of the international ranking.

Promotion of Innovation in NRW

At this point the promotion programme *campaign for future-oriented top research* should be mentioned. Its goal is the continued reinforcement of research at our universities, to intensify the contacts of university research with external research institutes and commerce and the promotion of international exchange of scientists. The emphases of the programme are in biotechnology and Life Sciences, information and telecommunications technology, Materials Science and Production Technology, long-term environmental and energy research, traffic and mobility research as well as the intensification of the Humanities and Social Sciences.

The State Government makes 18 million Euro available annually for these activities. The universities, research institutes and the business sector for their part also contribute in an appropriate manner to the costs of each project.

The Technology and Innovation Programme NRW (TIP) has the same emphases as the programme for the promotion of top research, but concentrates on small and medium-sized companies in the commercial sector. These companies receive public funding in order to assist them to hold their ground on a long-term basis - in cooperation with science and research – in the particularly dynamic and fast-growing fields of innovation and technology.

In order to further intensify contacts between commerce and science the State Government has also started the University Transfer-Oriented Research Programme (German initials: TRAFO) and the Ruhr Valley Competition on the Future, a shared project of the Ministry of Commerce and Technology and the Ministry of Education as well as the Chambers of Industry and Trades. Both programmes also promote the common development of innovative products, processes or services by commerce or science.

New Paths of Technology Transfer

Research and university policies in Germany must be prepared to go down new paths in order to accelerate the transfer of technology between commerce and science. New, innovative products must brought to the market more quickly. Young scientists need better opportunities in order to implement their productive ideas independently and as quickly as possible, since this serves the economy as much as the labour market. This is why all universities in NRW offer young graduates special assistance on the road to owning their own business, e. g. by holding "Start-Up Days", offering individual coaching or setting up Business Incubators on campus.

The State Government is supporting this, among other things through PFAU, the programme for the financial protection of those graduates starting their own firms. PFAU offers young graduates wanting to start their own companies important start-up assistance and the best chances of developing a new marketable product from their innovative ideas. The future companies founders are

Technologie- und Innovationsförderung hat in NRW einen hohen Stellenwert.
Promotion of technology and innovation are very important in NRW.

erhalten hierfür als finanzielle Unterstützung zusätzlich 10.000 DM in Form eines Beratungsschecks. Seit Beginn des Programms im Oktober 1996 konnte 122 Existenzgründern aus nordrhein-westfälischen Hochschulen eine Förderung bewilligt werden. Die meisten von ihnen sind heute erfolgreich am Markt.

Es ist unser Ziel, diesen Weg auszubauen und noch weitaus mehr Unternehmensgründungen junger Hochschulabsolventen zu ermöglichen. Das Land fördert daher seit einiger Zeit den Aufbau so genannter regionaler Hochschul-Gründerverbände. Sie sollen für die jungen akademischen Unternehmensgründer den Weg in die Selbstständigkeit transparenter machen und sie noch intensiver mit den Banken, der Wirtschaft und dem Beratungsnetzwerk der jeweiligen Region zusammenbringen.

Neue Ideen, neue Produkte zu entwickeln erfordert Know-how, Wissen und Kreativität, aber auch die nötige Motivation und die berechtige Erwartung, aus seinen Entwicklungen Nutzen ziehen zu können. Deshalb gibt es in NRW das Förderprogramm *SAFE*. *SAFE* steht für „Schutzrechtsanmeldung von Forschungsergebnissen aus nordrhein-westfälischen Hochschulen". Es richtet sich an alle Forscher, Entwickler und Erfinder an nordrhein-westfälischer Hochschulen, vom Studenten bis hin zum Professor.

SAFE bietet Erfindern unentgeltliche Beratung, insbesondere auch eine Beurteilung ihrer Erfindungen hinsichtlich deren Patentfähigkeit und wirtschaftlicher Verwertbarkeit. Für erfolgversprechende Erfindungen gibt einen Zuschuss in Höhe von 75 % der Patentverfahrens- und -verwertungskosten auf nationaler und internationaler Ebene. Das sind Zuwendungen in einer Höhe von bis zu 22.200 Euro. Bei Erfolg führen die Erfinder dafür 25 % der Verwertungserlöse an ihre Hochschule ab (maximal das zehnfache der gewährten Zuwendung).

Wir werden in Zukunft noch ein Übriges tun, um Erfindungen aus den Hochschulen schneller in Produktion und Verwertung zu bringen. An den Hochschulen sollen Stellen geschaffen werden, die eine Erstberatung zu Fragen des Patentwesens geben und die Kontakte zu Fördereinrichtungen, zu Patentanwälten und vor allem zu regionalen Verwertungseinrichtungen knüpfen. Außerdem sollen privatrechtliche Verwertungseinrichtungen die Erfindungen lizenzieren, veräußern oder dabei helfen, auf der Basis der Erfindung ein Unternehmen zu gründen.

Eine Landschaft neuer Netzwerke

Alles in allem ist es sicherlich nicht übertrieben zu sagen: Die Hochschul- und Forschungspolitik in NRW hat nach der Phase des Strukturwandels in den 70er- und 80er-Jahre eine neue Dynamik gewonnen – und dies insbesondere auch, was die Förderung von Spitzenforschung, Excellenz, des Technologietransfers und damit die Kontakte zwischen Hochschulen und Wirtschaft im Allgemeinen angeht. Dass dieser Weg richtig ist, zeigt sich darin, dass gerade in letzter Zeit in NRW in vielen Bereichen eine neue Landschaft moderner und leistungsfähiger Netzwerke zwischen Wissenschaft und Wirtschaft aufgebaut werden konnte.

Ein Beispiel dafür ist das Kompetenzzentrum *Nanoanalytik*, das von der Universität Münster koordiniert wird. Dieses Kompetenzzentrum ist ein Zusammenschluss von acht Hochschulinstituten, neun hochschulexternen Forschungseinrichtungen, 16 klein- und mittelständischen Unternehmen und sieben Unternehmen der Großindustrie. 40 Projektpartner decken das gesamte Spektrum von der Forschung bis hin zur industriellen Anwendung der Nanotechnologie ab – von Grundlagenforschung, der Erstellung von Prototypen bis hin zur Markteinführung neuer Produkte und Techniken.

Die Gründung des Hochleistungs-Hirnforschungszentrums *LIFE & BRAIN* in Bonn ist ein weiterer wichtiger Baustein dieser neuen Netzwerklandschaft. *LIFE & BRAIN* ist eine Technologie-Plattform, die akademische Spitzenforschung, innovative Technologien und unternehmerisches Handeln nach dem Modell der Public Private Partnership in einer in Deutschland bislang nicht gekannten Qualität zusammen führt, um den Rohstoff Forschung effektiv zu „veredeln" und in Produkte und Arbeitsplätze umzusetzen.

Um dabei letztlich erfolgreich zu sein, wird es allerdings auch immer darauf ankommen, den Fach- und Führungskräften der Wirtschaft neue Möglichkeiten zur wissenschaftlichen Aus- und Weiterbildung zu geben, und zwar im engen Zusammenspiel und in Kooperation zwischen den Hochschulen und den regionalen Unternehmen. In NRW können wir mit dem *IT-Center for International Studies* in Dortmund hierfür schon heute ein zukunftsfähiges Modell vorweisen, und dies auf einem sehr zukunftsträchtigem Sektor.

Im Dortmunder IT-Center werden in enger Zusammenarbeit zwischen Hochschule und Industrie in vier Semestern die Grundlagen und Basiskonzepte einer praxisorientierten Informatik vermittelt. Im November 2000 haben die ersten 50 Studierenden ihr Studium am IT-Center aufgenommen. Sie alle haben zugleich Arbeits- bzw. Ausbildungsplätze in kleinen und mittleren Unternehmen.

Im Westen der Republik tut sich also viel Neues in Sachen Forschungspolitik und Technologietransfer. Denn wir wissen in NRW aus der Erfahrung des Strukturwandels sehr gut, dass man sich nicht auf den Erfolgen von gestern ausruhen kann. Oder – wie das Bundespräsident Johannes Rau während seiner Zeit als nordrhein-westfälischer Ministerpräsident gesagt hat: „Wer sich auf seinen Lorbeeren ausruht, trägt sie an der falschen Stelle." Umso günstiger sind deshalb in NRW heute die Voraussetzungen für eine zukunftsorientierte Kooperation von Wirtschaft und Wissenschaft. Wer das noch nicht selbst erfahren hat, braucht eigentlich nur den Mut, sich von alten Vorurteilen zu verabschieden. ■

assigned a half-time job for two years at their university or university of technology. They also receive business advice and financial support in the form of a consulting cheque worth just under 5,000 Euros. Since the beginning of the programme in October 1996, 122 young entrepreneurs from universities in North Rhine-Westphalia have received approval for such support. Most of them are now doing very well on the market.

It is our goal to expand this path and make it possible for a lot more young graduates to start their own companies. The State has been promoting the establishment of so-called regional university entrepreneur associations for some time. They are supposed to make the path to owning their own companies more transparent and to bring graduates into contact with banks, commerce and the advice network in each region.

Developing new ideas and new products requires know-how, knowledge and creativity, but also the necessary motivation and the justified expectation of being able to derive use out of his developments. For this reason there is in NRW the *SAFE* promotion programme. *SAFE* stands for the application for the protection of the patent rights of research findings from the universities in North Rhine-Westphalia. It is directed at all researchers, developers and inventors at universities in North Rhine-Westphalia, from students to professors.

SAFE offers inventors free advice, and also an opinion of their invention as to whether it can be patented and used commercially. For promising inventions there is a subsidy of 75 % of the costs of the patent process and exploitation costs at national and international level. This sum can be as high as just over 22,200 Euros. If the invention is a success the inventor pays the university 25 % of the proceeds from the patent exploitation costs (a maximum of ten times the subsidy).

In future we will do more to bring inventions from universities into production and practical use more quickly. Positions are to be created at the universities which will act as initial advice centres for questions on patent law and set up contacts with promotion institutes, lawyers and specially to regional utilisation centres. In addition private utilisation centres will licence the inventions, sell them or help to start up a company on the basis of the invention.

A Landscape of new Networks

All in all it is certainly no exaggeration to say that university and research policies in NRW gained a new dynamism after the phase of structural change in the 1970's and 1980's – especially as far as the promotion of top research, excellence, technology transfer and hence the contact between universities and commerce in general are concerned. That this is the right path, can be seen by the fact that, in NRW recently, a new landscape of modern and efficient networks between science and commerce have been built up in many areas.

One example of this is the Nano-Analytical Competence Centre, coordinated by the University of Münster. This Competence Centre is a amalgamation of eight university institutes, nine external research institutes and seven large industrial concerns. Forty project partners cover the whole spectrum from research to the industrial applications of nano-technology – from basic research, the production of prototypes to the introduction to the market of new products and techniques.

The founding of the high-performance brain research centre *LIFE & BRAIN* in Bonn is an important part of this new network landscape. *LIFE & BRAIN* is a technology platform that brings together academic top research, innovative technologies and commercial activity after the model of the Public Private Partnership of a quality so far unknown in Germany in order to effectively "refine" the raw material research and to turn this into products and jobs.

Finally, in order to be successful, it will, of course, depend on giving new opportunities to skilled technicians and managers in the commercial sector for scientific training and further vocational education in close cooperation with between the universities and region-al companies. In NRW we can already demonstrate a model that will hold its own with the future, namely in the form of the *IT-Centre for International Studies* in Dortmund, in a very promising sector. The Dortmund IT-Centre teaches the basics and basic concepts of practically-oriented computer science in close cooperation between university and industry. In November 2000 the first 50 students commenced their studies at the IT-Centre. They all have jobs or traineeships at small and medium-sized companies.

In the west of Germany there is also a lot going on in the fields of research policies and technology transfer. We in NRW are very well aware from our experience of structural change that we cannot afford to rest on the laurels of past successes. Or – as Germany's President Johannes Rau said during his time as State Premier of North Rhine-Westphalia – "Anybody that rests on his laurels is wearing them in the wrong place." This is why the prerequisites for future-oriented cooperation between commerce and science are all the more favourable. Anybody who has not yet found out that for himself actually needs the courage to depart from old prejudices. ■

Auch bei der Prüfung der wirtschaftlichen Verwertbarkeit helfen viele Universitäten in NRW.

Even in examination for commercial application many universities offer help in NRW.

C. D. Wälzholz – Kaltwalzen in Perfektion

Cold Rolling to Perfection

Kaltband ist ein Werkstoff mit langer Tradition und großer Zukunft. Damit eng verbunden ist der Name C. D. Wälzholz. Die international tätige Unternehmensgruppe hat eine führende Marktposition mit ausgezeichneten Perspektiven.

C. D. Wälzholz fertigt ein besonders breit und tief differenziertes Werkstoff-Spektrum zur Herstellung der unterschiedlichsten Marken-Produkte weltweit. Die Strategie ist, genau den richtigen Werkstoff in der besten Qualität für jede denkbare Anwendung zu liefern. Die Kunden sind bedeutende Unternehmen der Automobil-Zulieferindustrie, der Bau-Zuliefer- und Sägenindustrie, der EBM- und Elektroindustrie und der Skiindustrie.

In diesen Absatz-Märkten werden verschiedene Kaltwalzprodukte verarbeitet. Kaltband, Bandstahl, Elektroband, oberflächenveredelte Bänder, gewalzte Profile. C. D. Wälzholz entwickelt und produziert diese Werkstoffe in großen Mengen auf hohem Niveau und auch in Form hochspezialisierter Produktlösungen für individuelle Anwendungen. Die kundenorientierte Produktpolitik zeigt sich in der großen Zahl von Innovationen und Sonderentwicklungen.

Beispiel 1: Hochfeste, mikrolegierte Stähle für den Automobilbau. Durch höhere Zugfestigkeiten werden immer weitere Gewichtseinsparungen erzielt.

Beispiel 2: Elektroband für Elektromotoren, Generatoren und Transformatoren. Niedrigste elektromagnetische Verlustleistungen bewirken Energieeinsparungen für den Endverbraucher.

Beispiel 3: Durchlaufvergütete, unlegierte und legierte Kohlenstoffstähle. Die guten Federeigenschaften, hohen Dauer- und Verschleißfestigkeiten bewähren sich bei Federn, Sägen, Sägeblättern, Spachteln oder Laubrechen. Und auch bei Skikanten für die namhaften Ski-Hersteller, dem Anwendungsbereich der prominentesten und glanzvollsten Rekorde.

Die Nähe zum Kunden und zum jeweiligen Markt hat schnell zu einer internationalen Ausrichtung des Unternehmens geführt. Perfektion, Kreativität und stetige Weiterentwicklung der Produkte und Prozesse sind ausschlaggebend für den weltweiten Erfolg. Dazu investiert C. D. Wälzholz in eine intensive Forschungs- und Entwicklungsarbeit. In hoch qualifizierte Anwendungstechniker und Spezialisten. In modernste Steuerungs-, Mess- und Prüftechnologie.

Internes Qualitäts-Management und die Zertifizierung nach allen gängigen Standards sind bei C. D. Wälzholz schon früh eine Selbstverständlichkeit. Sie garantieren die größtmögliche Sicherheit in allen Entwicklungs- und Fertigungsprozessen. Das Ergebnis sind Werkstoffe erster Güteklasse.

C. D. Wälzholz setzt auf den Erfolgsfaktor Mensch. Auf enge Kooperation und partnerschaftliche Zusammenarbeit mit Kunden und Lieferanten für ein gemeinsames Ziel: Die beste Lösung der jeweiligen Aufgabe. Mit Engagement, Leistung und Einsatzbereitschaft trägt jeder einzelne Mitarbeiter zum Unternehmenserfolg bei. Mit differenziertem Werkstoff- und Prozess-Know-how, mit hoher Produkt- und Dienstleistungs-Kompetenz ist C. D. Wälzholz gut gerüstet für die Märkte und Herausforderungen der Zukunft. ■

Cold rolled metal in strip form is a material with a long tradition and a big future. Closely connected with it is the name C. D. Wälzholz. The internationally active company has a leading position in the market with excellent prospects.
C. D. Wälzholz manufactures a particularly wide and differentiated range of materials for the production of many brand name products. Their strategy is to supply exactly the right type of high quality material for every conceivable use. Their customers are well known firms in the automobile components industry, suppliers to the building, saw industries, the EBM (the iron sheet and other metal) industry, the electrical and the ski industry. Different cold rolled products are used in those market segments.
C. D. Wälzholz processes various cold rolled products for the markets. Cold rolled low carbon, high carbon and alloyed steel strip, electrical steel, surface coated strips, cold rolled profiles – the company develops and produces high volumes of these high quality products, both in standard form and in highly specialized forms for individual requirements. The customer oriented product policy can also be seen in the great number of innovations and specially developed products.
Example 1: High strength, micro alloyed steels for the automotive industry. Increased tensile strength for future weight savings can be achieved.
Example 2: Electrical steel for electric motors, generators and transformers. Very low core losses achieve energy savings for the end user.
Example 3: continuously hardened and tempered alloy and non-alloy carbon steels. The excellent spring properties, long life and resistance to wear are proved in products such as springs, saws, sawblades, spatulas, rakes and even in the edges of skis for ski manufacturers, where the most prominent and brilliant records are achieved.
The closeness to the customers and the relevant markets led quickly to the company's international orientation. Perfection, creativity and constant development of products and processes are the determining factor in the company's international success. In addition, C. D. Wälzholz invests in intensive research and development, highly qualified application technicians, specialists, the latest control, measuring and testing technology.
Internal quality management and certification according to the usual standards were a matter of course at C. D. Wälzholz right from the start. They guarantee the greatest possible safety standards in all development and manufacturing processes, and the result is material of the highest quality.
C. D. Wälzholz counts on people as a factor in its success, and on close co-operation and partnership between customer and supplier in order to achieve its common goal, the best solution for each task. Every single employee contributes to the company's success with commitment and performance. With a wide range of materials and process expertise, a high degree of competence in its products and service, C. D. Wälzholz is well armed for the markets and challenges of the future. ■

Unternehmensgruppe C. D. Wälzholz

Geschäftsführer/Manager:
Herbert Otten, Dr. Hans-Toni Junius

Gründungsjahr/Year of Foundation: 1829

Mitarbeiter/Employees: 1000

Umsatz/Turnover: 500 Mio.

Geschäftstätigkeit/Business Activity:
- Kaltband/low carbon steel strip
- Bandstahl/high carbon and alloyed steel strip
- Elektroband/electrical steel strip
- Gewalzte Profile/rolled profiles

Werke/Works:
- Hagen-Fley
- Hagen-Kabel
- Hagen-Hohenlimburg
- Iserlohn
- Götzis, Österreich
- Sao Paulo, Brasilien
- Cleveland/Ohio, USA

Anschrift/Address:
Feldmühlenstraße 55
D-58093 Hagen
Telefon +49 (2331) 964-0
Telefax +49 (2331) 964-301
E-Mail cdw@cdw.de
Internet www.cdw.de

Medien Gruppe Kirk

Europäischer Wirtschafts Verlag GmbH
Ein Unternehmen der Medien Gruppe Kirk AG

Geschäftsführer/Managing Director:
Christian Kirk

Geschäftstätigkeit/Business activities:
Buch- und Zeitschriftenproduktion, Veranstaltungen, Wirtschaftsinformationen, Datenbanken im Internet
Production of books and magazines, events, business information, databases in the Internet
E-mail ewv@medien-gruppe.com

Kunden/Customers:
europaweit/europe-wide

Anschrift/Address:
Groß-Gerauer Weg 1
D-64295 Darmstadt
Telefon +49 (6151) 17 70-0
Telefax +49 (6151) 17 70-10
LeoPro +49 (6151) 17 70-48
E-Mail info@medien-gruppe.com
Internet www.medien-gruppe.com
www.standort-deutschland.com
www.ebn24.com

Business-Informationen – aktuell und zuverlässig

Business information – current and reliable

Der Europäische Wirtschafts Verlag auf dem Weg zum Business-Meinungsbildner. Wer sich über die Qualität und die speziellen Stärken eines Wirtschaftsstandortes zuverlässig und schnell informieren will, greift zum Standardwerk aus diesem Verlag, einer Reihe von inzwischen fast 100 Bänden über Wirtschaftsregionen in ganz Europa. Mit Salzburg, Oberösterreich und Wien sind jetzt auch die ersten österreichischen Regionen in das repräsentive Gesamtwerk integriert worden.

In den Büchern und auf der umfangreichen Datenbank mit täglich vielen tausend Zugriffen finden die interessierten User Wirtschaftsinformationen – detailiert und praxisnah wie sonst kaum in der Wirtschaftsliteratur.

Das Geheimnis der hohen Verwertbarkeit der Informationen aus dem Europäischen Wirtschafts Verlag liegt in der Auswahl der Autoren: Es kommen ausschließlich Insider aus der jeweiligen Region zu Wort, die über aktuelle Informationen verfügen und wirtschaftliche Zusammenhänge herstellen können. Da auch die so genannten weichen Standortfaktoren behandelt werden, zeigen die Veröffentlichungen ebenso die kulturellen und touristischen Highlights der Region.

Das Medienprojekt hat für die regionale Wirtschaft außerordentliche Bedeutung, denn es werden auch renommierte Unternehmen in ihrer Struktur und ihrem Leistungsprofil portraitiert; sie kommen so zu neuen Absatzmärkten, zusätzlichen Business-Kontakten und höheren Umsätzen. Da die Firmendaten vor allem auch im Internet abrufbar sind, werden für die präsentierten Unternehmen künftig weltweit täglich neue Kooperationen und Geschäftsverbindungen ermöglicht. ■

The European Business Publishing House is on its way to becoming an opinion former on European businesses. For those interested in obtaining reliable information about the qualities and special features of a business location there are the House´s standard works, which in the meantime, amount to almost 100 volumes. They cover business locations throughout Europe. The second edition of the head-book "Business Location Germany" is already released and Almost nowhere else can the user find such detailed and practical business information as in these books and extensive data bases which are visited by thousands daily.

The secret behind the frequent usage of this information is the House´s choice of authors: they are all natives of the region they write about and so have the most current information at hand and are able to produce coherent business information. The so called soft locational factors are also dealt with, thus enabling the publications to point out the cultural and tourist attractions of the specific regions.

This media project plays an extremely important role in the region´s economy whereby the portrayal of well known companies can lead to new market outlets, additional business contacts and a higher turnover. In future, the companies already in the system will have the opportunity of forming new business contacts and joint operations both daily and world-wide. This has been made possible by the Internet where all the information is stored. ■

www.ebn24.com

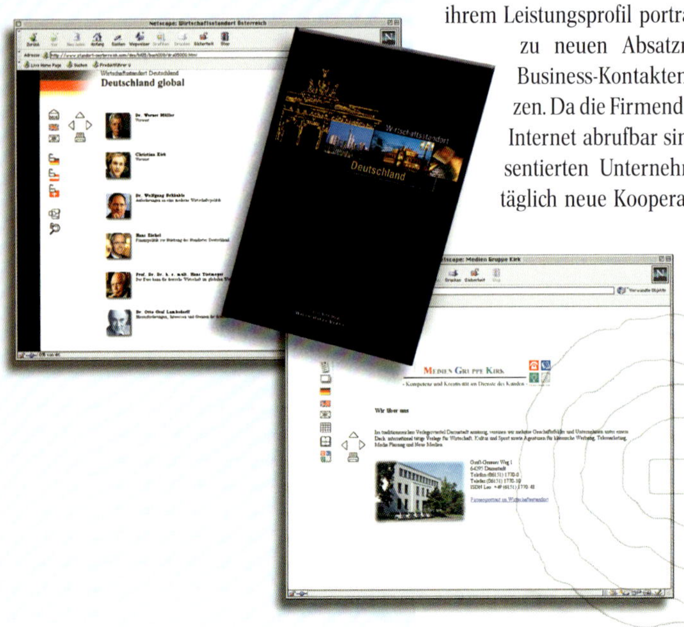

Beste Papiere und engagierter Service

Top-Quality Papers and Committed Service

Classen-Papier ist ein Papiergroßhändler mit zwei Leidenschaften: Geboten werden die besten Papiere, die der Markt bietet. Und dazu ein engagierter und durchdachter Service. Diese beiden Leidenschaften sind die Grundlage für Classen-Papier. Sachlichkeit und Geradlinigkeit auf der einen Seite, Menschlichkeit und Wärme auf der anderen Seite.

Die Leidenschaft für Papier wird seit langem gelebt. Seit das Unternehmen 1919 gegründet wurde, kennt man den Papiermarkt genau. Die 700 Mitarbeiter, die heute in der Classen-Gruppe arbeiten, engagieren sich für alle Fragen in diesem Bereich, zum Beispiel welches Papier sich für welches Druckverfahren und welche Verarbeitung besonders eignet. Man weiß, wie Papier gelagert, transportiert und bedruckt werden muss. Werbeagenturen und Kunden der grafischen Industrie finden bei der unglaublichen Vielfalt von über 9.000 Sorten genau ihr Wunschpapier. Darüber hinaus bietet der Bereich Office Papers alles für den Papierbedarf im modernen Büro. Der Bereich Mediatronics versteht sich als Systemhaus, das mit seinem Know-how den gesamten digitalen Workflow bis hin zur Netzworkintegration abdeckt.

Die Serviceprodukte werden unter dem Oberbegriff „MasterCLASS" zusammengefasst. Hier findet man Ideen und Angebote, die dazu beitragen, die Arbeit spürbar zu erleichtern. Der Name ist Programm. Ebenso wie die Papierprodukte werden auch die Serviceleistungen ständig weiterentwickelt und verbessert. Alle Serviceprodukte haben Markennamen, die garantieren, dass die Leistung, die dahinter steht, stets konstant und gleichbleibend hochwertig ist. Selbstsprechende Produkte wie „Blitzreklamation", „Musterexpress" oder „Ready to Print" versprechen nicht zu viel.

So oder so: Kunden von Classen-Papier profitieren von der Begeisterung. ■

Geschäftsführer Dr. C. Hendrik Classen.

General Manager Dr C. Hendrik Classen.

Classen-Papier is a paper wholesaler with two passions: they offer the best papers on the market and committed, well-thought out service. Both these passions are the basis on which Classen-Papier works. Neutrality and rectitude on the one hand, and humanity and warmth on the other.

Classen has always had this passion for paper. They have been well-acquainted with the market since the company was founded in 1919. The 700 employees that work there today are involved in all aspects, for example, which papers are suitable for which printing process and processing. They know how paper has to be stored, transported and printed. Advertising agencies and customers in the graphics industry always find the type of paper they want out of the over 9,000 types available. In addition the Office Papers area offers all modern office paper requirements. The mediatronics area sees itself as a system house covering all areas of digital workflow such right up to network integration with its know-how.

The service products are all categorised under the heading of "MasterCLASS". Here the customer can find ideas and products that make work noticeably easier. The name says it all. Just like the paper products, all services have brand-names, that guarantee that the service that stands behind it is constantly and consistently high. Names like "Lightening Advertising", "Model Express" or "Ready-to-Print" are no exaggerations.

One way or the other, the customers of Classen-Papier profit from this enthusiasm. ■

CLASSEN-PAPIER

Classen-Papier GmbH

Geschäftsführer/Manager:
Dr. C. Hendrik Classen
Dr. Dieter Classen

Gründungsjahr/Year of Foundation:
1919

Mitarbeiter/Employees:
700

Geschäftstätigkeit/Business Activity:
Papiergroßhandel/ Paper wholesalers

Geschäftsfelder/Business areas:
Grafische Papiere und Kartons
Office Papiere
Digitale Drucksysteme und Zubehör
Graphic papers and cardboards
Office papers
Digital printing systems and accessories

Deutschlandweit 16 Niederlassungen, weitere Niederlassungen in den Niederlanden, Luxemburg, USA und Brasilien
16 branches in Germany, with other branches in the Netherlands, Luxemburg, the USA and Brazil

Anschrift/Address:
Landsberger Straße 80
D-45219 Essen
Telefon +49 (0 20 54) 13-0
Telefax +49 (0 20 54) 13-12 95
E-Mail servicecenter@classen-papier.de
Internet http://www.classen-papier.de

Eins von über 9.000 Papieren.

One of over 9,000 papers.

Nordrhein-Westfalen – ein attraktiver Standort für ausländische Investoren

Overseas Trade: North Rhine-Westphalia – an attractive Location for foreign Investors

Im Juni 2001 habe ich Bundespräsident Rau mein Beglaubigungsschreiben überreicht und mein Amt als Botschafter von Japan in Deutschland offiziell angetreten. Seither kann ich hautnah miterleben, dass Deutschland die Teilung des Landes überwunden hat und seine Bedeutung in der internationalen Gemeinschaft wächst, während es als vereinter Staat weiter an Reife gewinnt. Vor allem in Europa nimmt seine Wichtigkeit – vor dem Hintergrund, dass Deutschland die größte Volkswirtschaft und das bevölkerungsreichste Land der Region ist – immer mehr zu. Mit der Verwirklichung der EU-Erweiterung kommt ein Markt mit über 100 Millionen Menschen in unmittelbarer Nähe Deutschlands zum gemeinsamen europäischen Markt hinzu, was die Geschäftschancen in Deutschland weiter vergrößern wird. Infolgedessen wird auch Deutschlands industrielles Zentrum Nordrhein-Westfalen als Industriestandort weiter an Attraktivität gewinnen. Das Land Nordrhein-Westfalen hat seit einigen Jahrzehnten einen umfassenden industriellen Strukturwandel vorangetrieben und eine Wiedergeburt als Land mit zukunftsfähigen Industrien erfahren. Gegenwärtig unterhalten fast 40 Prozent der deutschen Großunternehmen ihren Hauptsitz in NRW, das zu Deutschlands wirtschaftlichem Herzstück wird. Bereits kurz nach meinem Amtsantritt habe ich Anfang Juli als erste Station meiner Reisen in die Bundesländer Nordrhein-Westfalen besucht und bin dabei mit Ministerpräsident Clement, Wirtschaftsminister Schwanhold sowie dem Düsseldorfer Oberbürgermeister Erwin zusammengetroffen. Der Besuch war geprägt von dem Bewusstsein, dass Nordrhein-Westfalen mit etwa 7.600 dort lebenden Japanern sowie ca. 470 japanischen Unternehmen größtes Gastgeberland für Japan in Deutschland ist, über Jahre hinweg gute Beziehungen zur japanischen Gemeinde aufgebaut und zudem einen großen Beitrag zur Förderung der freundschaftlichen Beziehungen sowie zum gegenseitigen Verständnis zwischen Japan und Deutschland geleistet hat. Was dies besonders deutlich zeigte, war das „Japanjahr 1999/2000“ in NRW, das parallel zur Veranstaltungsreihe „Japan in Deutschland“ stattfand, die in einem Zeitraum von ca. anderthalb Jahren bis zum September 2000 ausgerichtet wurde. Im Rahmen einer Vielzahl von Veranstaltungen wurde die Stärke der Verbindungen des Bundeslandes NRW mit der japanischen Gemeinde erneut klar zum Ausdruck gebracht.

Ausschlaggebend dafür, dass sich in der Vergangenheit viele japanische Unternehmen in NRW niederließen, ist nicht nur die ausgezeichnete Infrastruktur oder Nordrhein-Westfalens geographische Lage im Zentrum des gemeinsamen europäischen Marktes. Entscheidend ist auch nicht allein das hohe Bildungsniveau der Arbeitnehmer und ihre dadurch bedingte hohe Arbeitsproduktivität oder die Anhäufung von Spitzentechnologien und Kapital, die den Boden für Zukunftsindustrien beispielsweise auf dem Umwelt- und Telekommunikationssektor bereiten. Vielmehr sind es auch das ausgezeichnete Umfeld der japanischen Gemeinde in NRW sowie die gemeinsamen Anstrengungen der zuständigen Behörden auf Landes- und kommunaler Ebene, um dieses Umfeld herbeizuführen und weiter zu verbessern, die Nordrhein-Westfalen zu einem Anziehungspunkt für japanische Unternehmen machten.

S.E. Issei Nomura

Der Autor, 1940 in der Präfektur Hiroshima geboren, schloss 1963 das Studium an der Juristischen Fakultät der Universität Tokyo ab und trat in das Außenministerium ein. In den folgenden Jahren war er in verantwortlichen Positionen im diplomatischen Dienst tätig. Außerdem übernahm er Gastprofessuren an der Fremdsprachlichen Fakultät der Sophia-Universität, Tokyo, und an der Universität Malaya.
Seit 2001 ist S. E. Issei Nomura Außerordentlicher und Bevollmächtigter Botschafter Japans in der Bundesrepublik Deutschland.

The author, who was born in 1940 in the Prefecture of Hiroshima, completed a law degree at the University of Tokyo in 1963 and was appointed to the Japanese Foreign Ministry. In the years that followed he occupied important positions in the Diplomatic Service. He also assumed Visiting Professorships at the Faculty of Foreign Languages at Sophia University in Tokyo and at the University of Malaya. His Excellency Issei Nomura has been Ambassador Extraordinary and Plenipotentiary of Japan in the Federal Republic of Germany since 2001.

In NRW und seiner Landeshauptstadt Düsseldorf leben 7.600 Japaner, außerdem gibt es 470 japanische Unternehmen.

7,600 Japanese live in North Rhine-Westphalia and Düsseldorf, its State Capital. As well there are 470 Japanese firms there.

In June 2001 I presented Germany's President Rau the letter of Credence and took up my official duties as Ambassador of Japan in Germany. Since then I have personally observed how Germany has successfully overcome partition. Its importance in the international community is growing, while it continues to gain maturity as a united country. In Europe especially, its importance – in view of the fact that Germany has the largest economy and population in the region – continues to increase. With the completion of EU enlargement, a further 100 million people will be located right at Germany's doorstep and be integrated into the common European market. This in turn will further increase business opportunities within Germany. As a result, North Rhine Westphalia, Germany's industrial location, will also become more attractive. The "Land" (State) of North Rhine-Westphalia has promoted a programme of comprehensive structural change and has experienced a renaissance as a State with future-oriented industries. Currently almost 40 % of large German firms have their headquarters in "NRW", as it is known in Germany, which is becoming Germany's economic heartland.

Shortly after taking up my duties, I visited North Rhine-Westphalia at the beginning of July as the first stop of my travels through all Germany's States and called on State Premier Clement, Minister of Economics Schwanhold and the Lord Mayor of Düsseldorf, Mr. Erwin. My visit was marked by the knowledge that North Rhine-Westphalia is the State that plays host to the largest Japanese business community in Germany with some 7,600 Japanese expatriates and about 470 firms. Over the years North Rhine-Westphalia has built up good relations to the Japanese community and has also contributed greatly to the friendly relationship and mutual understanding between Germany and Japan. This was made particularly clear by the "Year of Japan 1999/2000" in North Rhine-Westphalia, which took place at the same time as the series of events entitled "Japan in Germany", which lasted one and a half years until September 2000. The multitude of events in this series once again demonstrated clearly the strength of the relations between NRW and the Japanese community.

The main reason that Japanese companies have settled in NRW is not only the excellent infrastructure or North Rhine-Westphalia's geographical position in the centre of the common European market. The deciding factor is not just the high level of education of the labour force and the

programmen für strukturelle Reformen voranzubringen. Es umfasst Privatisierungen, Deregulierung, Unterstützung von Unternehmensgründungen, Reformen des Sozialversicherungssystems, die Förderung des Humankapitals durch Aus- und Weiterbildung, die Belebung der Regionen und die Reform der öffentlichen Finanzen.

Ich bin der festen Überzeugung, dass die Wirtschaft Japans unverändert die Fähigkeit zu ihrer Erholung in sich trägt und sie in nicht allzu ferner Zukunft ihre langjährige Eintrübung überwinden sowie ihre Vitalität wiedererlangen wird. Aus dieser Perspektive heraus müssen Japan und Deutschland, denen in ihren jeweiligen Regionen eine große Bedeutung zukommt, den Rahmen bilateraler Beziehungen im engeren Sinne übersteigen, gegenüber globalen Problemen und den verschiedenen regionalen Gegebenheiten immer wieder ihr Wissen zusammenführen und auf einem erweiterten Horizont für den Frieden und Wohlstand der internationalen Gemeinschaft insgesamt zusammenarbeiten. Es wird oft gesagt, „die deutsch-japanischen Beziehungen sind außerordentlich gut, und es bestehen keine Probleme." Aber in dem Sinne, dass Japan und Deutschland weiter zusammenarbeiten, um für die Themen, denen die internationale Gemeinschaft im 21. Jahrhundert gegenübersteht, Lösungsmöglichkeiten aufzuzeigen, sind die Beziehungen für beide Länder von vielen, gemeinsam zu bewältigenden Aufgaben geprägt. ■

S. E. Botschafter Issei Nomura während eines Vortrags und im Gespräch mit NRW-Wirtschaftsminister Ernst Schwanhold.

His Excellency Issei Nomura during a speech and in conversation with NRW Minister of Economics Schwanhold.

Beispielsweise haben die nordrhein-westfälische Landesregierung und das japanische Generalkonsulat in Düsseldorf eine Umfrage unter den in Nordrhein-Westfalen lebenden Japanern durchgeführt. Basierend auf den zutage geförderten Ergebnissen wurde im April 2001 ein Dialog zwischen Landesregierung, Generalkonsulat sowie japanischer Gemeinde zur Verbesserung der „Standortbedingungen für Unternehmen" sowie der „Lebensumstände" initiiert. Die Wünsche, die die japanische Gemeinde äußerte, waren vielseitig und reichten von geschäftlichen Belangen, wie beschleunigten Aufenthalts- und Arbeitsgenehmigungsverfahren für Unternehmensrepräsentanten, der Verbesserung der Beziehungen zwischen Arbeitgebern und Arbeitnehmern oder Fragen der Körperschaftssteuer bis hin zu den allgemeinen Lebensumständen der hier lebenden Japaner, wie etwa Fragen der öffentlichen Sicherheit. Der Spitzenvertreter der deutschen Seite bei diesem Dialog, Wirtschaftsminister Schwanhold, schenkte jeder einzelnen dieser Forderungen Gehör und versicherte, sich um eine Verbesserung der Gegebenheiten zu bemühen. Daraufhin wurden von den zuständigen deutschen Behörden und der japanischen Gemeinde acht Arbeitsgruppen ins Leben gerufen, und wie ich hörte, ist die Lösung eines Teils der Probleme in Sicht.

Betrachtet man die gegenwärtige Situation Japans, so wird die japanische Wirtschaft zwar nach wie vor von einem Gefühl unklarer Zukunftsaussichten beherrscht, aber die Regierung unter Premierminister Koizumi hat unmittelbar nach ihrem Amtsantritt einen Kabinettsbeschluss über ein grundlegendes Programm für Strukturreformen gefasst. Sie tat dies in der Erkenntnis, dass Strukturreformen zwar schmerzhafte Einschnitte mit sich bringen könnten, ohne sie jedoch eine wahre konjunkturelle Erholung und ein dauerhaftes Wachstum nicht möglich sind. Dem grundlegenden Programm entsprechend, verfolgt die japanische Regierung das Ziel, das Problem der notleidenden Kredite innerhalb von zwei bis drei Jahren zu lösen und beabsichtigt zudem, ein Paket von sieben Reform-

Japanisches Flair in Düsseldorf.

Japanese flair in Düsseldorf.

high productivity that this makes possible, or the accumulation of capital and top technologies, which prepare the ground for industries of the future such as the environment and telecommunications sectors. It is more the excellent environment in which the Japanese community in NRW lives and the combined efforts of the responsible authorities at State and local level to create this environment and to continually improve it that made North Rhine-Westphalia a centre of attraction for Japanese companies.

For example the State Government of North Rhine-Westphalia and the Japanese Consulate-General in Düsseldorf carried out a survey of the Japanese citizens resident in North Rhine-Westphalia. Based on the results a dialogue was initiated between the State Government, the Consulate-General and the Japanese community on how "location conditions for companies" and "living conditions" could be improved. The wishes made known by the Japanese community were varied and ranged from commercial concerns such as faster processing of residence and work permits for company representatives, the improvement of the relations between employers and employees or questions concerning corporate taxation up to the general conditions under which the Japanese people lived here, such as public security. The senior representative of the German side in this dialogue, Mr. Schwanhold, the State Minister of Economics, listened to all of these concerns carefully and gave his assurance that he would try to bring about an improvement. The responsible German authorities and the Japanese community then established eight working groups, and I have been given to understand that a solution to some of the problems is in sight.

If one looks at the current situation in Japan, the economy is still dominated by a feeling of uncertain prospects for the future, but after Prime Minister Koizumi took office, the government resolved to undertake a comprehensive programme of structural reform. It did this knowing that structural reforms could be painful, but without them a genuine recovery of the economy and long-term growth are not possible. In accordance with the basic programme the Japanese Government is pursuing the goal of solving the problem of non-performing loans within two to three years, and also intends to promote a package of seven reform programmes for structural reforms. The package contains measures for privatisation, deregulation, support for establishing new companies, reform of the social insurance system, the promotion of human capital through vocational training and further education, the economic stimulation of the regions and the reform of public finances.

I am firmly of the belief that the Japanese economy still carries within it the capacity for recovery and to overcome its years of sombreness and regain its vitality. Seen from this point of view, Japan and Germany, who both play leading roles in their respective regions of the world, must act beyond the framework of bilateral relations in the strict sense of the word. They must tackle global problems together, share their knowledge of various regional conditions and cooperate on an extended horizon for peace and prosperity in the international community as a whole. It is often said that "the German-Japanese relations are extraordinarily good and that there are no problems." But in the sense that Germany and Japan continue to work together in order to find solutions to the problems confronting the international community in the 21st century, relations between both countries are marked by the many tasks that remain to be overcome. ■

Heinrich-Heine-Universität – Wissenschaft und Wirtschaft vernetzen

Heinrich-Heine-University – connecting Science and Business

Zum besonderen Profil der Heinrich-Heine-Universität gehört die Vernetzung zwischen Wissenschaft und Wirtschaft auf der Grundlage exzellenter Forschung. Die Heinrich-Heine-Universität zählt zu den führenden deutschen Universitäten, zwischen allen Fakultäten die Heinrich-Heine-Universität prägt, zeigt sich an einem neuen Studiengang, der bei den Studierenden auf viel Interesse stößt: Das Fach Wirtschaftschemie wurde durch die Kooperation der Mathematisch-Naturwissenschaftlichen und der Wirtschaftswissenschaftlichen Fakultät geschaffen.

Schloss Mickeln,
Gästehaus der Heinrich-Heine-Universität.
Castle Mickeln, the guesthouse of the Heinrich-Heine-University.

was so genannte Ausgründungen betrifft: Eine Vielzahl erfolgreicher Unternehmen ist aus der Hochschule hervorgegangen, wie etwa Qiagen N.V., Rheinbiotech, Orthogen Gentechnologie GmbH, Cardion AG, Evotec Analytical Systems, Kourion Therapeutics GmbH oder Neuraxo-Biotec GmbH.

Die derzeit spektakulärste Neuentwicklung innerhalb der Universität findet in der Mathematisch-Naturwissenschaftlichen Fakultät statt: die Neueinrichtung eines ganzen Faches, der Informatik, besonders der Bioinformatik. Das passt genau zu einer der großen Stärken der Hochschule, nämlich der Biologie, deren Spitzenplatz in der deutschen Forschungslandschaft auch durch die Einwerbung eines neuen Sonderforschungbereiches in der Genetik bestätigt wurde. Dass die Vernetzung

Ein Arbeitsmarkt, der sich laufend verändert, stellt auch an Geisteswissenschaftler besondere Anforderungen: Hier hat sich die Düsseldorfer Germanistik neue Praxisfelder erschlossen. Die enge Verbindung zwischen Hochschule und Wirtschaft ist auch in diesem Fach zu beobachten, so etwa bei den Forschungen eines Linguisten zur Sprache in Geschäftsberichten. Dass die Universität eng mit der Landeshauptstadt verzahnt ist, zeigt sich nicht zuletzt in der Juristischen Fakultät: Mit Unterstützung der Düsseldorfer Anwaltschaft 1992 gegründet, gehört sie mittlerweile zu den beliebtesten Fakultäten Deutschlands. Dazu trägt nicht zuletzt der neue Studiengang Anglo-amerikanisches Recht bei, der von einem Stiftungslehrstuhl betreut wird.

Rektor Prof. Dr. Dr. h.c. Gert Kaiser.
The Vice-Chancellor Prof Dr Dr h.c. Gert Kaiser.

Das „Flaggschiff" der Heinrich-Heine-Universität ist und bleibt die Medizin: Zwei neue Sonderforschungsbereiche (in den Feldern Hepatologie und Kardiologie) kamen erst kürzlich dazu – das ist Premiumklasse der internationalen Forschung. Dazu noch deutschlandweit führende Forschung auf dem Gebiet der Stammzellen und der Gentherapie.

Johannes Rau, damals Ministerpräsident von Nordrhein-Westfalen, hat 1989 bei der Feier zur Namensgebung der Universität die Hochschule beglückwünscht, „dass sie sich den Namen dieses Trommlers zu eigen macht und darin doch wohl auch eine Mahnung sieht, sich nicht mit der reinen Lehre in den Elfenbeinturm zurückzuziehen, sondern sich zu öffnen und nach Antworten auf die tatsächlichen Probleme der Menschen zu suchen." Diesem Ziel ist die Heinrich-Heine-Universität nach wie vor verpflichtet.

Die Wurzeln der Universität reichen weit zurück, dennoch ist es eine junge Hochschule: 1965 gegründet aus der Medizinischen Akademie, ist sie mittlerweile eine Volluniversität mit fünf Fakultäten: Jura, Medizin, Philosophie, Mathematik und Naturwissenschaften und Wirtschaftswissenschaften. Rund 26.000 Studierende (56 Prozent Frauen) sind hier immatrikuliert, 12 Prozent davon sind Ausländer. ■

Medizinisch-naturwissenschaftliche Sonderforschungsbereiche:

- Strukturveränderung und Dysfunktion im Nervensystem
- Experimentelle Hepatologie
- Molekulare Analyse kardiovaskulärer Funktionen und Funktionsstörungen
- Inhärente und adaptive Differenzierungsprozesse
- Endosymbiose: Vom Prokaryoten zum eukaryotischen Organell

Medizinisch-naturwissenschaftliche Graduiertenkollegs

- Molekulare Physiologie: Stoff- und Energieumwandlung
- Pathologische Prozesse des Nervensystems: Vom Gen zum Verhalten

The special profile of the Heinrich-Heine-University in Düsseldorf includes the connection between science and business based on excellent research. The Heinrich-Heine-University is one of Germany's leading universities in terms of the firms it establishes. Many successful companies have their origins in the university, such as Qiagen N. V., Rheinbiotech, Orthogen Gentechnologie GmbH, Cardion AG, Evotec Analytical Systems, Kourion Therapeutics GmbH or Neuraxo-Biotec GmbH.
The most spectacular new development within the university at the moment is taking place in the Faculty of Mathematics and Sciences – the establishment of a completely new subject area, namely Bio-Computing. This subject fits exactly into one of the university's great strengths – Biology, whose top position in the German research landscape was also confirmed by the inclusion of a new special area of research in Genetics. That the connection between all faculties distinguishes the Heinrich-Heine-University can be seen in a new course which attracts a lot of interest on the part of the students. The subject of business chemistry was created through the cooperation of the Faculty of Mathematics and Sciences and the Faculty of Commerce.
A permanently-changing labour market also makes special demands on scholars of the Humanities. Here the university's Faculty of Germanic Languages and Literature developed new fields of research interest. The close connection between the university and the commercial community may also be observed in this subject: for example, a linguist's research into business reports.

Special areas of research in the Faculty of Mathematics and Sciences:

- structural changes and dysfunction in the nervous system
- Experimental hepatology
- Molecular Analyses of cardio-vascular functions and functional disturbances
- Inherent and adaptive differentiation processes
- Endosymbiosis: From the prokaryotic to the eucaryal organelle

Graduates of the Faculty of Mathematics and Science

- Molecular Physiology: the transformation of matter and energy
- Pathological processes of the nervous system: from the gene to behaviour.

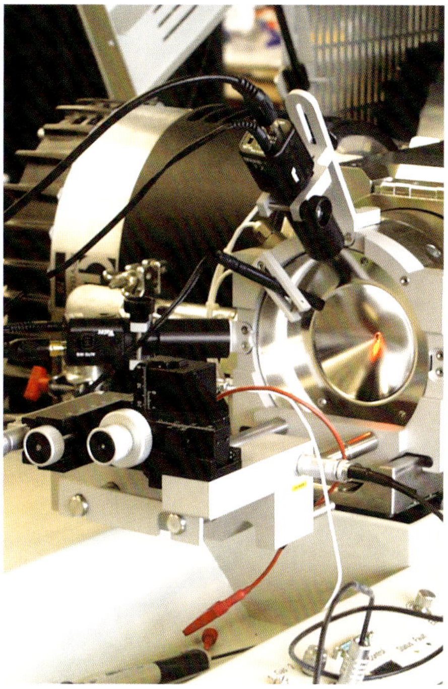

Die Institute sind mit moderner Technik ausgestattet.

The University's Institutes are equipped with the latest technology.

That the university is closely linked with the State capital can be seen not least in the Faculty of Law. Founded in 1992 with the support of the Düsseldorf Legal Society it is now one of Germany's favourite university law schools. The new course in Anglo-American Law also contributes to this, which is looked after by an endowed Chair.
The "flagship" of the Heinrich-Heine-University is and remains the Faculty of Medicine. Two new special areas of research (in hepatology and cardiology) are recent additions – this is the premium class of international research. Within Germany the Faculty also leads in the areas of stem-cell research and into genetic therapy.
Johannes Rau, former State Premier of North Rhine-Westphalia, when congratulating the University on receiving its name, said that it "... should make the name of this drummer your own and let it remind you not to retreat into an ivory tower, but open up and search for answers to people's actual problems". The Heinrich-Heine-University remains true to this aim today.
The university's roots go back a long way, but it is still a young university. It was founded in 1965 from the Academy of Medicine and is now a full university with five faculties: Law, Medicine, Arts, mathematics and Science and Commerce. Some 26,000 students are matriculated here, 12 % of then foreigners. ■

HEINRICH HEINE
UNIVERSITÄT
DÜSSELDORF

Heinrich-Heine-Universität

Rektor/The Vice-Chancellor:
Prof. Dr. Dr. h.c. Gert Kaiser

Fakultäten/The Faculties:
- Philosophische Fakultät
- Mathematisch-Naturwissenschaftliche Fakultät
- Medizinische Fakultät
- Wirtschaftswissenschaftliche Fakultät
- Juristische Fakultät
- The Faculty of Arts
- The Faculty of Mathematics and Sciences
- The Faculty of Medicine
- The Faculty of Commerce
- The Faculty of Law

Studierende/Students:
26.353, davon 56 % Frauen
26,353 incl. 56 % women

Anschrift/Address:
Universitätsstraße 1
D-40225 Düsseldorf
Telefon +49 (211) 81 13 26 5
Telefax +49 (211) 81 12 42 2
E-Mail ftt@uni-duesseldorf.de
Internet www.uni-duesseldorf.de

Botanischer Garten der Universität mit Kuppelbau.

The Botanical garden with its cupola.

MITSUBISHI ELECTRIC
Changes for the Better

Changes for the Better

Die MITSUBISHI ELECTRIC-Niederlassung in Ratingen.
The branch of MITSUBISHI ELECTRIC in Ratingen.

Mitsubishi Electric Europe B. V.
Niederlassung Deutschland
Mitsubishi Electric Europe B. V.
German Branch

Geschäftsleitung/Management:
Yasuhiko Kase, Katsuya Saihara, Fergus Joseph Madigan, Keiichi Okano, Masao Nishimura, Yasuhide Iwata, Naohiko Kaida, Takashi Sasakawa

Niederlassungsleiter/Branch Manager:
Kazuyoshi Anju

Gesellschafter/Shareholder:
Mitsubishi Electric Corporation, Tokyo

Gründungsjahr/Year of Foundation:
1978 (als GmbH)

Mitarbeiter/Employees: 675 (01/2002)

Umsatz Deutschland/Turnover in Germany:
1.010.000.000 € (03/2001)

Geschäftsbereiche/Business Sectors:
Air Conditioning, Automotive, Electronic Visual Systems, Industrial Automation, Mechatronics CNC, Mechatronics EDM, Semiconductor, EMC-COMPETENCE-CENTER

Geschäftstätigkeit/Business Activities:
Import, Vertrieb, Export und Kundendienst elektrischer und elektrotechnischer Produkte
Import, Sales, Export and Servicing of electrical and electronic products

Verkaufsbüros/Sales offices:
Halbergmoos: Industrial Automation, Electronic Visual Systems
Weiterstadt: Industrial Automation
Dortmund: Industrial Automation
Berlin: Industrial Automation
Filderstadt: Industrial Automation, Mechatronics CNC, Mechatronics EDM, Automotive
Ismaning: Semiconductor
Stuttgart: Semiconductor
Bensheim: Semiconductor
Raunheim: Automotive

Anschrift/Address:
Gothaer Straße 8
D-40880 Ratingen
Telefon +49 (2102) 4 86-0
Telefax +49 (2102) 4 86-1120
Internet www.mitsubishi-electric.de

Die Elektronik ist heute ein unverzichtbarer Bestandteil verschiedenster Bereiche unseres Lebens. Elektronische Komponenten steuern und regeln – vom Kinderspielzeug über Haushalts- und Bürogeräte bis hin zum Telefon und Automobil – nahezu alles, womit wir ständig umgehen. Mitsubishi Electric stellt Produkte für die vielfältigsten industriellen Anwendungen und Alltagsbereiche zur Verfügung.
Als international führendes Unternehmen für elektronische und elektrische Produkte haben wir uns zum Ziel gesetzt, bei allem technischen Fortschritt das Wichtigste nicht aus den Augen zu verlieren: den Menschen und die Welt, in der wir leben. Wir suchen den verantwortungsbewussten Umgang mit den Ressourcen unserer Erde, die Verbesserung der Lebensbedingungen und ein gesellschaftliches und kulturelles Engagement überall dort, wo wir zu Hause sind. An seinem attraktiven Standort NRW erhält es täglich neue Impulse – von den 52 Hochschulen, den 114 außeruniversitären Forschungseinrichtungen, den 69 Technologiezentren – immer zum Nutzen der Mitsubishi Electric-Kunden europaweit. ■

EMC-COMPETENCE-CENTER.

Electronics today is an essential part of all the different areas of our lives. Electronic components control and regulate almost everything we use, from childrens' toys, household and office equipment to telephones and cars. Mitsubishi Electric manufactures products for all kinds of industrial applications and areas of everyday life.

In spite of all our technical progress, as a leading international manufacturer of electronic and electrical products we have set ourselves the goal of not losing sight the most important thing – people and the world in which we live. We are seeking a responsible way of living with the earth's resources, the improvement of human life and cultural and social involvement wherever we are based. At its attractive location in NRW we receive new inspiration every day from the 52 universities, the 114 extra-mural research institutes and the 69 technology centres, which we place at the disposal of Mitsubishi Electric customers all over Europe. ■

Montage von Stahlkonstruktionen und Industrieanlagen

Assembly of Steel Structures and Industrial Plant

Messe Hannover/Halle 2 – Montage der Zagreb-Montaza.

At the Hannover trade fair/Hall 2: assembled by Zagreb-Montaza.

Das Unternehmen ist eine Zweigstelle der Zagreb-Montaza GmbH, Kroatien. Es ist auf die Herstellung und Montage von Stahlkonstruktionen und Industrieanlagen spezialisiert. Die Zagreb-Montaza Gruppe stellt auch die Leistungen ihrer vier Tochtergesellschaften zur Verfügung: **ZM-Engineering Services GmbH** – Projektierung, Konstruktion Ausführung und bautechnische Überwachung von Bauvorhaben. **ZM-Montage GmbH** – Montage von stahlkonstruktionen, Industrieanlagen, Rohrleitungen und Tankbau. **ZM-Metal GmbH** – Herstellung von Hochdruckarmaturen und Fittings für Stahlrohrsysteme sowie diverse Dienstleistungen der maschinellen Bearbeitung. **ZM-Vikom GmbH** – Herstellung von Elektrofilterteilen für Kraftwerke sowie von Hänge- und LKW-Rahmen und Fertigung von Stahl- und Brückenkonstruktionen. ■

The company is a branch of Zagreb-Montaza GmbH in Croatia. It specialises in the assembly of steel structures and industrial plant.

The Zagreb Montaza Group also makes the services of its four subsidiary companies available. These are **ZM-Engineering Services GmbH**, which performs project work, construction and the supervision of construction projects; **ZM-Montage GmbH**, which assembles steel structures, industrial plant, piping and tanks; **ZM-Metal GmbH**, which produces high-pressure armatures and fittings for steel pipe systems as well as various mechanical processing services; **ZM-Vikom GmbH**, which produces parts for electrical filters used in power stations, suspension frames and truck frames, steel structures and bridge parts. ■

ZAGREB-MONTAZA GmbH

Geschäftsführer/Manager:
Dipl. Vw. Tihomir Martinovic

Mitarbeiter/Employees:
1.100

Anschrift/Address:
Veslacka 2–6
HR-10000 Zagreb, Kroatien
Telefon +385 (1) 61 91 015
Telefax +385 (1) 61 90 972
E-Mail zg-montza@zg.tel.hr
Internet www.zagreb-montaza.com

ZAGREB MONTATA GmbH
Zweigstelle Düsseldorf

Mitarbeiter/Employees:
370

Geschäftsführer/Manager:
Dipl.-Ing. Ivan Peterzilnik

Anschrift/Address:
Börnestraße 7
D-40211 Düsseldorf
Telefon +49 (211) 1 72 04-0
Telefax +49 (211) 1 72 04-21
E-Mail Zagreb-Montage@t-online.de

Zagreb-Montaza-Werk in Sibenik/Kroatien.

The Zagreb-Montaza plant in Sibenik, Croatia.

Ab in die Mitte! Die City-Offensive NRW

Boots and all!
North Rhine-Westphalia's Campaign

Ab in die Mitte! Die City-Offensive NRW – ist eine landesweite Stadtmarketing-Aktion. Sie hat sich zum Ziel gesetzt, die Innenstädte durch Kunst- und Kultur-, Sport- und Freizeitprojekte zu beleben und attraktiver zu machen. Die Aktion in Zusammenarbeit des Ministeriums für Städtebau und Wohnen, Kultur und Sport und der großen Handelsunternehmen ist ein klassisches Public-Private-Partnership.

1999 nahmen zehn Städte an „Ab in die Mitte!" teil, im Jahr 2000 – erstmalig als Wettbewerb ausgeschrieben – bewarben sich 53 Städte; eine Jury schlug 27 Bewerbungen zur Prämierung vor. In diesem Jahr liegen bereits 71 Bewerbungen vor, und für 2002 rechnen wir mit einer noch höheren Zahl.

Der große Erfolg von „Ab in die Mitte!" zeigt einmal mehr, welche Potenziale und Entwicklungsperspektiven im Bereich Kunst und Kultur liegen. Zudem haben wir mit dieser Aktion neue Formen der Kooperation umgesetzt, die auch langfristig eine tragfähige Basis der Zusammenarbeit versprechen.

Die Idee

Die Innenstädte in NRW stehen vor großen Herausforderungen. Ihre Uniformierung ist kaum zu übersehen: Es mangelt an kreativen Freizeitangeboten, viele Städte haben Probleme mit Sicherheit und Sauberkeit, Vandalismus und Langeweile tun ein Übriges, um die Abwanderung von Bewohnern und Händlern aus den Innenstädten zu beschleunigen. Diesen Problemen müssen wir auf vielen Ebenen begegnen.

„Ab in die Mitte! Die City-Offensive NRW" ist gleichzeitig Slogan und Programm. Unser Ziel ist, die Innenstädte wieder zu entdecken, sie attraktiver zu machen und zu vitalisieren. Wir wollen den Menschen ein positives Bild vom Leben in unseren Städten vermitteln. Unsere Städte sind ein kulturelles und ökonomisches Kapital, das gepflegt werden muss. Das wollen wir in den Köpfen und Herzen der Menschen verankern.

Unsere Städte sind immer schon multifunktionale Zentren, Orte der Kommunikation, des

Start zur WDR-Sommertour in Bocholt auf dem St.-Georg-Platz.
The start of WDR's (the West German regional radio and TV station in Cologne) summer tour on the St.-Georg-Platz (St George's Square) in Bocholt.

Dr. Michael Vesper

Der Autor, 1952 in Köln geboren, studierte von 1970 bis 1973 Mathematik und Soziologie an der Universität zu Köln und von 1973 bis 1976 an der Universität Bielefeld mit dem Abschluss als Diplom-Soziologe. 1982 Promotion zum Dr. rer. soc. an der Universität Bielefeld. 1979 war Michael Vesper Gründungsmitglied der Partei DIE GRÜNEN, 1982/83 Sprecher des Landesvorstands der Partei, 1983–1990 Fraktionsgeschäftsführer der Fraktion DIE GRÜNEN im Bundestag, 1990–1995 Parlamentarischer Geschäftsführer der Landtagsfraktion BÜNDNIS 90/DIE GRÜNEN. Im Juli 1995 wurde Michael Vesper Minister für Bauen und Wohnen und stellvertretender Ministerpräsident, seit Juni 2000 ist er Minister für Städtebau und Wohnen, Kultur und Sport und stellvertretender Ministerpräsident von NRW.

Michael Vesper was born in Cologne in 1952. From 1970 to 1973 he studied Mathematics and Sociologiy at the University of Cologne and from 1973 to 1976 at the University of Bielefeld, where he graduated with a degree in Sociology. He completed a doctorate in 1982 at the same University. In 1979 Michael Vesper was a founding member of the DIE GRÜNEN (the Green Party). From 1982 to 1983 he was State Party Spokes-man, and from 1983 to 1990 he was Party Whip of the Greens in the Bundestag (Germany's Federal Parliament). From 1990 to 1995 he was Party Whip of the State Party Coalition of the BÜNDNIS 90/DIE GRÜNEN (Alliance 90/the Greens) in NRW. In July 1995 Michael Vesper was Minister of Housing and Construction and Deputy State Premier in North Rhine-Westphalia. He has been Minister Housing and Construction, Culture and Sport and Deputy State Premier in North Rhine-Westphalia since June 2000.

Günter Kastenfrosch und Papa Löwe:
Der ARD-Tigerentenclub live in Bocholt auf der Riesenbühne am St.-Georg-Platz.

Günter Frog and Papa Lion: the ARD (Germany's national Channel One TV station) on the giant stage in Bocholt's St.-Georg-Platz.

Boots and all! This the motto of North Rhine-Westphalia's cities campaign, a state-wide city marketing campaign. The state has set itself the task of bringing more life to its inner cities and making them more attractive. The campaign, carried out in cooperation with the State Ministry of Urban Construction, Culture and Sport and one of the major companies in the State, is a classic public-private partnership.

In 1999 ten cities took part in the scheme, and in 2000 when it was advertised as a competition – 55 cities applied, and a jury voted to award prizes to 27 entrants. We received 71 entries in 2001 and for 2002 we are expecting even more. "Boots and All" 's success shows once again the potential and possibilities for development in culture and art. We have also put into practice new forms of cooperation which, in the long term, promise to be a viable basis for collaboration.

Eröffnung von Junior-City.

The opening of Junior City.

The Idea

North Rhine-Westphalia's inner cities are faced with major challenges. Their uniform appearance is unmistakable. There is a lack of creative leisure activities, many cities have problems with crime and cleanliness, and vandalism and boredom finish off the job of accelerating the migration of residents and shopkeepers out of the inner cities. These problems must be combated on many levels.

"Boots and all!" North Rhine-Westphalia's inner city project is both a slogan and the project. Our aim is to rediscover the inner cities in our State, to make them more attractive and to bring new life to them. We want the people to pass on a positive view of life there. Our cities are our cultural and economic capital and we must look after them, and this is the idea we want to fix in peoples' hearts and minds.

Our cities have always been multi-functional centres – places of communication, business and culture. Cities are social systems, and in order for them to remain so, they must offer activities that invite people to come and spend time there – and come back. We want to do this by increasing and networking shopping, restaurants and cafés and cultural activities.

Our campaign is supporting this process. It is using the cities' potential to present a wide variety of events. The projects, developed on an individual basis for each city, make use of the existing cultural richness in each city to offer various points of contact, whether regional, social, cultural or historical. With "Boots and all!" the cities in this State can raise their own original image. The trademarks of our cities are their urban life-style and variety. Both create quality of life. The State also wants the cities to be attractive for people as centres of communication and business in future, and that is why we need partners.

Alliances in "Boots and All!"

So far North Rhine-Westphalia's city campaign has been a unique alliance between the State Ministry

Kindertag 2000 auf dem unteren Schlossplatz.

Childrens' day on the lower Castle Square.

Handels und der Kultur. Städte sind soziale Systeme. Damit sie es bleiben, müssen die infrastrukturellen Angebote einer Stadt die Menschen zum Verweilen und Wiederkommen einladen. Das wollen wir erreichen, indem wir Handel, Gastronomie und Kultur stärken und vernetzen.

Unsere Aktion fördert diesen Prozess. Sie nutzt das Potenzial der Städte und präsentiert abwechslungsreiche Veranstaltungen. Die für jede Stadt individuell entwickelten Projekte machen sich den jeweils vorhandenen kulturellen Reichtum zu Nutze. Dabei bieten sich verschiedene Anknüpfungspunkte an: regional, sozial, kulturell oder historisch. Mit „Ab in die Mitte!“ können die Städte ihr ureigenes Profil schärfen. Markenzeichen unserer Städte sind Urbanität und Vielfalt. Beides schafft Lebensqualität. Das Land will, dass die Städte auch in Zukunft für die Menschen als Kommunikations- und Handelszentren attraktiv sind, und dazu brauchen wir Bündnispartner.

51. Essener Lichtwochen (Eröffnung).

The 51st Essen „Light Weeks“ (here the opening ceremony).

Die Kooperationen

„Ab in die Mitte!
Die City-Offensive NRW“ ist eine bislang einzigartige Kooperation zwischen dem Ministerium für Städtebau und Wohnen, Kultur und Sport, dem Städtetag NRW, den Einzelhandelsverbänden und namhaften Kaufhäusern. Wir sind eine Partnerschaft eingegangen, um mit vereinten Kräften eine Offensive für die Innenstadt zu starten. Dieses Public-Private-Partnership (PPP) erweitert den Blickwinkel. Es ermöglicht Problemfelder aus verschiedenen Perspektiven zu analysieren, Handlungsbedarf zu erkennen und gemeinsame Lösungswege zu erarbeiten. Öffentliche wie private Kräfte arbeiten für die gemeinsam gesteckten Ziele effektiv zusammen. So lassen sich optimale Konzepte für die Stadt erarbeiten und umsetzt. Dabei sind die in einer Stadt angesiedelten Firmen und Betriebe wichtige Partner für die Zukunft gerade der Zentren: Dem Handel, der Gastronomie und den Kinobetreibern, aber auch Banken und Versicherungen eröffnen sich neue Chancen, wenn sie sich gemeinsam für die Zukunft der Städte engagieren.

Die Vorteile liegen auf der Hand: Mit attraktiven Innenstädten lässt sich Kaufkraft binden. Unsere Städte sollen aber nicht nur starke Wirtschaftsstandorte sein, sondern auch attraktive Standorte zum Leben. Deshalb fördern wir kulturelle Kooperation.

PPP ist nicht nur ein Schlagwort, sondern ein notwendiges Programm für attraktive Innenstädte. Das Land schafft die Rahmenbedingungen, damit die Städte ihre Kreativität und ihren Mut zu innovativen Ideen und Lösungen auch tatsächlich erfolgreich umsetzen können.

Die Realisation

Die Veranstaltungen von „Ab in die Mitte!“ sind auf die lokalen Gegebenheiten abgstimmt. So stärken sie das individuelle Profil der Städte. Die Stadt Bonn zum Beispiel setzte ihrem berühmten Sohn Ludwig van Beethoven im Jahr 2000 ein ungewöhnliches Denkmal, indem sie seine Musik an ungewöhnlichen Orten erklingen ließ: Die Kompositionen waren in den Straßen und Schaufenstern zu hören.

Lünen kunterbunt – Stelzenläufer vor dem Rathaus.

Colourful Lünen – stilt-walkers in front of the Town Hall.

In Vlotho besann man sich auf das historische Potenzial der Stadt. Durch das Engagement von Bürgerinnen und Bürgern wurden historische Wegführungen und Plätze wieder entdeckt und in originellen Lichtinstallationen neu in Szene gesetzt.

In Gelsenkirchen bildeten Tiere den Themenschwerpunkt der Aktionen, insgesamt 125 kunstvoll gestaltete Pferdeskulpturen waren in der Stadt neu zu entdecken. Zahlreiche Areale der

Beethovenstadt Bonn: Beethovenwürfel, enthüllt von Oberbürgermeisterin Bärbel Dieckmann unter Mithilfe von Horst-Günther Kugel und Dr. Eddy Donat.

Bonn, the Beethoven city: a Beethoven hexahedron being unveiled by the city's Lord Mayor Bärbel Dieckmann with help from Horst-Günther Kugel and Dr Eddy Donat.

of Urban Construction, Culture and Sport, the State Local Bodies Conference, retail associations and well-known department stores. We have entered a partnership in order to start an offensive for the inner city with the combined strengths of all concerned. This public-private-partnership (PPP) extends our gaze. It enables us to analyse problems from many perspectives, to recognise what has to be done and to work out solutions together. Public and private forces are working together effectively for a common goal. This is how the best ideas for the cities can be worked out and put into practice. And it is the shops and factories in a city that are important partners of the future of the shopping centres. New opportunities will open up to the retail trade, the restaurant trade, and also to cinemas and banks and insurance companies if they all work together for the future of our cities.

The advantages are obvious. Attractive inner cities attract and retain greater purchasing power. But our cities must not only be strong economic locations; they must be attractive places to live as well. This is the reason we are calling for cultural alliances.

PPP is not just a slogan – it is a necessary programme for attractive inner cities. The State is creating the basic conditions in order for the cities to actually succeed in putting into practice their creativity and their courage to try out new ideas and solutions.

Laurentiusplatz.

Laurence Square.

The Realisation

The events "Boots and All" are all adapted to local conditions. This reinforces each city's individual profile. For example in 2000 the city of Bonn built an unusual memorial for its famous son Ludwig van Beethoven by playing his music in unusual places. People could hear his works in shop windows and in the streets. In the city of Vlotho people looked at the city's historical potential. By involving the citizens, historic walking paths and squares were rediscovered and, with the use of original lighting, life of by-gone days was re-enacted.

„aufGEzäumt".

„Set up".

In Gelsenkirchen animals formed the centre of the projects. A total of 125 artistically designed horse sculptures were erected and rediscovered by the people. Countless free space in the city was temporarily converted for artistic and cultural events, thus providing these events with an unusual framework.

In Lemgo thousands of people came to "The World of the Renaissance", an event with special sounds and lighting and a mega-gallery. In the gallery pictures measuring between eight and 25 metres were displayed showing enlargements of ornaments and figures in various facades of Lemgo's historical centre.

The city of Oberhausen was made into an unusual show-place for events as part of its "Artists' Mile". More than 250 artists presented pictures and sculptures in curious places and gave performances and readings. For eight days 160 shop windows and streets and squares became centres of spectacular artistic activity. There was great response to the group-specific events, whether for children or for senior citizens – in short, there was something for everyone.

The "Boots and All" campaign has contributed to the increased awareness of the unmistakable, special nature of individual cities. In this way we have certainly helped motivate the citizens get more involved in their own city.

Summing up and taking a Look into the Future

Culture is a particularly suitable means of attracting attention to the rediscovery of the inner city. That is why it is right and proper for us to actively support artistic and cultural events. Culture is the ideal means for bringing about self-confidence and a sense of municipal identity that we urgently

Auszeichnung der Preisträgerinnen des Wettbewerbs „Kennenlernen mit Märchen“.

Awarding the prizes to the winners of the "Getting to know fairy tales" competition.

Stadt wurden kurzfristig für Kunst und Veranstaltungen umfunktioniert und gaben so kulturellen Inhalten einen ungewöhnlichen Rahmen.

In Lemgo kamen Tausende von Menschen zu der Veranstaltung „Erlebniswelt Renaissance“ mit Lichtvisionen, Klangwelten und einer Mega-Galerie. In der Galerie wurden 25 bis zu acht Meter große Bilder mit Vergrößerungen von Ornamenten und Figuren in verschiedenen Fassaden des historischen Stadtkerns von Lemgo präsentiert.

Die City von Oberhausen wurde im Rahmen der Kunstmeile Oberhausen zu einem ungewöhnlichen Schauplatz für Aktionen. Mehr als 250 Künstlerinnen und Künstler präsentierten an kuriosen Orten Bilder und Skulpturen, veranstalteten Performances, Aktionen und Lesungen. Für acht Tage wurden 160 Schaufenster sowie Straßen und Plätze zu spektakulären Kunst-Orten.

Große Resonanz fanden auch zielgruppenspezifische Veranstaltungen – von Kindern bis zu Senioren – für alle war etwas dabei.

Das Projekt „Ab in die Mitte!“ hat dazu beigetragen, die Wahrnehmung für die unverwechselbare Besonderheit der einzelnen Städte zu schärfen. Damit haben wir sicher auch einen Beitrag dazu geleistet, die Bürgerinnen und Bürger auch künftig für ein Engagement in der eigenen Stadt zu motivieren.

Bilanz und Ausblick

Für die Wiederentdeckung der Innenstädte ist Kultur ein besonders geeignetes Mittel, um Aufmerksamkeit zu erzeugen. Deshalb ist es gut und richtig, wenn wir Kunst- und Kulturveranstaltungen aktiv unterstützen. Gerade die Kultur ist es, die Selbstbewusstsein und bürgerschaftliche Identität stiftet, die wir in einer größer werdenden Europäischen Gemeinschaft dringend brauchen. Wir wissen, wie wichtig Kunst und Kultur für das friedvolle Miteinander der Menschen sind. Wir müssen deshalb fruchtbare Rahmenbedingungen für Kunst und Kultur schaffen. Dazu brauchen wir eine „Kulturfraktion“, nämlich Menschen aus allen Bereichen des öffentlichen Lebens, denen Kultur wichtig ist, die sich dafür interessieren und engagieren und die wissen, dass Kultur mehr ist als ein reiner Standortfaktor.

Attraktive Freizeitgestaltung ist nicht nur mit Entertainment zu erreichen. Wir wollen in der Freizeitgesellschaft mit ihrer expandierenden Ereigniskultur eine Kulturpolitik stärken, die neben Zerstreuung, Unterhaltung und Genuss Inhalte transportiert und Visionen entwickelt, die provoziert und die zum Nachdenken anregt.

Diese Beispiele machen deutlich: Das Projekt „Ab in die Mitte! Die City-Offensive NRW“ funktioniert tatsächlich am besten nach dem Prinzip der Public Private Partnership. Das Modell ist gut dazu geeignet, gemeinsame Interessen zu ermitteln und Grundlagen der Zusammenarbeit zwischen Stadtmarketing und Stadtentwicklung zu schaffen. Die Partner, die sich an PPP beteiligen, bekommen mit der Kooperation eine Möglichkeit, erstarrte Strukturen aufzubrechen. Der Erfolg von „Ab in die Mitte!“ zeigt, dass Allianzen mit der Wirtschaft tragfähig sind. ■

Erlebniswelt Renaissance in Lemgo.

Lemgo's World of the Renaissance.

Ecostyle 2000 – Laufsteg der Sinne.
Ecostyle 2000 – a catwalk for the senses.

Fische – Joachim Röderer, Köln.
Fisches, by Joachim Röderer, Cologne.

need in our constantly expanding European Union. We know how important art and culture are for living and working together peacefully. This is why we must create a fertile environment for art and culture. We also need a sort of "Cultural Party", i. e. people from all walks of life who are interested in culture, get involved and who know that culture is more than a pure location factor.

Attractive leisure activities don't just stop at entertainment. In our leisure society with its expanding events culture, we want to strengthen cultural policies which, besides amusement, entertainment and pleasure, brings content and develops visions that provoke people and make them think.

These examples make one thing clear: the "Boots and All. NRW's Cities Campaign" actually works best according to the public private partnership principle. The model is well-suited to finding common interests and creating the basis of cooperation between city marketing and urban development. Through cooperation, those involved in the PPP have the opportunity to break down calcified structures. "Boots and All" 's success shows that alliances with the business world are possible. ■

Schaufensterwettbewerb.
Shop window competition.

Stauder®

Die kleine Persönlichkeit

Premium Pils

Privatbrauerei Jacob Stauder GmbH & Co.

Geschäftsführer/Manager:
Dr. Claus Stauder
Dipl.-Braumeister Rolf Stauder

Gründungsjahr/Year of Foundation:
1867 durch Theodor Stauder

Geschäftstätigkeit/Business Activity:
Herstellung und Vertrieb (National und International) von Stauder Pils in folgenden Gebinden:

- 0,5 l Flaschen im 20-er Kasten
- 0,33 l Flaschen im 24-er Kasten
- 10 Liter, 15 Liter, 30 Liter und 50 Liter Fässer

Production and sale, (both in Germany and abroad) of Stauder Pilsener in the following quantities:

- 0.5 l bottles in 20-bottle crates
- 0.33 l bottles in 20-bottle crates
- 10, 15, 30 & 50 litre barrels

Anschrift/Address:
Stauderstraße 88
D-45326 Essen
Telefon +49 (201) 36 16-0
Telefax +49 (201) 36 16-133
E-Mail info@stauder.de
Internet www.stauder.de

Erfahrung und Wissen von fünf Generationen

The Knowledge and Experience of five Generations

Nur, wer höchste Ansprüche stellt, erzielt höchste Qualität. Dieser Gedanke prägt seit jeher die Philosophie der Privatbrauerei Jacob Stauder in Essen. Echte handwerkliche Braukunst steht auch heute noch im Mittelpunkt. Modernste Technologie kommt dort zum Einsatz, wo sie die Qualität verbessert und Arbeitsabläufe optimiert. Deshalb ist Stauder schon von Haus aus ein ganz besonderes Bier, ein Premium-Pils von außergewöhnlicher Frische und Bekömmlichkeit. Komponiert nach altem Familienrezept, aus dem Besten, was die Natur uns gibt. Und in Ruhe gereift zu Stauder - Die kleine Persönlichkeit.

Dr. Claus Stauder und Dipl.-Braumeister Rolf Stauder schufen die strategischen und qualitativen Voraussetzungen dafür, dass sich der Erfolg des Hauses auch künftig fortsetzen wird. Kern der auf Erfahrung und Wissen von fünf Generationen beruhenden Unternehmensphilosophie ist die deutliche Maxime „Kleiner, aber feiner!" und damit der bewusste Verzicht auf Massenproduktion. Dieses konsequente Bekenntnis zu wirklicher Exklusivität hat Stauder Pils zur „Kleinen Persönlichkeit" gemacht, zum Symbol höchster Qualität, zur kleinen, aber ganz feinen deutschen Biermarke. ■

Dr. Claus Stauder und Dipl.-Braumeister Rolf Stauder führen das Unternehmen heute in der 5. Generation.

Dr Claus Stauder and graduate brewer Rolf Stauder are the fifth generation to manage the company.

Stauder – die kleine, aber ganz feine Biermarke.

Stauder – a little-known but very fine brand of beer.

Only those people who make the highest demands get the highest quality. This idea has distinguished the philosophy of the Privatbrauerei (Private Brewery) Jacob Stauder in Essen. Even today the focus is still on genuine brewing techniques. The latest technology is used to improve quality and work processes. For this reason Stauder is by its very nature a very special beer, a premium pilsener of extraordinary quality and taste. Made from an old family recipe from the best that nature has to offer, it is aged peacefully to become a Stauder - a beer with a personality all its own.
Dr Claus Stauder and Rolf Stauder - the latter with a degree in brewing - created the business strategies and product quality that will ensure the company's continued success. The core of the company's philosophy, based on the experience and knowledge of five generations, is the clear maxim „smaller, but better", and hence the conscious renunciation of mass production. This consistent declaration in favour of quality has made Stauder Pils into a "minor personality", a symbol of the highest quality, a little-known but very fine brand of German beer. ■

„Heute ein König." – eine Biergeschichte

"Today a King" – the Story of a Beer

Vor mehr als 100 Jahren wurde erstmals ein Premiumbier erwähnt, das heute zu den beliebtesten Spitzenbieren auf dem deutschen Markt zählt: König-Pilsener. Dieses charakteristische, feinherbe Pilsener hat seine Braustätte, die Duisburger König-Brauerei, in ganz Deutschland und auch international bekannt gemacht. Im Jahr 1989 kam dann mit dem alkoholfreien Pilsener KELTS eine zweite starke Marke hinzu.

Eher als andere setzte die König-Brauerei auf die Herstellung eines Bieres Pilsener Brauart, das – hopfenbetont und spritzig – anfangs nur eine kleine, anspruchsvolle Anhängerschar ansprach. Heute zählt die Duisburger König-Brauerei, die seit dem 1. Februar 2001 eine 100%ige Tochter der Hamburger Holsten-Gruppe ist, mit ihrem Spitzenprodukt König-Pilsener zu den größten und erfolgreichsten national distribuierenden Premium-Brauereien der Bundesrepublik. König-Pilsener ist der Inbegriff des edlen Pils, eben „Das König der Biere". Die hohe Produktqualität, sein frischer Geschmack und seine Bekömmlichkeit machen es zu einem belebenden und krönenden Genuss.

„Solche Erfolge kommen nicht von allein. Dahinter steht ein konsequentes Qualitätsdenken, das sich von der Herstellung unserer Produkte über Vertrieb und Werbung bis hin zur umfassenden Betreuung der Verbraucher und Partner im Getränkefachgroßhandel, in der Gastronomie und im Lebensmitteleinzelhandel erstreckt," so Joachim Penzel, Geschäftsführer Marketing/Vertrieb und Sprecher der Geschäftsführung der König-Brauerei.

Die besondere Verbundenheit des Unternehmens zur Heimatregion Nordrhein-Westfalen zeigt sich im Engagement der König-Brauerei bei vielen Großveranstaltungen an Rhein und Ruhr, die ohne die Unterstützung der Premium-Brauer aus Duisburg oftmals nicht stattfinden könnten. ■

König-Pilsener. Das König der Biere.

The king of beers.

Over a hundred years ago a premium beer was mentioned for the first time, which today is one of the favourite beers on the German market – König (King) Pilsener. This characteristically bitter pilsener has made its brewery, the Duisburger König-Brauerei (King Brewery in the city of Duisburg), famous all over Germany and the world. In 1989 its popular alcohol-free pils KELTS came onto the market.

Unlike other breweries the König-Brauerei decided to produce a beer according to the pilsener method, which, with its strong hop flavour, initially appealed only to a small, demanding group of adherents. Today the König-Brauerei in Duisburg (since 1st February 2001 a 100%-owned subsidiary of the Holsten-Group in Hamburg) with its top product the König-Pilsener, is one of the largest and most successful premium breweries with national distribution in Germany. The König-Pilsener is the quintessential top-drawer pilsener, the "King of beers". The high quality, its fresh taste and its whole-someness make it a stimulating, crowning pleasure.

"Such successes don't just happen. They are backed up by consistent consciousness of quality, which ranges from making of our products to sales and advertising up to close attention to the consumer and our partners in the wholesale beverage sector, the hotel and restaurant business and in the food retail industry", says Joachim Penzel, Managing Director of Marketing and Sales and spokesman of the brewery's management board.

The company's special connection with its home region North Rhine-Westphalia is evident in its involvement in many big events on the Rhine and the Ruhr, which would often not take place at all without the involvement of the premium brewer from Duisburg. ■

König-Brauerei GmbH & Co. KG

Geschäftsführer/Manager:
Joachim Penzel
Marketing/Vertrieb
Sprecher der Geschäftsführung
Managing Director of Marketing/Sales and management board spokesman

Johann Stadler
Kfm. Leitung/Produktion/Technik
Managing Director of Commercial/Production/Technology

Gründungsjahr/Year of Foundation:
1858

Mitarbeiter/Employees:
400

Marken/Brands
- König-Pilsener
- KELTS – alkoholfreies Pils
- König-Pilsener
- KELTS – alcohol-free Pils

Anschrift/Address:
Friedrich-Ebert-Straße 255–263
D-47139 Duisburg
Telefon +49 (2 03) 45 5-0
Telefax +49 (2 03) 45 5-25 15
Internet www.koenig.de

Joachim Penzel.

Die König-Brauerei bei Nacht.

König-Brauerei at night.

Bahnflächen NRW: Partnerschaftliche Entwicklungskonzepte

Railway Property in North Rhine-Westphalia: Ideas for Development Based on Partnership

Genau 1,4 Milliarden Quadratmeter Grundstücksfläche mit rund 78.000 Gebäuden, 6.000 Bahnhöfe, 3.000 davon mit Empfangsgebäude und einem Durchschnittsalter von 85 Jahren – allein in Nordrhein-Westfalen gehören der Deutschen Bahn 20.000 Hektar Fläche. Diese Zahlen zeigen, welche Bedeutung der Bahnkonzern bundesweit auch im Immobilienbereich besitzt. Sie zeigen aber auch, dass es nahezu unmöglich ist, alle diese für den Eisenbahnverkehr vorhandenen Anlagen, Gebäude und Flächen gleichzeitig zu modernisieren oder neuen Nutzungen zuzuführen.

Die Finanzierungslast wird daher schon seit längerem auf mehrere Schultern verteilt. Nicht nur die Deutsche Bahn, sondern auch die Länder, Städte und Gemeinden sorgen dafür, dass die Schieneninfrastruktur, die Bahnhöfe, die Vorplätze und deren Umgebung attraktiver werden. Bisher haben sich die Beteiligten vorwiegend auf die Entwicklung einzelner Bahnhofsquartiere konzentriert. Trotz mehr als einer Milliarde DM jährlich, die die Bahn alleine in die Modernisierung der Bahnhöfe investiert, dauert der Gesamtprozess seine Zeit. Dieses in mancher Hinsicht doch eher zufällige Vorgehen reicht für die Zukunft jedoch nicht mehr aus. Notwendig geworden ist ein tragfähiges Konzept.

Aus diesem Grund hat die Bahn Ende des Jahres 2000 den so genannten „Runden Tisch Immobilien“ ins Leben gerufen, der ca. zweimal jährlich zusammentritt. Ziel dieser Zusammenkunft ist es, ungenutzte Bahnflächen in Paketen zu vermarkten, langwierige Planungsverfahren abzukürzen und die Flächenpakete in die kommunale und regionale Strukturentwicklung zu übergeben. An dem Runden Tisch nehmen unter anderem Vertreter des Bundesministeriums für Verkehr, Bau- und Wohnungswesen (BMVBW), der Bundesländer, des Deutschen Städtetages, des Deutschen Städte- und Gemeindebundes, des Bundes Deutscher Architekten und des Eisenbahnbundesamtes teil.

Es besteht in dieser Runde Einigkeit, dass für den Bahnbetrieb entbehrliche Flächen und Gebäude für die Entwicklung einzelner Städte und ganzer Regionen von erheblicher Bedeutung sind. Die Aufwertung dieser Bahnliegenschaften liegt im Interesse der Städte und Gemeinden. Attraktive

ICE 3 im Hauptbahnhof Köln.

The ICE 3 at Cologne's railway station.

Hartmut Mehdorn

Der Autor, 1942 in Berlin geboren, trat nach dem Maschinenbau-Studium in die Entwicklungskonstruktion von Focke-Wulf in Bremen ein. Nach der Übernahme des Unternehmens durch MBB wurde Mehdorn 1980 in die Geschäftsführung der Airbus Industrie S. A. in Toulouse berufen. 1984–1989 war der Dipl. Ing. Leiter der MBB-Unternehmensgruppe Transport- und Verkehrsflugzeuge in Hamburg. Von 1989 bis 1992 war Mehdorn Vorsitzender der Geschäftsführung der Deutschen Airbus GmbH in Hamburg. 1992–1995 Mitglied des Vorstandes der Deutschen Aerospace AG in München. 1995–1999 war er Vorstandsvorsitzender der Heidelberger Druckmaschinen AG und Mitglied des Vorstandes der RWE Aktiengesellschaft. Seit 16. 12. 1999 ist Mehdorn Vorstandsvorsitzender der Deutschen Bahn AG.

The author was born in Berlin in 1942. After studying mechanical Engineering Helmut Mehdorn started his career in development work at Focke-Wulf in Bremen. After the company was taken over by MBB he was promoted to a management position at Airbus Industrie S. A. in Toulouse, France. 1984–1989 he was manager of MBB's transport and passenger aircraft group in Hamburg. 1989–1992 Helmut Mehdorn was Chairman of the Management Board of Deutschen Airbus GmbH in Hamburg. 1992–1995 he was Chairman of the Management Board of der Deutschen Aerospace AG in Munich. 1995–1999 he was Chairman of the Management Board of Heidelberger Druckmaschinen AG and a member of the Management Board of the RWE AG, an energy conglomerate in Germany's Ruhr Valley. Helmut Mehdorn has been Chairman of the Management Board of the Deutschen Bahn AG since 16th December 1999.

Precisely 1,4 thousand million square metres with some 78,000 buildings, 6,00 railway stations, including 3,000 with waiting rooms and an average age of 85 years – in North Rhine-Westphalia alone 20,000 hectares of property belong to the Deutsche Bahn (German Railways). These figures show how important this organisation is all over Germany, including in the property area. But these figures also show that it is almost impossible to simultaneously modernise the existing properties, buildings and land or convert them to other use.

For this reason the financial burden has long been spread over several quarters. Not only the Deutsche Bahn but also the various German States and local bodies ensure that the rail infrastructure, railway stations, the land in front of them and their surroundings are more attractive. Up till now those involved have concentrated mainly on the development of individual station buildings. In spite of the more than five hundred million Euros (one thousand million Marks) that the Deutsche Bahn invests in the modernisation of the railway stations annually the whole process is taking time. In many respects this process – in the view of many people – is no longer enough for the future. A solid concept is necessary. For this reason the Deutsche Bahn started a so-called "Property Round Table" at the end of 2000 which meets about twice a year.

The aim of this cooperation is to sell unused stations in packets, to shorten lengthy planning processes and to hand over the packets of land to local and regional structural development. Among others the Round Table members consist of representatives of the Federal Ministry of Transport, Construction and Housing (BMVBW), the German States, the German Urban Association, the German Urban and Boroughs Association, the German Architects' Association and the Federal Railway Transport Agency. The Round Table is agreed that superfluous land and buildings are important for the development of individual towns and that whole regions are considerably important for the operations of the railways. The revaluation of these railway-owned properties is in the interests of local bodies.

Außenansicht des Hauptbahnhofs Köln.
An outside view of Cologne's railway station.

Empfangshalle des Bahnhofs Köln Hauptbahnhof mit Ladenzeile.
The main hall of Cologne's railway station with its rows of shops.

Attractive transport services are becoming considerably more attractive as the result of a clean, safer station environment designed to fit in with local urban architecture and which is put to corresponding use. What is also needed is a one-stop-shop development, in which especially the re-use of the potential offered by the land is included in an overall concept supported by local bodies.

In all the States solutions adapted to the needs of individual regions are being developed. As part of the "Round Table" experiences are being exchanged all the time. We are convinced that the Railways can make a considerable contribution to regional development in close cooperation with the States and local bodies.

In North Rhine-Westphalia initiatives are being combined in a sensible manner. The State of North Rhine-Westphalia and German Railways have already agreed on a broadly-based network and track-related modernisation offensive. The aim is to implement a wide range of measures for the rail passenger services in close coordination with the other involved parties, especially the adjustment of station platforms, the improvement of the quality of the station environment, weather protection, smoothing of platform surfaces, more facilities for the physically handicapped, customer information and service up to the linking of rail services with other forms of transport. We expect a distinct increase in customer satisfaction and hope that it succeeds in gaining more potential customers. The

Verkehrsangebote werden durch ein sauberes, sicheres, städtebaulich ansprechend gestaltetes und mit entsprechenden Nutzungen versehenes Bahnhofsumfeld noch um ein erhebliches Stück attraktiver. Erforderlich dazu ist eine Entwicklung „aus einer Hand", bei der vor allem die Wiedernutzung der Flächenpotenziale in eine kommunal getragene Gesamtkonzeption eingebunden wird.
In allen Bundesländern werden derzeit auf die Bedürfnisse einzelner Regionen abgestimmte Lösungen entwickelt. Im Rahmen des „Runden Tisches" sollen die Erfahrungen ständig ausgetauscht werden. Wir sind überzeugt, dass die Bahn in enger Zusammenarbeit mit den Ländern und Kommunen einen erheblichen Beitrag zur regionalen Entwicklung leisten kann.

In Nordrhein-Westfalen werden die Initiativen sinnvoll gebündelt

Das Land Nordrhein-Westfalen und die Deutsche Bahn AG haben bereits eine breit angelegte netz- und streckenbezogene Modernisierungsoffensive vereinbart. Ziel ist es, mit einem Volumen von rund 344 Millionen DM bis zum Jahr 2004 in enger Abstimmung mit den Aufgabenträgern für den Schienenpersonennahverkehr eine breite Palette von Maßnahmen, insbesondere die Anpassung der Bahnsteige, sowie die Verbesserung von Aufenthaltsqualität, Wetterschutz, Bahnsteigausstattung, Behindertenfreundlichkeit, Kundeninformation und Kundenservice, bis hin zur Verknüpfung mit anderen Verkehrsmitteln umzusetzen. Wir erwarten eine deutliche Steigerung der Kundenzufriedenheit. Und hoffen, dass es gelingt, so neue Kundenpotenziale zu erschließen.
Ebenfalls in der Realisierung befindet sich auch das von Land und Deutscher Bahn gemeinsam getragene „Aktionsprogramm 100 Bahnhöfe in NRW". 126 Kommunen haben sich bisher an dieser Initiative beteiligt, an 23 Standorten haben konkrete Maßnahmen begonnen, 64 Planungsverfahren sind eingeleitet und weitere 47 stehen unmittelbar bevor. Das Land fördert dieses Projekt mit bislang über 50 Millionen DM.
Darüber hinaus hat das Land in einem „Moderationsverfahren Bahnflächen NRW" für zunächst 15 besonders schwierige Standorte die Moderation bei der Entwicklung von Lösungsvorschlägen übernommen. Für die Mehrzahl der Standorte konnten so interessante Konzepte erarbeitet werden. Dieses Moderationsangebot wurde daher jetzt unter dem Namen „Forum Bahnflächen NRW" für 40 weitere Kommunen geöffnet. Die Ergebnisse dieser Moderationen fanden Eingang in eine Arbeitshilfe für Kommunen, die vom Landesministerium für Städtebau und Wohnen, Kultur und Sport herausgegeben wird. Die Broschüre mit dem Titel „Bahnflächen zur Stadt machen" hilft dabei, Informationsdefizite zu überwinden und gibt Beispiele für Problemlösungen.
Die Bahn hat ein hohes Interesse an schnellen, effizienten und wirtschaftlich tragfähigen Konzepten. Sie wird sich von den Immobilien, die keine bahnstrategische Bedeutung haben, aber für Kommunen und sonstige Dritte Entwicklungspotenziale darstellen, trennen. Diese Immobilien werden nicht mehr grundstücksbezogen, sondern paketweise betrachtet, um nachhaltige Entwicklungen gerade in den ländlichen Regionen zu ermöglichen.
Die Entwicklung aller nicht mehr oder nicht mehr überwiegend für Bahnzwecke genutzten Liegenschaften der Deutsche Bahn AG kann angesichts der Dimension des Flächenpotenzials in den bestehenden Strukturen der Bahn nicht mehr mit der Geschwindigkeit vorbereitet und in so enger Kooperation mit den Kommunen angegangen werden, wie es die Verwaltungen und Räte der Kommunen erwarten. Die bestehenden Initiativen im Land NRW helfen an vielen Stellen zu grundsätzlichen Lösungen zu kommen; eine Breitenwirkung wird aber auch durch sie nicht erreicht.
Die Deutsche Bahn und das Land NRW haben sich daher darauf verständigt, ein erstes Paket mit ca. 400 ha in ca. 65 Kommunen zu schnüren und

ReiseService im Bahnhof: DBLounge im Kölner Hauptbahnhof.
Travel service at the railway station: the DBLounge at Cologne's railway station.

gemeinsam anzupacken. In diesem Zusammenhang soll unter anderem eine Form der Kooperation erarbeitet werden, die den wirtschaftlichen Erfordernissen einer modernen Bahn und den kommunalen Anliegen gerecht wird.
Diese neue Initiative zwischen DB AG und Land richtet sich vorrangig an die kleineren und mittleren Städte und Gemeinden. Wichtig, um zu städtebaulich vertretbaren Lösungen zu gelangen, ist gerade hier die enge Zusammenarbeit.
Die Offensive Bahn will folgerichtiges und vernetztes Handeln. Die Bahn und das Land NRW arbeiten gemeinsam an einem integrierten Programm, dass die verschiedenen Vorhaben und Interessen aufeinander abstimmt. Denn schließlich haben alle Beteiligten dasselbe Ziel: Bahnhöfe zum Wohlfühlen in einer attraktiven städtischen Umgebung.
Dasselbe gilt für die Areale im Herzen der Städte, wo heute nicht mehr für den Betrieb notwendige Bahnflächen einer neuen Nutzung zugeführt werden können.
Das Bahnhofsviertel war in den vergangenen Jahren nicht immer eine der ersten Adressen. In Zukunft soll das anders werden. Das Stichwort heißt Quartiersentwicklung. Der Bahnhof, seine Umgebung und die zur Entwicklung anstehenden Freiflächen müssen modernen Ansprüchen genügen. Sonst paßt er nicht zu einer modernen, kundenorientierten Bahn.
Service, Sicherheit und Sauberkeit einerseits, attraktive Architektur, Ladenflächen und Büroraum andererseits. Das sind die Anforderungen an zukunftsgerechte Lösungen. Die Aufgabe ist nicht leicht. Gemeinsam werden wir sie lösen. Wie das geht – in NRW machen wir es vor. ■

Empfangshalle des Bahnhofs Köln Hauptbahnhof.

The main hall of Cologne's railway station.

project includes the "One Hundred Stations in NRW Action Programme", supported by NRW and the Deutsche Bahn. One hundred and twenty-six local bodies have taken part in this scheme so far, and concrete action has been started at 23 locations so far; 64 planning applications have been submitted and a further 47 will be decided in the next few months. NRW is currently supporting this project with over 25 million Euros.

Over and above this NRW has taken over the leading role in developing 15 particularly difficult locations initially in order to work out solutions in its "Railway Property NRW Moderation Process"; interesting ideas have been worked out for most locations. This leadership role was opened up for 40 other local bodies under the name "NRW Railway Property Forum". The results of this leadership was begun in the form of a brochure on assistance to the local bodies published by the State Ministry of Urban Planning, Construction, Culture and Sport. The brochure, entitled "Making Railway Properties into a City" helps to overcome a lack of information and gives examples of solutions to problems.

The Deutsche Bahn has a strong interest in fast, efficient and economically feasible concepts. It wants to sell the properties that it cannot use itself but which have potential for local bodies and other parties. These properties are not regarded as individual sections, but more as packages in order to enable long-term development, especially in rural areas. In view of the dimensions of the potential in the existing structures of the railways, the development of all those properties no longer used – or used only to a slight extent – by the Deutsche Bahn AG can no longer be got ready or be started in close cooperation with local bodies as quickly as the latter would like.

The existing schemes in NRW help in many instances to arrive at solutions, but this will not achieve any general solution. The Deutsche Bahn and the State of North Rhine-Westphalia have therefore agreed to put together a package with about 400 hectares in about 600 local bodies and to start work on them together. In this context a form of cooperation is to be worked out which will accommodate the commercial requirements of a modern railway system and local concerns.

This new arrangement between the Deutsche Bahn and NRW is directed primarily at small and medium-sized towns and boroughs. In order to arrive at justifiable urban solutions, close cooperation is important here. The Deutsche Bahn's property offensive requires consistent, coordinated action. The Deutsche Bahn and the State of North Rhine-Westphalia are working together on an integrated programme that coordinates the various projects and interests; after all, everybody has the same goal: railway stations in an attractive urban setting that people like being in. The same can be said for the properties in the centre of the cities where land not needed for railway operations can be converted to other uses today.

Those suburbs where the railway station is situated was not always one of the top addresses in town. In the future this is going to change. The motto is suburb development. The railway station, its surroundings and the land designated for development must correspond to modern-day requirements. Otherwise it is not going to fit a modern, customer-oriented railway system. It must offer service, safety on the one hand and cleanliness and attractive architecture, shop- and office-space on the other. These are the demands that require future-oriented solutions, and the task is not going to be easy, but we will solve it together. And in NRW we're showing how it's done. ■

ServicePoint mit Abfahrtstafel im Bahnhof Köln Hauptbahnhof.

The ServicePoint with the departure timetable at Cologne's railway station.

Digitalkameras – die neuen Highlights einer 30-Jährigen

Digital Cameras – the New Highlights of a 30-Year Old Company

Nikon GmbH

Geschäftsführer/Manager:
Hayato Kamijo

Gründungsjahr/Year of Foundation:
1917,
in Deutschland/in Germany
1971

Mitarbeiter/Employees:
weltweit/world-wide: 13.900
in Deutschland/in Germany: 139

Umsatz/Turnover (2000/2001):
weltweit: 3,9 Mrd. US$
world-wide: $US 3.9 billion
in Deutschland: 117,5 Mio. €
in Germany: 117.5 million €

Anschrift/Address:
Tiefenbroicher Weg 25
D-40472 Düsseldorf
Telefon +49 (211) 94 14-0
Telefax +49 (211) 94 14-311
E-Mail kundenberatung@nikon.de
Internet www.nikon.de

Die Nikon GmbH, Tochter der Nikon Corporation in Tokio, feierte 2001 ihr 30-jähriges Bestehen. Das Unternehmen, das für hochwertige optische Produkte bekannt ist und sich mit Kameras speziell für Berufsfotografen einen hervorragenden Namen gemacht hat, wurde 1971 gegründet und hat seither seinen Firmensitz in Düsseldorf. Hier ist es verantwortlich für Vertrieb und den Service von Nikon-Kameras und optischen Instrumenten für ganz Deutschland.

In ihrem ersten Geschäftsjahr startete die Nikon GmbH mit acht Mitarbeitern. Im gleichen Jahr kam auch die Nikon F2, Nikons zweite Spiegelreflex-Profikamera, auf den Markt. Danach wuchs das Unternehmen ständig. Autofokus-Kameras hatten großen Anteil an diesem Erfolg. Die erste Autofokus-Spiegelreflexkamera von Nikon kam 1986 auf den Markt und fand wie alle nachfolgenden Modelle bei Berufsfotografen und Amateuren gleichermaßen großen Anklang.

Im Geschäftsjahr 2000/01 erreichte die Nikon GmbH mit 139 Mitarbeitern einen Gesamtumsatz von 117,5 Mio. Euro (229,8 Mio. DM). Das sind 22,8 % mehr als im Jahr zuvor. Der Umsatz mit Digitalprodukten war an dieser positiven Entwicklung bereits mit 41 Prozent maßgeblich beteiligt. Seit der Markteinführung der digitalen Profikamera D1 und der Nachfolgemodelle D1X und D1H sowie der erfolgeichen Coolpix-Serie spielt Nikon auch in der Welt der digitalen Fotografie eine führende Rolle. Auch in der analogen Fotografie konnte die Nikon GmbH ihre Position trotz des rückläufigen Trends im Markt weiterhin auf sehr hohem Niveau behaupten.

Die Nikon GmbH ist zuversichtlich, ihre Marktposition weiter ausbauen zu können, da in den kommenden Jahren mit einer Reihe innovativer, neuer Produkte speziell auch im digitalen Segment zu rechnen ist. ■

Der Name Nikon steht für eine Reihe legendärer Kameras wie der Nikon D1X.

The name Nikon stands for a series of legendary cameras such as the Nikon D1X.

In 2001 Nikon GmbH, a subsidiary of the Nikon Corporation in Tokyo, celebrated its 30-year existence. The company, which is known for high-quality optical products and which has made a name for itself with cameras especially for professional photographers, was founded in 1971 and since then has had its headquarter in Düsseldorf. Here it is responsible for the sales and service of Nikon cameras and optical instruments for all of Germany.

In its first business year Nikon GmbH started with eight employees. Its reflex camera, the Nikon F2, came onto the market in the same year. Thereafter the company grew constantly. Autofocus cameras contributed to a large share of this success. The first auto-focus reflex cameras came onto the market in 1986 and like all models, were very popular with professional and amateur photographers.

In the 2000/01 business year Nikon GmbH achieved a total turnover of Euro 117.5 million (DM 229.8 million), 22.8 % more than in the previous year. At 41 % of total sales, digital products contributed considerably to this positive development. Nikon has been playing a leading role in the world of digital photography since the introduction of the professional D1 camera to the market and its successors the D1X and the D1H, as well as the successful Coolpix series. Even in analogue photography Nikon GmbH has been able to maintain its position at a very high level in spite of the declining trend in the market.

Nikon GmbH is confident it can further expand its market position, especially as there will be a series of new, innovative products in the digital product range in the coming years. ■

Mit der Coolpix-Serie spielt Nikon auch in der Welt der digitalen Fotografie eine führende Rolle.

With the Coolpix series Nikon is playing a leading role in the world of digital photography as well.

EDS – weltweit führendes IT-Service-Unternehmen

EDS – globally leading IT Service Company

EDS ist weltweit das führende herstellerunabhängige Service-Unternehmen für IT und Electronic Business. Es unterstützt seine Kunden dabei, die immer komplexer werdenden Anforderungen der digitalen Wirtschaft zu bewältigen. Mit über 140.000 Mitarbeitern weltweit leistet EDS Services in allen Bereichen Informations-Technologie – von der Strategie über die Implementierung bis hin zum Betrieb von IT bietet EDS ein umfassendes Dienstleistungsspektrum. EDS bringt die weltweit erfolgreichsten Technologien zusammen und richtet sie auf die Erfordernisse aus, die im Markt über den Geschäftserfolg seiner Kunden entscheiden. EDS ermöglicht seinen Kunden, Grenzen zu überwinden sowie das Vertrauen ihrer Endkunden zu stärken. In NRW ist EDS mit über 1.000 Mitarbeitern unter anderem an den Standorten Bochum, Essen, Düsseldorf, Dortmund, Wuppertal und Siegen vertreten. Aus 2 Regionalcentern heraus bedient EDS seine Kunden in NRW schnell, zuverlässig und kompetent. Mit dem Regionalcenter Ruhrgebiet in Dortmund fokussiert sich EDS auf die produzierende Industrie, den Handel und die Versicherungswirtschaft. Daneben sind hier die Competence-Center öffentlicher Dienst und SAP ansässig. Im Regionalcenter Köln/Bonn liegt der EDS-Schwerpunkt auf der Medien- und Kommunikationsbranche, CAD/CAM-Services sowie auf Sparkassen und Genossenschaftsbanken. Über weitreichende Mitarbeiterförderung wie Aus- und Weiterbildungsprogramme fördert EDS aktiv die Perspektiven seiner Mitarbeiterinnen und Mitarbeiter und erreicht so eine außerordentlich hohe Identifikation der Menschen mit dem Unternehmen. ■

EDS is the leading independent global services company for IT and electronic business to support clients managing the business and technology complexities of the digital economy. With more than 140,000 employees worldwide, EDS delivers an end-to-end service portfolio in all areas of information technology – from strategy, to implementation and hosting. EDS brings together the world's best technologies to meet critical client business issues. It helps customers eliminate boundaries an strengthen their customers' trust.

In NRW EDS employs over 1,000 people in many locations, e. g. Bochum, Essen, Düsseldorf, Dortmund, Wuppertal, Troisdorf and Siegen. Out of two regional centres, EDS serves its customers in NRW quickly, reliably and competently. With its Regional Centre Ruhrgebiet in Dortmund EDS focuses on the manufacturing industry, retail and the insurance industry. The competence centres for government authorities and SAP are also located here. The Regional Centre Cologne/Bonn provides services for the media and communications industry, for savings and cooperative banks as well as services for CAD/CAM solutions.

EDS makes use of extensive staff education such as basic and advanced training programmes to actively further the perspectives of its employees. Thus, EDS achieves an extremely high degree of staff identification with the company. ■

EDS

Vorsitzender Geschäftsführer/
Chairman of the managing board:
Hans-Jürgen Schwerhoff

Gesellschafter/Corporate member: EDS Inc.

Gründungsjahr/Year of Foundation: 1962

Mitarbeiter/Employees:
140.000 weltweit/140,000 worldwide

Umsatz/Revenue:
21,5 Mrd. US$/21.5 Bill. US$
weltweit/worldwide (2001)

Geschäftsfelder/Lines of Business:
- A. T. Kearney
  (Strategische Unternehmensberatung/
  Strategic Management Consulting),
- E-Solutions
  (Projekte und Lösungen für die digitale Wirtschaft, SAP Lösungen sowie Lösungen für die mittelständische Wirtschaft/
  Projects and solutions for the digital economy, SAP solutions and solutions for medium-sized enterprise)
- Business Process Management
  (Management kompletter Fachbereichs-Geschäftsprozesse/
  The management of complete processes of specialized fields of business)
- Information Solutions
  (Bereitstellung und Betrieb der informationstechnischen Infrastruktur/
  Provision and operation of the IT infrastructure)
  Product Lifecycle Management
  (Lösungen für Produktentwicklung/
  Solutions for product development)
  (CAD/CAM), Fertigungsplanung/
  Production planning,
  Auftragsabwicklung, Product-Lifecycle-Management und e-Commerce
  Order processing; Product-Lifecycle-Management and e-Commerce

Kunden/Clients:
Weltweit Kunden aus allen Branchen mit den Schwerpunkten Medien & Kommunikation, Handel, Finanzwirtschaft, Gesundheitswesen, Öffentliche Verwaltung, Energie, Logistik und Industrie
Clients worldwide from all sectors, especially in the media and communications sectors as well as in commerce, finance, healthcare, government, energy logistics and industry

Anschrift in NRW/Addresses in NRW:
Regionalcenter Ruhrgebiet
Semerteichstraße 50
D-44141 Dortmund
Telefon +49 (231) 944-0
Telefax +49 (231) 944-1023
Internet www.eds.com
www.eds.de

DHPG: Frischer Wind in der Beratung

DHPG: A Breath of fresh Air in Consultancy

Unternehmen müssen sich heutzutage in einem rasant verändernden Wettbewerbsfeld behaupten – wen wundert es da, dass der Beratungsbedarf enorm ist. Während sich Wirtschaftsprüfer und Steuerberater früher vornehmlich mit rückwärts gerichteten Prüfungen von Unternehmen befassten, so steht heute die Begleitung der Mandanten bei zukunftsgerichteten Entscheidungen im Vordergrund. Die strategische Ausrichtung ihrer Mandanten unterstützt die Dr. Harzem & Partner Gruppe (DHPG) mit persönlicher Beratung und individuellen Lösungen.

Seit über 50 Jahren ist der Unternehmensverbund der Wirtschaftsprüfer und Steuerberater DHPG für viele mittelständische Unternehmen in Nordrhein-Westfalen eine feste Größe. Hier setzt die DHPG mit acht Standorten einen regionalen Schwerpunkt. Darüber hinaus unterhält sie ein Büro in Berlin und betreut mittlerweile Mandanten in der gesamten Bundesrepublik. Mit 27 Partnern und insgesamt circa 350 Mitarbeitern, darunter 80 Wirtschaftsprüfer, Steuerberater und Rechtsanwälte, identifiziert sich die DHPG mit dem Mittelstand und ist mit den markt- und branchenspezifischen Besonderheiten bestens vertraut.

Die Kompetenz im Überblick.

An overview of competence.

Wirtschaftsprüfung

Steuerberatung

Rechtsberatung

Unternehmensberatung

Rechnungswesen

Unternehmensplanung/
Controlling

DHPG

So vielseitig wie der Mittelstand, den die DHPG in seiner ganzen Bandbreite betreut, so umfassend ist das Leistungsspektrum. Die Kompetenzen innerhalb der Wirtschaftsprüfungs-, Steuer-, Rechts- und Unternehmensberatung reichen vom obligatorischen Rechnungswesen über den Kauf und Verkauf von Unternehmen bis hin zur Vermögens- sowie der Sanierungs- und Insolvenzberatung. Bei allen Dienstleistungen steht immer das Mandantenunternehmen als Ganzes im Mittelpunkt, so dass sowohl seine inneren als auch die äußeren Abläufe und Strukturen berücksichtigt werden.

Zur Unternehmensphilosophie zählen eine kompetente Beratung und die Nähe zum Mandanten.

The company's philosophy includes competent advice and client-oriented service.

Die einzelnen DHPG-Büros setzen in ihrer Beratung unterschiedliche Schwerpunkte. Der regelmäßige fachliche Austausch unter den Beratern stellt jedoch sicher, dass vorhandenes Spezialwissen der ganzen Gruppe und somit allen Mandanten zugute kommt. Dadurch können für bestimmte Projekte fachübergreifende Kompetenzteams aus den einzelnen Partnerunternehmen zusammengestellt werden: So arbeiten bei Umstrukturierungen oder bei der Wahl der richtigen Rechtsform eines Unternehmens Steuerberater, Wirtschaftsprüfer und Wirtschaftsanwälte eng zusammen und werden vom persönlichen Ansprechpartner des Mandanten koordiniert. Dieser multidisziplinäre Ansatz, der die DHPG von manch anderem Unternehmen der

Branche unterscheidet, ermöglicht Lösungen „aus einem Guss". Zur Unternehmensphilosophie zählt neben einer kompetenten Beratung vor allem die Nähe zu den Mandanten. Ein Zeugnis für das entgegengebrachte Vertrauen, das durch das persönliche Gespräch und die individuelle Betreuung entsteht, ist die hohe Kundenbindung der DHPG: Oft besteht eine

ehmenskäufe
und -verkäufe

Unternehmensnachfolge

Sanierungs- und
Insolvenzberatung

Vermögensberatung

-Akademie

erfolgreiche Zusammenarbeit bereits seit mehreren Jahrzehnten. Hier kann die DHPG die Entwicklung ihrer Mandantenunternehmen Schritt für Schritt in die Zukunft begleiten.

Ebenso großer Wert wird auf ständige Mitarbeiterschulungen gelegt: So unterhält die DHPG eigens für Fortbildungsmaßnahmen, unter anderem im Bereich strategische Unternehmensplanung und effizientes Controlling, eine eigene Akademie. Auf diese Weise sind die Berater immer über die neuesten Gesetzesänderungen informiert und können auch als Referenten ihr Wissen bei externen Lehrgängen weitergeben.

In den letzten Jahren hat die DHPG vermehrt umfassende Betreuung bei Existenzgründungen geleistet. Hier steht die Gruppe ihren Mandanten als kompetenter Partner zur Seite, wenn es darum geht, einen ausgefeilten Business-Plan zu erstellen und zukunftsorientierte Finanzierungsstrategien zu erarbeiten. Denn gerade in der Gründungsphase eines Unternehmens ist ein gutes Standing bei Verhandlungen mit den Kapitalgebern von zentraler Bedeutung. Auch in anderen sensiblen Bereichen wie Regelungen der Unternehmensnachfolge oder der Unterstützung eines Unternehmens in wirtschaftlicher Schieflage macht sich das aufgebaute Vertrauen zwischen der DHPG und ihren Mandanten bezahlt.

Insgesamt entwickelt die DHPG ihre Dienstleistungen kontinuierlich weiter. Dies gilt auch für die Spezialgebiete einzelner Büros. Besondere Stärken liegen beispielsweise in der Beratung von Unternehmen aus zukunftsträchtigen Wirtschaftszweigen. Hier hat die DHPG innovative Unternehmen bereits erfolgreich an die Börse begleitet. Auch im Bereich der grenzüberschreitenden Steueroptimierung und -gestaltung beraten die Experten der DHPG ihre Mandanten stets aktuell und auf fachlich höchstem Niveau.

Auf nationaler Ebene arbeitet die DHPG mit der BTR Beratung und Treuhand Ring GmbH, einem Kreis selbstständiger Berufskollegen, an allen wichtigen Standorten Deutschlands zusammen. Durch die Mitgliedschaft in NEXIA International, einer weltweiten Kooperation unabhängiger Wirtschaftsprüfer, Steuer- und Unternehmensberater, ist die DHPG auch über die deutschen Grenzen hinaus aktiv. Sie betreut ihre Mandanten, die im Ausland tätig sind oder werden wollen. Umgekehrt ist sie ausländischen Unternehmen bei der Etablierung von Niederlassungen im Inland behilflich. ■

The Dr. Harzem und Partner Group (DHPG) is located in eight cities in North Rhine-Westphalia on behalf of his clients, most of whom come from the middle-sized sector of the economy. With 27 partners and a total of approx. 350 employees, including 80 auditors, tax accountants and lawyers, the DHPG offers services in the traditional areas of auditing, tax accounting, legal advice and management consulting. The group also places special emphasis on activities outside the realm of accounting, such as the buying and selling of companies, internal company succession, controlling and on consulting in matters such as assets management, restructuring and insolvency. Besides competent advice the emphasis is on personal dialogue with and the physical proximity to the client. The networked offices with their various specialist knowledge ensures that even complex tasks can be overcome. DHPG has branches all over Germany and maintains an office in Berlin. Through its membership of NEXIA International the Group also operates outside Germany. ■

DHPG Dr. Harzem & Partner
Godesberger Allee 125-127
D-53175 Bonn
Telefon +49 (228) 81 00 0-0; Telefax -20

Adenauerallee 45-49
D-53332 Bornheim
Telefon +49 (2222) 70 07-0; Telefax -199

Carmanstraße 48
D-53879 Euskirchen
Telefon +49 (2251) 70 09-0; Telefax -50

Taubenstraße 20
D-10117 Berlin
Telefon +49 (30) 20 30 15-0; Telefax -20

REW Treuhand GmbH
Revision von Einrichtungen
der Wohlfahrtspflege
Carmanstraße 48
D-53879 Euskirchen
Telefon +49 (2251) 70 09-80; Telefax -89

Dr. Knief, Dr. Harzem & Partner GmbH
Uhlstraße 82-84
D-50321 Brühl
Telefon +49 (22 32) 18 90-0; Telefax -89

DHPG Dr. Sievers, Dr. Harzem KG
Sachsenring 69
D-50677 Köln
Telefon +49 (221) 3 36 36-0; Telefax -36

Saarstraße 19
D-51375 Leverkusen
Telefon +49 (214) 870 92-0; Telefax -22

DHPG Müller, Tombers & Partner
Gummersbacher Straße 12
D-51645 Gummersbach
Telefon +49 (2261) 8 19 50; Telefax 2 66 90

Reininghauser Straße 7
D-51643 Gummersbach
Telefon +49 (2261) 60 48-0; Telefax -99

Am Schönenkamp 45
D-40599 Düsseldorf
Telefon +49 (211) 59 51 5-0; Telefax -55

A + P Steuerberatungsgesellschaft mbH
Friedensstraße 57
D-51147 Köln
Telefon +49 (2203) 2 10 94; Telefax 2 67 16

Internet: www.dhpg.de
E-Mail: jeweiliger Standort@dhpg.de

Polen – traditioneller Handelspartner von Nordrhein-Westfalen

Poland – a traditional Trading Partner of North Rhine-Westphalia

Eine der wichtigsten Regionen für die unternehmerische Zukunft ist zweifelsohne nicht West-, sondern gerade Mittel- und Osteuropa. Unternehmen, die sich bereits auf diesen Märkten etabliert haben, kennen die dynamische Entwicklung der Wirtschaften in den dortigen Ländern; die sich gerade positionieren, gestalten diese; die sich erst auf den Markteintritt vorbereiten, bewundern den erfolgreichen Einstieg der Märkte in die Prozesse der Internationalisierung und Globalisierung. Zu den erfolgreichsten dieser Länder zählt Polen – seit einem Jahrzehnt das größte Abnehmerland deutscher Produkte der MOE-Region.

Die letzte Dekade des 20. Jahrhunderts war durch vielfältige Veränderungen im Weltwirtschaftsgefüge gekennzeichnet, deren Folgen für alle Volkswirtschaften gravierend sind. Neben der Neuausrichtung der Handelsströme und der verstärkten Direktinvestitionen wurden durch den politischen Umbruch in Osteuropa neue, bislang verschlossene Märkte geöffnet. Für die westlichen Industriestaaten kam ein riesiges zusätzliches Wachstumspotenzial hinzu: 400 Millionen Menschen mit einem Lebensstandard zwischen 30 und 50 % des westeuropäischen Niveaus. Die Heranführung dieser Menschen an das im Westen bereits erreichte Wohlstandsniveau stellt nicht nur ein ideologisch interessantes Vorhaben dar, sondern muss auch als eine friedenspolitische und wirtschaftliche Chance unserer Generation verstanden werden. Die politisch bedingte Öffnung der Märkte und die mit unterschiedlicher Ausprägung eingeführten Reformen haben wesentliche Voraussetzungen geschaffen, die zuvor stark auf sich selbst fixierten Comecon-Staaten in die Weltwirtschaft zu integrieren. Am weitesten fortgestritten in dem Integrationsprozess sind nach elf Reformjahren die Länder, denen es gelungen ist, die transformationsspezifischen Schwierigkeiten deutlich zu bewältigen. Zweifelsohne zählt zu der Gruppe der Spitzenreiter auch Polen, Nachbarland Deutschlands mit fast 40 Millionen Einwohnern.

Polen ist das größte Abnehmerland für deutsche Produkte in der MOE-Region.

Poland is Germany's biggest customer in Central and Eastern Europe.

Dr. Gabriela S. Jaworek

Die Autorin, 1967 in Tarnowitz (Polen) geboren, studierte Betriebswirtschaftslehre an der Universität zu Köln und legte 1994 das Examen zur Diplom-Kauffrau ab. 1998 Promotion an der Haupthandelsschule Warschau (SGH), Lehrstuhl für Internationale Wirtschaft, zum Thema: Deutsche Direktinvestitionen in Polen – Motive, Ergebnisse und Folgewirkungen. Von 1991 bis 1995 übte sie eine Lehrtätigkeit im Bereich der Betriebswirtschaftslehre aus und war anschließend bis 1998 bei der Deutsch-Polnischen Industrie- und Handelskammer in Warschau als Stellvertretende Geschäftsführerin tätig. Seit 1999 ist Dr. Gabriela S. Jaworek Geschäftsführendes Vorstandsmitglied der Deutsch-Polnischen IHK in Warschau.

The author was born in Tarnowitz in Poland in 1967. She studied Business Administration at the University of Cologne and graduated in 1994. She completed a doctorate at the SGH (Academy of Trade) in Warsaw in the Department of International Business with a thesis on "Direct German Investment in Poland – Motives, Results and Effects". From 1991 to 1995 she taught Business Administration and was then Deputy Managing Director with the German-Polish Chamber of Commerce until 1998 in Warsaw. Dr Gabriela S. Jaworek has been Managing Member of the Managing Board of the German-Polish Chamber of Commerce in Warsaw since 1999.

Heute lassen sich die Polen nicht so gerne an die Anfang der 90er-Jahre herrschenden Zustände erinnern. Vieles ist noch zu tun: Privatisierung der Stahlindustrie und der Kohlegruben sowie Verbesserung des Gesundheitswesens sind die wichtigsten

There is no doubt that one of the most important regions for Germany's commercial future is not Western Europe, but Central and Eastern Europe. Companies already established in this market are acquainted with the dynamic development of the economies in these countries. Those countries that are positioning themselves at the moment are still adjusting their economies. Those that are still preparing their entry to the market admire the successful entry of the markets into the processes of internationalisation and globalisation. One of the most successful of these countries is Poland, which has been the largest purchaser of German products in Central and Eastern Europe for the last ten years.

The last decade of the twentieth century was distinguished by many changes in the world's economic system whose consequences for all economies are serious. After the redirection of trade flows and the increased direct investments, new, previously closed markets were opened up by the political upheavals in Eastern Europe. For the western industrial states this meant the addition of potential for huge growth – 400 million people with a standard of living between 30 % and 50 % of that of Western Europe. Introducing these people to a standard of affluence already reached by the West is not only ideologically interesting but must also be seen as a an opportunity for peace and an economic opportunity for our generation. The politically determined opening of markets and the various sorts of reforms that were introduced have created essential requirements for integrating the intense, previously self-fixated Comecon States into the world's economy. The most progress in the integration process has been made by those countries which have visibly succeeded after 11 years of reform in overcoming the difficulties of political and economic transition. There is no doubt that Poland, a neighbour of Germany with 40 million inhabitants, belongs to the frontrunners in this group.

Today the Poles do not recall the prevailing conditions of the early 1990's with any degree of pleasure. There is still much to be done – privatisation of the steel industry and the coal mines and the improvement of the health system are today's most important challenges. In these sectors the problems – especially because of the volumes of investment and the entangling of these problems with social risks that develop when attempts to solve them are being made – are not just serious in Poland.

The progress made in the transition process led to lively investment by foreign companies in Poland. Of the East European countries carrying out reforms, Poland attracted the most foreign capital. By the end of 2000 the level of direct investment in Poland was almost 50 thousand million US dollars, including some six thousand million US dollars from Germany, making the latter country third on the list of investors.

Investment by German companies in Poland is marked chiefly by the geographical proximity and the common border. This makes it possible to conduct business more quickly and cheaply and to coordinate and control it. In addition there are countless personal contacts and family connections which play an important role for small and middle-sized companies especially. This is a reason that North Rhine-Westphalia is one of Poland's traditional trading partners in Germany.

While pure fixed-wage manufacturing or supply of goods from Poland is not necessarily related to

Das Engagement deutscher Unternehmen in Polen erhöht auch die Wettbewerbsfähigkeit und sichert Arbeitsplätze in Deutschland.

The involvement of German companies in Poland increases competitiveness and ensures jobs in Germany.

Polnische Facharbeiter sind in der Regel gut ausgebildet.
As a rule Polish tradesmen are well trained.

Herausforderungen der Gegenwart. In diesen Sektoren sind die Probleme – insbesondere wegen hoher Investitionsvolumina und der Verflechtung dieser Probleme mit sozial bedingten Risiken, die bei ihrer Bewältigung entstehen können, nicht nur in Polen groß.
Die erzielten Fortschritte im Transformationsprozess führten zu einer regen Investitionstätigkeit ausländischer Unternehmen in Polen. Unter den Reformländern Osteuropas hat Polen das meiste Auslandskapital angezogen. Bis Ende 2000 betrug der Bestand der Direktinvestitionen fast 50 Mrd. US$, darunter etwa 6 Mrd. US$ aus Deutschland, womit die Bundesrepublik den 3. Platz in der Länder-Rangliste einnimmt.
Die Investitionstätigkeit deutscher Unternehmen in Polen wird vor allem durch die räumliche Nähe und die gemeinsame Grenze geprägt. Hierdurch besteht die Möglichkeit, die Geschäfte schneller und kostengünstiger zu gestalten, besser zu koordinieren und zu kontrollieren. Darüber hinaus gibt es zahlreiche persönliche Kontakte und familiäre Bindungen, die vor allem für kleine und mittlere Unternehmen eine wichtige Rolle spielen. Nordrhein-Westfalen ist unter den Bundesländern auch hierdurch ein traditioneller Partner für den deutsch-polnischen Handel.

Während die reine Lohnfertigung oder die Zulieferung aus Polen nicht unbedingt mit Direktinvestitionen in Polen verknüpft sein muss, stellten sie in Verbindung mit anderen Standortfaktoren oft ein Motiv für investives Engagement dar. Eine zunächst auf einfache Lohnfertigungsaktivitäten konzentrierte Zusammenarbeit wird im zweiten Schritt durch Produktion erweitert, indem der deutsche Partner aufgrund seiner Erfahrungen in Polen eigene Maschinen oder auch Kapital einzubringen beginnt und/oder sich an dem polnischen Partnerunternehmen beteiligt. Ein Teil dieser Investoren verfolgt erst im dritten Schritt auch ein Absatzinteresse in Polen, was mit einer Ergänzung oder Substitution der Lohnfertigung verbunden sein kann. Gemessen an den Gesamtvolumina dienen die meisten deutschen Engagements in Polen jedoch in erster Linie der Ausschöpfung des Marktpotenzials, strikte Produktionsinvestitionen sind hier eher eine Ausnahme
.

Unter Berücksichtigung der Dominanz der kleinen und mittleren Investments in Polen ist offensichtlich, dass die Mehrzahl der Direktinvestitionen allein wegen der geringen Beschäftigtenzahlen nur in sehr geringem Umfang produktionswirksam sein kann. Dies und die Tatsache, dass absatzorientierte Motive für deutsche Unternehmen in Polen eine dominante Rolle spielen, lassen den Schluss zu, dass beim gesamten deutschen Investitionsengagement in Polen das Motiv der Billigproduktion nicht dominiert. Es lassen sich daher keine Anzeichen für eine Verlagerung der deutschen Industrie nach Polen erkennen, die zu einem drastischen Arbeitsplatzabbau in Deutschland geführt hätte. Zahlreiche intensive Engagements deutscher Unternehmen in Polen dienen vielmehr dazu, ihre internationale Wettbewerbsfähigkeit zu erhalten und so Arbeitsplätze in Deutschland zu sichern.

Neben der Größe des polnischen Marktes kam für Investoren aus Deutschland das Motiv der positiven Wirtschaftsentwicklung als wichtiger Beweggrund für ihre Direktinvestitionen hinzu. In Verbindung mit der Möglichkeit, die Produktionsprozesse durch kostengünstige Beschaffung des Faktors Arbeit zu rationalisieren, entstand ein Bündel von wichtigen Gründen für die unternehmensinterne Arbeitsteilung zwischen Deutschland und Polen.

Grundsätzlich hat der Anstieg der Direktinvestitionen einen wesentlichen Einfluss auf die Zunahme der deutschen Exporte nach Polen, weil die für die Investitionen benötigten Ausrüstungsgüter aus dem Heimatland stammen. Üblicherweise werden auch die Produktionsverfahren aus dem investierenden Unternehmen übernommen. Ferner stimulieren Direktinvestitionen den Export von industriellen Vorleistungen, insbesondere wenn in die Erzeugnisse des Auslandsunternehmens firmenspezifische Zwischenprodukte einfließen.

Die Unternehmen bestätigen, dass sowohl Vorprodukte zur Produktion importiert werden als auch Kapitalgüter, die der Modernisierung und Produktivitätssteigerung dienen.

Die herausragende Stellung deutscher Unternehmen als Lieferanten für den polnischen Markt, die durch hohe Marktanteile bei allen Produktgruppen dokumentiert ist, konnte erst nach dem Zusammenbruch des früheren RGW-Handels aufgebaut werden. Früher entfiel der Hauptanteil der polnischen Importe auf die damalige Sowjetunion (1989: 26,1 %). Die schnelle Westorientierung des polnischen Außenhandels hat dazu geführt, dass Polen zum wichtigsten Abnehmerland deutscher Exporte in Mittel- und Osteuropa wurde. 2000 lag der Anteil Deutschlands am polnischen Außenhandel bei über 30 %. Somit konnte Deutschland als mit Abstand größtes Zulieferland seine Stellung auf dem polnischen Markt behaupten. Die Handelsvolumina steigen kontinuierlich an und die Bedeutung Polens für die deutsche Exportwirtschaft nimmt ebenfalls stetig zu. 1996 belegte Polen unter den Abnehmerländern deutscher Ausfuhren den 12. Rang, seit 1999 – den 10. Rang (gefolgt von Schweden und Japan).

Ein großer Teil des Außenhandels zwischen NRW und Polen vollzieht sich über Schiene.
A large proportion of trade between North Rhine-Westphalia and Poland is transported by rail.

Zu den wichtigsten Triebkräften der deutschen Exportexpansion nach Polen zählt vor allem die starke polnische Inlandsnachfrage, sowohl nach Konsum- als auch Investitionsgütern, die zusätzlich

Messen in NRW bieten gute Gelegenheiten auch für polnische Unternehmer zur Kontaktaufnahme.

Trade exhibitions in North Rhine-Westphalia offer good opportunities for Polish business people to make contact with their opposite numbers in Germany.

direct investment in that country, they were a reason for investment, together with other location factors. Initial cooperation concentrating on simple fixed-wage manufacturing activities is being expanded by means of production as a second step in that a German business partner, on the basis of his own experience in Poland, invests his own capital or machinery and/or has a share in a Polish company. Some of these investors pursue sales interests as a third step, which may be related to supplementing or substituting direct fixed-wage manufacturing. However, measured by total volume, most German involvement in Poland primarily serves to utilise market potential; investment in production in the strict sense is more the exception.

If we consider the dominance of the small and middle-sized investments in Poland it is obvious that most direct investments only result in limited production because of the equally limited numbers of available employees. This, and the fact that that sales-oriented motives play a dominant role for German companies in Poland, leads us to the conclusion that the dominant motive for German investment in Poland is not cheap production. There is no visible sign of a transfer of German industry to Poland that would have caused a drastic increase in unemployment in Germany. The considerable involvement of German companies in Poland serves more to retain their international competitiveness, thereby saving German jobs.

Apart from the size of the Polish market the positive development in the Polish economy was the other reason for direct German investment in Poland. Together with the opportunity to rationalise production processes through low-cost labour, several important reasons for the division of labour within companies between Germany and Poland developed.

Basically the increase in direct investment had a considerable influence on the increase in German exports to Poland because the capital goods necessary for the investment come from Poland. Production is usually taken over by the companies making the investments. As well, direct investment stimulates the export of industrial intermediate inputs, particularly if the products are incorporated into the foreign companies' own intermediate products. The companies confirm that both intermediate inputs are imported for production as well as capital goods used for modernisation and to increase production.

The excellent position of German companies as suppliers for the Polish market – which is evidenced by high market share in all product-groups – was only built up after trade with Western Europe collapsed when the Iron Curtain disappeared. The lion's share of Polish imports were from the former Soviet Union (in 1989: 26.1 %). The rapid orientation to Western culture on the part of Polish foreign trade led to Poland being the most important buyer of German exports in Central and Eastern Europe. In 2000 Germany supplied over 30 % of Polish imports.

This enabled Germany to retain what was arguably a leading position on the Polish market. Trade volumes continue to increase and Poland's significance for exports is also constantly increasing. In 1996 Poland was tenth in the table of Germany's export customers. By 1999 it had moved to twelfth place followed by Sweden and Japan.

One of the major driving forces behind Germany's increase in its exports to Poland is the strong domestic demand, both for consumer goods and capital goods, which is being stimulated by the gradual implementation of major infrastructure projects. The revaluation of the Zloty against the Euro and hence the D-Mark as well, led to German products providing strong competition for locally-produced goods.
The Polish-German Chamber of Commerce is already rating economic relations between Germany and Poland as very good, although it is

durch die allmähliche Umsetzung größerer Infrastrukturprojekte angeregt wird. Nicht ohne Bedeutung ist auch die Aufwertung des Zloty gegenüber dem Euro und somit auch der D-Mark, die zur Folge hatte, dass deutsche Produkte auf dem polnischen Markt zu einer starken Konkurrenz für die einheimischen Produkte wurden.

Die Deutsch-Polnische IHK fördert den Erfahrungsaustausch zwischen den beiden Ländern.

The German-Polish Chamber of Commerce promotes exchange tours between both countries.

Die Deutsch-Polnische IHK bewertet heute schon die wirtschaftlichen Beziehungen zwischen Polen und Deutschland sehr gut, obwohl sie sich der noch bestehenden Probleme bewusst ist und das noch nicht ausgeschöpfte Potenzial auf beiden Seiten erkennt. Das trifft auch auf Nordrhein-Westfalen zu.

Von der bilateralen Zusammenarbeit im Bereich der Direktinvestitionen und des Warenaustauschs profitieren nicht nur die Unternehmen selbst, sondern auch beide Volkswirtschaften. Die wichtigsten Vorteile für Polen entstehen aufgrund des Know-how-Transfers, der Schließung der Kapitallücke und nicht zuletzt der Tatsache, dass sich dank der Präsenz ausländischer Unternehmen am Markt in einer jungen Marktwirtschaft deren Prinzipien schneller und einfacher implementieren lassen. Deutschland profitiert von der Arbeitsteilung vor allem dadurch, dass Direktinvestitionen den polnischen Absatzmarkt sichern, den Verkauf deutscher Produkte in Polen fördern, die Wettbewerbsfähigkeit deutscher Stammunternehmen stärken und die Durchführung der in Deutschland notwendigen Reformen beschleunigen.

In zahlreichen Zukunftsplänen der bereits in Polen etablierten Unternehmen und der im Exportgeschäft mit Polen tätigen Unternehmen, lassen sich zunehmend Erwägungen finden, die den Ausbau der Investitionsaktivitäten und die Nutzung des polnischen Standortes als Exportbasis im Hinblick auf weitere Ostmärkte betreffen. Die Ergebnisse der IHK-Umfrage zeigen, dass dieser Aspekt zunehmend an der Bedeutung gewinnt, schon 1998 nannten 12,5 % der Befragten die Nähe zum russischen Markt als wichtiges Motiv für ihre Investitionen in Polen. Auch gibt es hierzu bereits konkrete Beispiele, so dass zu vermuten ist, dass dieser Aspekt schon bald noch mehr an Bedeutung gewinnen wird. Denn Polen eignet sich vom Grundsatz her sehr gut als „Deutschlands Drehscheibe" für die Zukunftsmärkte im Osten: Neben der geografischen Nähe zu den Märkten verfügt der Standort Polen über enormes „Ost"-Erfahrungspotenzial, günstigere Rahmenbedingungen mit „Ostkompetenz" und über eine weitaus bessere Lebensqualität als diese Länder. Die polnischen Geschäftsleute verfügen über gute Sprachkenntnisse, hervorragende Fachqualifikation und haben geringere psychische Distanz zu Kunden, Lieferanten und Institutionen in den Ländern des ehemaligen sozialistischen Systems.

Das Engagement deutscher Unternehmen auf dem polnischen Markt trägt zur stärkeren Einbindung der deutschen Wirtschaft in die internationale Wirtschaft und somit zum höheren Wohlstand in beiden Ländern bei, ist daher begrüßenswert und sollte gefördert werden. ■

Praktische Tipps für den Markteintritt in Polen

1. Obwohl es auf den ersten Blick nicht zu erkennen ist, sollte man nicht davon ausgehen, dass Geschäftsabläufe und Sitten in Polen und in Deutschland identisch sind.

2. Chancen und Risiken für das jeweilige Produkt gut prüfen, insbesondere im Hinblick auf:
   - Absatzmöglichkeiten
   - Zertifizierungsvorschriften/ Zulassungsbedingungen

3. Vertriebswege genauer untersuchen
   - Großhandelsstrukturen sind noch nicht weit entwickelt
   - Logistikbedingungen

4. Geschäftspartner/ Handelsvertreter sorgfältig aussuchen
   - Anforderungen klar definieren und Eignung untersuchen.
   - Fachgerechte Informationen über die potenziellen Geschäftspartner beschaffen und analysieren.
   - Mit dem polnischen Recht konforme Verträge in polnischer Sprache abschließen. Es empfiehlt sich dabei die Schiedsgerichtklausel einzubringen.

Bei Investments sollte
- der Standort nach mehreren Kriterien ausgewählt werden (z. B. Fachkompetenz der Bevölkerung, Lohnniveau, Infrastruktur),
- die Rechtsform den Bedürfnissen und den Bedingungen angepasst werden,
- eine genauere Kalkulation nach den steuerlichen Rechnungslegungsvorschriften durchgeführt werden,
- das Arbeitsrecht beachtet werden, insbesondere bei Beteiligungen an Privatisierungen.

Unabhängig von der Art des Markteintritts (von Absatz bis zu Direktinvestitionen) empfiehlt es sich, Marktkenner und Fachspezialisten als Berater einzubeziehen. Eine qualifizierte Beratung spart nicht nur Zeit, sondern auch Geld, verringert insbesondere das Risiko. Deutschen Unternehmen stehen in Polen zahlreiche deutschsprachige Rechtsanwälte und Unternehmensberater zur Verfügung. Die Markteintrittsberatung leistet auch die Deutsch-Polnische Industrie- und Handelskammer (www.ihk.pl) oder sie vermittelt die Interessierten an kompetente Fachleute.

Polnische Zulieferer sind auch an der Herstellung hochwertiger deutscher Produkte beteiligt.
Polish suppliers are also involved in the production of high-quality German products.

aware of the problems that still exist and recognises the still unused potential on both sides. This is true for North Rhine-Westphalia as well.

It is not only individual companies that profit from the bilateral cooperation in the field of direct investment and the exchange of goods; both economies do so as well. The most important advantages for Poland come from the transfer of know-how, the closing of the capital gap and not least, the fact that, thanks to the presence of foreign companies on the market in a young market economy whose principles can be more quickly and easily implemented. Germany profits from the division of labour especially by virtue of the fact that direct investment ensures that Polish companies are able to sell their products or services and that German products are purchased on the Polish market, reinforce the competitiveness of established German companies and accelerate necessary reforms in Germany.

In countless plans for the future of those German companies already established in Poland and those companies already exporting to Poland, there is increasing consideration being given to expanding investment activities in Poland and to using it as a base for exporting to other countries in Eastern Europe. The results of the Chamber of Commerce survey show that this aspect is gaining increasing importance. As early as 1995, 12.5 % of those surveyed said that the proximity to Russia was an important reason for investing in Poland. There are concrete examples for this as well, so it may be assumed that this point will become even more important. This is because Poland is basically highly suitable as "Germany's transit point" for the markets of the future in Eastern Europe. Besides its geographical proximity Poland has an enormous "Eastern" potential, i. e. it is a good spring-board to export markets further east, it has favourable basic conditions with "Eastern" competence (the ability to deal with other countries of Eastern Europe) and a far better standard of living than these countries. Polish business people have good foreign language ability, excellent business qualifications and less personal distance to customers, suppliers and institutions in the former socialist countries.

The involvement of German companies on the Polish market contributes to a stronger connection of the German economy with the international economy and hence to a higher standard of living in both countries. For this reason it is to be welcomed and should be supported. ■

Practical tips for the entry to the Polish market.

1. Although it is not noticeable at first glance, one should not assume that business etiquette is the same in Poland as in Germany.

2. Check the opportunities and risks for each product carefully, especially with regard to:
   - The opportunities for turnover
   - Certification regulations and registration conditions

3. Check out distribution routes more carefully:
   - Wholesale infrastructures are not well developed.
   - logistic conditions

4. Seek out business partners or representatives carefully:
   - Define your requirements clearly and check out their suitability.
   - Obtain and analyse accurate information on potential business partners.

   Draw up contracts written in the Polish language that conform to Polish commercial law. The inclusion of an arbitration clause is recommended.

When investing you should:
- choose your location according to various criteria (e. g. the qualifications of the population, wages levels, infrastructure etc.),
- the company's legal form should be adapted to local conditions.

  calculate your costs very carefully according to the tax accounting regulations,

  you should observe local employment legislation, especially concerning partnerships in privatisation.

Irrespective of the type of entry into the market (from turnover to direct investment) the use of those people already acquainted with the market and specialists as advisors is recommended. Good advice not only saves time but money as well, and reduces risk especially. There are German-speaking lawyers and management consultants available to German companies. Advice on how to enter the market is also provided by the Polish-German Chamber of Commerce (www.ihk.pl) or it will arrange competent outside advice for those interested.

Provinzial Rheinland Versicherungen Düsseldorf

Provinzial Rheinland Insurance Companies Düsseldorf

Die Düsseldorfer Provinzial-Versicherungen gehören zur Sparkassen-Finanzgruppe. Sie haben seit 1875 ihren Sitz in der Landeshauptstadt Düsseldorf und sind als Regionalanbieter in den Regierungsbezirken Düsseldorf, Köln, Trier und Koblenz tätig.

Hier ist die Provinzial bewährter Versicherer von Privatkunden, wenn es etwa um Auto-, Haftpflicht-, Hausrat- oder Wohngebäude-Versicherung geht. Auf der sicheren Seite fühlen sich mit der Provinzial auch Industrie-, Handel- und Dienstleistungsbranche. Und nicht zuletzt dokumentiert ein Bestand von rund 1,2 Millionen Lebensversicherungs-Verträgen die Zufriedenheit und das Vertrauen der Kunden. Die historische Verwurzelung in der Region macht die Provinzial zugleich zum traditionellen Partner der Städte und Gemeinden; diese setzen beim Versicherungsschutz auf ihre Erfahrung und Leistungsfähigkeit.

Immer da, immer nah – dieser Grundsatz wird bei der Provinzial durch ein dichtes Netz von Geschäftsstellen und Beratern in den Zweigstellen der Sparkassen in die Praxis umgesetzt. Den Nutzen haben die Kunden: Beratung, Service und Schadenregulierung leistet die Provinzial ohne Umwege zur rechten Zeit am rechten Ort. Fast 800 Geschäftsstellen, in denen zusammen über 1.300 Geschäftsstellenleiter und Kundenberater tätig sind, sorgen für flächendeckende Präsenz und erstklassige Kundenbetreuung. Außerdem hat die Provinzial durch Versicherungsberater in den rund 2.000 Zweigstellen und Versicherungsagenturen der Sparkassen ihre Geschäftsstellenleiter-Organisation sinnvoll ergänzt und die Kundennähe weiter ausgebaut.

Auto, Haus und Firma versichern Kunden in fast fünf Millionen Verträgen bei der Provinzial. Traditionell ist sie in ihrem Geschäftsgebiet Marktführer im Segment Wohngebäude-Versicherung. Der Schadenversicherungszweig bietet neben klassischen Einzelverträgen wie Wohngebäude-, Hausrat-, Kraftfahrt- und Haftpflichtversicherung auch neue Kombiprodukte mit umfassenden Risikoschutz: Gesamtlösungen, die dem Kunden Geld und Zeit sparen.
ProHaus, das Kombiprodukt für Immobilieneigentümer, schließt Wohngebäude-, Hausrat- und Glasversicherung ebenso ein wie Privathaftpflicht- und Rechtsschutzversicherung. ProFirm und ProLand hingegen richten sich gezielt an Unternehmen und landwirtschaftliche Betriebe.

Private Vorsorge ist wichtiger denn je – ob als Altersversorgung zur Ergänzung der gesetzlichen Rente, als Versicherung des Risikos Berufsunfähigkeit oder zur Absicherung von Hinterbliebenen.
Weil Kunden Verlässlichkeit statt vollmundiger Versprechen wollen, ist die Provinzial Leben mit 1,2 Millionen Lebensversicherungsverträgen führend in der Region. Das hervorragende Qualitätsurteil „sehr gut" im Rating der unabhängigen Kölner Agentur Assekurata, belegt die Leistungsfähigkeit der Provinzial Leben und die exzellente Zufriedenheit der Kunden mit ihr. Die von Assekurata attestierten Bewertungen – sehr gute Unternehmenssicherheit, exzellente Stabilität der Überschussbeteiligung, gesundes Wachstum und konsequente Kundenorientierung – bleiben die Grundlagen des Erfolgs. Weil die Bedeutung der Lebensversicherung als Instrument der Altersvorsorge wächst, arbeitet die Provinzial auch an der qualitativen Weiterentwicklung ihrer Angebote und zugleich hält sie am Bewährten fest. ■

Provinzial Versicherungen in Düsseldorf belong to the Sparkasse Finance Group (the finance wing of a free association of savings banks in Germany). Provinzial's head office has been in Düsseldorf, the State capital of North Rhine-Westfalia, since 1875 and are active in the administration districts of Düsseldorf, Cologne, Trier and Coblence.

Here Provinzial is a proven insurer in matters such as car, liability, household or homeowners insurance for private customers. Equally, industry, commerce and the service sector also feel satisfied with Provinzial. And last but not least, 1.2 million life assurance policies prove the customers' satisfaction and trust. The company's traditional roots in the region makes it a partner of both town and country, with customers in both areas relying on Provinzial's experience and competence in business.

Always there, always near – Provinzial has put this principle into practice with a large network of offices and consultants in the Savings Banks

Außenansicht und Halle unseres Zentralgebäudes in Düsseldorf.

An outside view and the hall of our head office building in Düsseldorf.

branches. And the customers get the benefit: Provinzial gives advice and service, and settles claims straightaway – at the right time and in the right place. Almost 800 offices with a total of just over 1,300 managers and customer service advisors ensure full regional coverage and first class customer care. Provinzial also has sensibly strengthened its branch manager organisation and further extended its closeness to the customers with its insurance advisors in its approximately 2,000 branches and Savings Banks insurance agencies.

Almost five million customers have coverage for their cars, houses and companies with Provinzial. Traditionally it is the market leader in the homeowners insurance market. Apart from individual policies such as homeowners insurance, household insurance, motor vehicle insurance and liability insurance, the property damage insurance sector also offers new combi-products with comprehensive risk insurance: complete solution that save the customer time and money. "ProHaus", the combi-product for property-owners insures houses, household property damage and glass in a single policy as well as providing private liability insurance and legal advice and representation insurance. "ProFirm" and "ProLand", on the other hand, are directed specifically at companies and farmers.

Provision for old age is more important than ever – whether as a private pension to supplement the government pension, as an insurance policy in case of invalidity or to look after surviving family members. Because customers want reliability instead of empty promises, the Provinzial Life Assurance Division leads the regional market with 1.2 million life assurance policies. The excellent quality rating "Very Good" by the independent rating agency Assekurata in Cologne underlines the performance of Provinzial Life and the excellent customer satisfaction. The criteria of Assekurata's ratings – a very high degree of company stability, excellent stability in bonus payments, a good rate of growth and consistent customer orientation – remain the basics of the company's success. Because the significance of life assurance as a means of making provision for ones old age is increasing, Provinzial is working on improving the quality of its policies and, at the same time, retaining well established products. ■

PROVINZIAL
Die Versicherung der Sparkassen

Provinzial
Die Versicherung der Sparkassen

Vorstand/Executive Board:
Günter Schlatter (Vors.)
Ulrich Jansen
Dieter Kurka
Peter Slawik
Dr. Hans Peter Sterk
Erich Wichmann

Gründungsjahr/Year of Foundation:
1836

Mitarbeiter/Employees:
2.400

Geschäftstätigkeit/Business Activity:
Schaden-, Unfall- und Personenversicherungen/
Property, accident and personal insurance

Anschrift/Address:
Provinzialplatz 1
D-40591 Düsseldorf
Telefon +49 (211) 9 78-0
Telefax +49 (211) 9 78-17 00
E-Mail service@provinzial.com
Internet www.provinzial.com

BITECH
AG · LEVERKUSEN

Bitech AG
Beratungsgesellschaft für betriebswirtschaftliche Anwendungssoftware

Vorstand/
Chairman of the Executive Board:
Dipl.-Kfm. Werner Gehrke

Gründungsjahr/
Year of Foundation: 1999

Mitarbeiter/Employees: 30

Geschäftsfelder/Business Activity:
SAP-Beratung für die Bereiche
- Rechnungswesen
- Logistik
- Personalwesen
- mySAP.com

SAP-Consulting in
- accounting
- logistics
- personnel
- mySAP.com

Leistungsangebot/Services:
- Geschäftsprozessanalyse
- Einführungsberatung
- Individualsoftware-Entwicklung
- Projektmanagement
- Coaching Produktivbetrieb
- analyses of company business processes
- introductory consulting
- customised software development
- project management
- coaching staff in the use of SAP software during the introductory phase

Branchen/Clientele:
- Handel/Industrie
- Dienstleistungsunternehmen
- Versicherungen
- Behörden
- commerce and industry
- the service sector
- insurance companies
- government departments and other authorities

Grundsätze/Principles:
- Der Mensch im Mittelpunkt
- Partnerschaft nach Innen und Außen
- Offenheit und soziale Kompetenz
- The emphasis on people
- partnership with its staff as well as clients
- frankness and social competence

Anschrift/Address:
An der Schusterinsel 15
D-51379 Leverkusen
Telefon +49 (2171) 72 30-0
Telefax +49 (2171) 72 30-72
E-Mail info@lev.bitech.de
Internet www.bitech.de

Umfassende SAP-Beratung als Schlüssel zum Erfolg

The Key to Success – an all-inclusive SAP-Consulting Service

Schon seit 1990 unterstützt die Bitech-Gruppe ihre Kunden mit großem Erfolg bei Einführung, Entwicklung und Betrieb von Software-Lösungen.

Dabei hat sich die Bitech AG in Leverkusen schon früh auf den Bereich SAP spezialisiert. So ist die Zahl der Mitarbeiterinnen und Mitarbeiter ständig gewachsen, wobei besonderer Wert auf menschliche Qualitäten, fundierte Ausbildung und laufende Weiterbildung gelegt wird. Daraus und aus der praktisch nicht vorhandenen Fluktuation erklärt sich auch das hohe Maß an Motivation, das die Bitech-Angestellten in ihre Aufgaben legen. Und diese Motivation überträgt sich auch auf die Anwender auf Kundenseite.

Wichtig ist Bitech die erfolgreiche Umsetzung der ganz spezifischen Kundenziele. Deshalb werden deren Mitarbeiter schon sehr früh und möglichst weit in Konzeption und Realisierung der jeweiligen Lösungsvorschläge eingebunden. Durch den beiderseitigen, intensiven Know-how-Transfer vor und während der Einführungsphase, aber auch durch gezielte Schulungen ergibt sich bei den Anwendern ein fundiertes Wissen über die Bitech-Maßnahmen. Und daraus resultiert eine weitestgehend selbstständige Nutzung der gemeinsam erarbeiteten Lösungen.

Die Bitech AG sieht sich als Partner, dessen Stärken neben dem unentbehrlichen fachlich-technischen Know-how in sozialer Kompetenz liegen – Offenheit, Fairness, Loyalität und Zuverlässigkeit sowohl Kunden wie auch den eigenen Mitarbeitern gegenüber. ■

Ever since 1990 the Bitech Group has been assisting its clients with the introduction, development and maintenance of software solutions with great success.

The Bitech AG in Leverkusen specialised in SAP early on, which meant employing increasing numbers of staff. The company places a lot of emphasis on human qualities, solid qualifications and continuing education. This, together with a virtual absence of staff turnover, also explains the high degree of motivation with which the Bitech staff perform their work. And this motivation carries over to their clients.

The successful implementation of the particular aims of its clients is important to Bitech. For this reason the staff are included as early and as much as possible in the planning and implementation of possible customised solutions. Through the mutual and intensive know-how transfer before and during the introductory phase as well as by means of specially-directed training, the users acquire a deep knowledge about Bitech techniques. And this results in as independent use as possible of the solutions which both parties have worked out together.

The Bitech AG sees itself as a partner whose strengths, apart from indispensable technical know-how, lie in its social competence – frankness, fairness, loyalty and reliability – towards its own staff as well as its clients. ■

Unternehmen Umwelt

Operation Environment

Der Name Trienekens ist seit langem mit umfassenden Dienstleistungen im praktischen Umweltschutz verbunden. Als Full-Service-Partner für Kommunen, Industrie, Handel und Gewerbe decken wir die gesamte Bandbreite moderner Entsorgung ab. Wir nutzen unser Wissen und unsere langjährigen Erfahrungen, um die Kreislaufwirtschaft aktiv mitzugestalten. Eine unserer wichtigsten Aufgaben ist die Schließung von Stoffkreisläufen. Dabei setzen wir auf tragfähige Konzepte, innovative Technologien und die Kompetenz unserer Mitarbeiter. In enger Kooperation mit einer Reihe von kommunalen Partnern hat Trienekens differenzierte Privatisierungskonzepte im Bereich Abfallwirtschaft entwickelt. Als Technologieführer in der deutschen Entsorgungswirtschaft bieten wir umfassende Ingenieurdienstleistungen – von der Planung über die Umsetzung bis hin zur Lieferung schlüsselfertiger Anlagen. Wir betreiben eine Vielzahl moderner Sortier- und Aufbereitungsanlagen, in denen wir unter anderem Papier, Glas, Kunststoffe, Metall, Holz, Bio- und Gewerbeabfälle aufbereiten und daraus qualitätsgesicherte Sekundärrohstoffe erzeugen. ■

The name Trienekens has been long connected with comprehensive services in practical environmental protection. As a full-service partner for local authorities, industry, commerce and the qualified trades we cover the whole range of modern refuse disposal. We use our knowledge and our many years of experience to actively shape the recycling economy. One of our most important tasks is the opening up of fabric recycling. Here we make use of sound concepts, innovative technologies and the competence of our employees. In close cooperation with a lot of local authorities, Trienekens has developed various concepts for privatisation in the area of refuse collection. As a leader in the use of technology in the German refuse removal industry we offer comprehensive engineering services – from planning to development to the supply of ready-to-use plants. We operate a multitude of modern refuse-sorting and processing plants in which we process paper, glass, plastic, metal. wood, bio and industrial waste, among other things and produce secondary raw materials of guaranteed quality. ■

Oben: Die Hauptverwaltung in Viersen.
Rechts: Batteriesortierung in Grevenbroich.

Top: The company's head Office in Viersen.
Right: sorting batteries in Grevenbroich.

Trie-Inking in Köln – eine der modernsten Papieraufbereitungsanlagen Europas.

Trie-Inking in Cologne – on e of the most modern paper processing plants in Europe.

Trienekens

Trienekens AG

Vorstand/Executive Board:
Hellmut Trienekens (Vorstandsvorsitzender/Chairman);
Wilhelm Terhorst, (stellv. Vorsitzender/Deputy Chairman)
Manfred Eickelbaum
Michael Mevissen
Dr. Günther Teufel

Aufsichtsrat/Board of Directors:
Bernard Kemper (Vorsitzender/Chairman),
Dr. Harald Allhorn, Hans-Peter Krämer,
Dr. Christoph von Roehl,
Hans Henning Offen, Peter Van Vlodrop

Arbeitnehmervertreter im Aufsichtsrat/ Employees' representative in the Board of Directors:
Wolfgang Romp (stellv. Vorsitzender/Deputy Chairman),
Maximilian Kremers, Gerd Saller, Claus Schiffer,
Ralf Hübsch (Ver.di/ÖTV/Ver.di/ÖTV Public Service Union),
Jürgen Walter (IGBCE/IGBCE Engineers', Chemical Workers & Miners' Union)

Gründungsjahr/Year of Foundation: 1923

Mitarbeiter/Employees: 4.700

Umsatz/Turnover: 900 Mio. Euro

Geschäftstätigkeit/Business Activity:
Abfallmanagement, Rohstoffwirtschaft, Produktrecycling, Umweltengineering, Anlagenbau, Sanierung, Abbruch und Reinigung, Facility-Management, kommunale Versorgung, Abwassermanagement
Refuse management, raw materials & product recycling, environmental engineering, plant manufacturing & renovation, demolition and cleaning, facility management, local body waste disposal utilities, waste water management

Anschrift/Address:
Greefsallee 1–5
D-41747 Viersen
Telefon +49 (2162) 376-0
Telefax +49 (2162) 154 67
Internet www.trienekens.de

NRW-Schulen online: Weichenstellungen für die Bildung in der Internet-Ära

NRW-Schools Online: a Change of Direction for Education in the Age of the Internet

Alle Schulen am Netz – Nordrhein-Westfalen gehört auch bei der Internetkommunikation zu den Vorreitern in Deutschland

Das Irmgardis-Gymnasium in Köln hat in der noch jungen Geschichte der Deutschen Telekom schon jetzt einen festen Platz: Die Schule im Stadtteil Bayenthal der Domstadt am Rhein erhielt im September 2000 im Rahmen der Telekom Initiative T@School den bundesweit ersten so genannten T-Cl@ss-room. Das Internet-Klassenzimmer ist mit mehr als 20 Computern ausgestattet, die über einen breitbandigen T-DSL-Anschluss der Deutschen Telekom ans Internet angebunden sind. Damit können die Schülerinnen und Schüler des Irmgardis-Gymnasiums mit Hochgeschwindigkeit Informationsquellen im World Wide Web erschließen, E-Mails zu Kommunikationspartnern rund um den Globus verschicken oder eine eigene Homepage einrichten.

Dass der erste T-Cl@ssroom in einer Schule in Nordrhein-Westfalen ans Netz ging, war kein Zufall; dem größten Bundesland kommt bei den Weichenstellungen für die Bildung in der Internet-Ära eine Vorreiterrolle zu. Mit dem Projekt „e-nitiative.nrw – Netzwerk für Bildung" zum Beispiel – Träger sind neben dem Ministerium für Schule, Wissenschaft und Forschung auch der Landkreistag NRW, der Städte und Gemeinde Bund NRW sowie der Städtetag NRW – wurde in Nordrhein-Westfalen ein umfassendes Vorhaben für die Ausrichtung des Bildungswesens auf die Anforderungen des 21. Jahrhunderts gestartet. Mit dem Projekt wird der Aufbau eines Bildungsnetzes ebenso gefördert wie die weitere Ausstattung der Schulen mit modernen Personalcomputer und Laptops. Ein wesentlicher Baustein ist auch die Qualifizierung von Lehrerinnen und Lehrern im Hinblick auf die Aufgaben bei der Vermittlung von Medienkompetenz. Auch die Entwicklung von multimedialen Inhalten für innovative Bildungsangebote im Netz ist Bestandteil der „e-nitiative.nrw".

T-Cl@ss – die Internet-Initiative der Telekom AG.

T-Cl@ss – the Deutschen Telekom AG's internet scheme.

Mit T@School hat die Deutsche Telekom Anfang 2000 eine breit angelegte Initiative für die deutschen Schulen ins Leben gerufen. Das Ziel war ehrgeizig: Bis Ende 2001 sollten alle bundesdeutschen Schulen – und dies sind immerhin rund 36.000 – an das Internet angeschlossen werden. Dieses Ziel wurde früher als ursprünglich geplant erreicht. Bereits Ende 2000 waren im Rahmen von T@School rund 31.000 Schulen mit dauerhaft kostenlosen Zugängen an das World Wide Web angeschlossen.

Dr. Ron Sommer

Der Autor, Jahrgang 1949, studierte nach der Hochschulreife in Wien Mathematik und promovierte dort 1971.
Seine berufliche Karriere begann Dr. Sommer beim Nixdorf-Konzern mit Stationen in New York, Paderborn und Paris. 1980 trat er als Geschäftsführer der deutschen Tochtergesellschaft in den Elektronikkonzern Sony ein. 1986 wurde er Vorsitzender der Geschäftsführung von Sony Deutschland. 1990 wechselte Dr. Sommer als President und Chief Operating Officer zu Sony USA, 1993 übernahm er in gleicher Funktion die Führung von Sony Europa.

1995 wurde Dr. Sommer vom Aufsichtsrat der Deutschen Telekom AG zum Vorstandsvorsitzenden bestellt.

The author was born in 1949. After passing the university entrance examination he studied Mathematics in Vienna, Austria, and completed a doctorate there in 1971.
Ron Sommer's professional career began at Nixdorf, with periods in New York, Paderborn and Pairs. In 1980 he took over as General Manger of Sony's German subsidiary. In 1986 he became Chairman of the Management Board of Sony Deutschland. In 1990 he went to Sony USA as President and Chief Operating Officer of Sony USA. In 1993 he took over the leadership of Sony Europe same function in the same position.

In 1995 he was appointed Chairman of the Management Board of the Deutschen Telekom AG by the Board of Directors.

Server-Nachwuchs in Düsseldorf.

The next generation of servers in Düsseldorf.

Every school on the internet – North Rhine-Westphalia is also a leader in German internet communication. The Irmgardis Gymnasium (Irmgardis Grammar School) in Cologne has a place in the still-young history of the Deutsche Telekom. In September 2000, the school, situated in Bayenthal, a suburb of Cologne, received the first so-called T-Classroom in Germany as part of the Deutsche Telekom's T@School-Scheme. The internet classroom is equipped with more than 20 computers connected the internet via to a broad-band dsl line of the Deutsche Telekom. This lets the pupils and teachers of the Irmgardis-Gymnasium hook up to high-speed sources of information anywhere in the world, send emails to recipients around the globe or set up a home-page of their own.

The fact that the first T-Cl@ssroom was connected to the internet in a school in North Rhine-Westphalia did not just happen by chance. Germany most populous State is getting a leading role in this change of direction for education in the age of the internet. With the project „e-nitiative.nrw – a network for education. For example, with the „Network for Education" – which is being supported financially by the State Ministry of Schools, Science and Research, the State Counties Association and the State Local Bodies Association, a comprehensive project was begun in North Rhine-Westphalia to adapt the education system to the demands of the 21st century. Along with the project support was also to an education network and the schools were also equipped with modern personal computers and lap-tops. An essential contribution is also the training of teaching staff in media competence skills. The development of media competence in the network is also part of the „e-nitiative.nrw".

With T@School the Deutsche Telekom got a widely-based scheme for German schools going. The goal was ambitious. By the end of 2001 all German schools would be connected to the internet – and there were 36,000 of them. This goal was achieved earlier than was planned. By the end of 2000 some 31,000 schools were permanently connected to the World Wide Web for free.

With T@School the schools in North Rhine-Westphalia were among the most dynamic. The response to the offer from the Deutsche Telekom was particularly big. Even by the beginning of 2001 practically all schools in NRW (as the State is known) were connected to the internet. This is also clear proof that the decision-makers in the schools of Germany's most western state were interested in the opportunities offered by modern telecommunications for education at school-level. The Deutsche Telekom installed a T-Cl@ss-Medien-

Bei T@School gehörten die nordrhein-westfälischen Schulen von Anfang an zu den dynamischsten. Das Echo auf das Angebot der Deutschen Telekom war in diesem Bundesland besonders groß. Bereits Anfang 2001 waren für praktisch alle 6.800 Schulen in NRW Internet-Zugänge realisiert. Auch das ist ein eindeutiger Beleg für das große Interesse der Verantwortlichen in den Bildungseinrichtungen in dem westlichen Bundesland an den Möglichkeiten der modernen Telekommunikation für die schulische Bildung. Bei nahezu jeder sechsten Schule in Nordrhein-Westfalen installierte die Deutsche Telekom im Zusammenhang mit der Initiative T@School eine T-Cl@ss-Medienecke mit jeweils vier vernetzten PC und Internet-Anschluss. Fest steht: Die nordrhein-westfälischen Schulen haben die Chance, die ihnen die Deutsche Telekom mit T@School eröffnet hat, in vollem Umfang genutzt – und damit einen großen Schritt in die Zukunft des Bildungssystems vollzogen.

„netzwerkstatt" in Köln.

„Networkshop" in Cologne.

Es steht außer Frage, dass für das Bildungssystem von morgen die Anwendungsmöglichkeiten des Internet eine zentrale Rolle spielen. Und dies gleich aus mehreren Gründen. Zum einen sind das Internet und die moderne Telekommunikation insgesamt längst in vielen Berufen unverzichtbare Arbeitsinstrumente. Der Umgang mit diesen Instrumenten muss frühzeitig erlernt werden. Kindern und Jugendlichen eine entsprechende Medienkompetenz zu vermitteln, ist daher eine immer wichtigere Aufgabe für die Schulen.

Gleichzeitig bietet das Internet als weltweites Netzwerk den direkten Zugriff auf eine große Bandbreite von Informationsquellen, mit denen sich der Unterricht in praktisch allen Fächern bereichern lässt. Anders ausgedrückt: Die Nutzung des Internet darf nicht auf den Informatik-Unterricht beschränkt bleiben. Am Kölner Irmgardis-Gymnasium etwa haben Schüler einer sechsten Klasse im Biologie-Unterricht eine spezielle Web-Seite gestaltet, die vor den Gefahren des Rauchens warnt. Die notwendigen Informationen wurden im Internet recherchiert. Bereits dieses Projektbeispiel macht deutlich, welches Anwendungspotenzial sich für die Internet-Kommunikation in allen Unterrichtsbereichen bietet.

Und noch auf einen weiteren wichtigen Aspekt der Integration des Internet in die schulische Bildung sei an dieser Stelle hingewiesen: Das World Wide Web bietet praktisch per Mausklick Einblicke in andere Kulturen, vermittelt unterschiedliche Sichtweisen und verbindet Menschen zum weltumspannenden Dialog. Das Internet öffnet so für Kinder und Jugendliche buchstäblich neue Horizonte. Dieses Erlebnis in einem pädagogischen Rahmen zu gestalten, ist für Lehrerinnen, Lehrer und auch für die Bildungspolitik eine faszinierende Aufgabenstellung. Um dies ganz deutlich zu sagen: Mit dem Internet werden die bisherigen Unterrichtsmethoden nicht überflüssig, diese Methoden erfahren vielmehr durch die Möglichkeiten des elektronischen Informationszugriffs und der multimedialen Aufbereitung von Lerninhalten eine sinnvolle Erweiterung.

Vor diesem Hintergrund ist es keine Frage, ob der Einsatz der Internet-Kommunikation im Unterricht sinnvoll ist. Diese Frage – und das zeigt das enorme Interesse der nordrhein-westfälischen Schulen an der T@School-Initiative der Deutschen Telekom – ist nicht zuletzt von den Bildungseinrichtungen im größten Bundesland längst beantwortet worden. Sie haben Internet und Online-Kommunikation als Elemente eines lebendigeren, praxisorientierten Unterrichts erkannt und setzen diese Erkenntnis in einer großen Zahl von richtungsweisenden Schulprojekten um. Die Kreativität, die sich dabei entfaltet, zeigt nicht zuletzt ganz deutlich auf, dass die Schulen Orte sind, in denen gesellschaftliche Entwicklungen aktiv gestaltet und beeinflusst werden. Das Internet verändert nicht nur die schulische Bildung. Das, was in den Schulen mit dem Internet gemacht wird, die Art und Weise wie Kinder und Jugendliche dieses Medium für sich entdecken, wird auch das Internet verändern und prägen.

Noch einmal: Internet-Kommunikation und schulische Bildung gehören in der Informationsgesellschaft des 21. Jahrhunderts ganz eng zusammen. Unterricht im Medienzeitalter ist Unterricht über die sinnvolle Mediennutzung unter Nutzung der Medien selbst. Medienkompetenz erwirbt, wer Medien im Lernprozess einsetzt – Internet-Kompetenz eignet sich an, wer das Internet als festen Bestandteil des schulischen Unterrichts nutzt. Die Schulen in Nordrhein-Westfalen haben dies frühzeitig erkannt und den Weg für den Internet-Einsatz geebnet. Jetzt kommt es darauf an, das Einsatzpotenzial von Computer und Internet in der schulischen Praxis auszuloten und die Anwendungsfelder für die Multimedia-Kommunikation in den verschiedenen Unterrichtsbereichen zu erproben. Auch

Werbung für T-DSL, die schnelle Internetverbindung.

Advertising for T-DSL, the rapid internet connection.

Feierliche Inbetriebnahme der Internet-Klassenzimmer in Köln.

A solemn commissioning of the internet classroom in Cologne.

ecke with four networked pc's and an internet hook-up at just about every sixth school in North Rhine-Westphalia as part of its T@School scheme. One thing is certain – the schools in North Rhine-Westphalia have used the opportunity given them by the Deutsche Telekom to its fullest extent, thereby taking a big step to the future of the education system.

There is no question that use of the internet will play a central role in the education system of tomorrow. And there are several reasons for this. For one thing the internet and modern telecommunications as a whole have long been an essential tool in many professions, and people must learn how to use these tools as early as possible. Teaching children and teenagers the corresponding media competence is thus an increasingly important task for the schools.

At the same time the internet offers direct access to a wide range of sources of information, with which permit teaching in practically all subjects. Looked at another way, the use of the internet must not be restricted to just teaching computer science. At Cologne's Irmgardis-Gymnasium, for example, 6th grade pupils have made a special web-site for their biology lessons warning against the dangers of smoking: the necessary information was found in the internet. This example shows the potential use of internet communication for teaching.

And to point out one other important aspect of the integration of the internet with school education, with the use of a mouse-click the World Wide Web offers insights into other cultures, teaches various points of view and unites people in a dialogue going all round the world. The internet literally opens up new horizons for children and teenagers. Putting this experience in an educational framework is a fascinating task for teachers and those politicians concerned with education. To put it clearly, the internet will not make previous teaching methods superfluous; rather they will constitute a logical extension of the curriculum through the opportunities offered by electronic access and the multimedia preparation of various subjects.

With this background there is no question whether the use of internet communication is a good idea. This question – and that shows the enormous interest of schools in North Rhine-Westphalia in the Deutschen Telekom's T@School scheme – has been answered not least by educational institutes of Germany's most populous state. They have recognised the internet and online communication as elements of lively, practice-oriented teaching and apply this knowledge in a large number of trend-setting school projects. The creativity that unfolds as a result points up in no small way the fact that schools are places where social developments actively occur and are influenced. The internet is not changing school education. What schools are doing with the internet and the way that children and teenagers are discovering this medium for themselves will also change and distinguish the internet.

To repeat: internet communication and a school education belong closely together in the in- formation society of the 21st century. Teaching in the age of the internet is teaching via a sensible medium with the use of these media themselves. Only those who use media in the learning process will learn media competence; only those that use the internet as an integral part of their teaching will gain internet-competence. The schools in North Rhine-Westphalia recognised this early on and paved the way for use of the internet. Now it is a question of exploring the potential of the use of computers and the internet in teaching practice and trying out the various applications of multimedia communication in various areas of teaching. The schools in North Rhine-Westphalia are making their mark here as well.

With the T@School scheme the Deutsche Telekom has given the education system an important stimulus in the age of the internet. With this scheme and the resulting teaching projects an important foundation for the age of the internet has also been laid in the education system. But this foundation must be built on and online media established as efficient part of a future-oriented education system.

To create the other requirements is the task of society as a whole. With T@School the Deutsche Telekom has actively taken on this task and made a considerable investment in the German education system. T@School has showed the sort of effect a consistent public-private partner ship can unleash. T@School and the „e-nitiative.nrw – a network for education" project have fertilised each other and caused a considerable dynamic in dabei setzen die nordrhein-westfälischen Schulen wesentliche Zeichen.

Mit der Initiative T@School hat die Deutsche Telekom einen wichtigen Impuls für das Bildungssystem im Internet-Zeitalter gegeben. Mit dieser Initiative und den daraus entstandenen Unterrichts-Projekten ist auch an den Schulen in Nordrhein-Westfalen das Fundament für die Internet-

Zuerst wurden die Lehrer mit den neuen Möglichkeiten vertraut gemacht.
First the teachers were made familiar with the new possibilities offered by the internet.

Ära im Bildungswesen gelegt worden. Auf diesem Fundament gilt es weiter aufzubauen und die Online-Medien als leistungsstarkes Element einer zukunftsorientierten Bildung fest zu etablieren.

Dafür die weiteren Voraussetzungen zu schaffen, ist eine gesamtgesellschaftliche Aufgabe. Mit T@School hat sich die Deutsche Telekom dieser Aufgabe aktiv gestellt und in erheblichem Maße in das deutschen Bildungssystem investiert. T@School hat deutlich gemacht, welche Wirkung eine konsequente Public Private Partnership entfalten kann. T@School und das Projekt „e-nitiative.nrw – Netzwerk für Bildung" haben sich gegenseitig befruchtet und eine erhebliche Dynamik bei der Internet-Entwicklung in den Schulen in Nordrhein-Westfalen bewirkt. Das sollte auch für andere Unternehmen und Institutionen beispielgebend sein. Auch sie müssen bereit sein, salopp gesagt, das Fitnessprogramm für das Bildungssystem im 21. Jahrhundert kontinuierlich weiter voranzutreiben.

Konkret geht es dabei um zwei elementare Fragestellungen. Zum einen müssen Konzepte entwickelt werden, auf deren Basis der Einsatz des Internet in der Schule den größtmöglichem pädagogischen Nutzen erbringt. Diese Konzepte müssen in der Lehrerausbildung ebenso ihren Niederschlag finden, wie in der Gestaltung von Unterrichtsplänen und der Verzahnung von „klassischen" und digitalen Unterrichtsmedien. Klar ist: Die Integration der Möglichkeiten des Internet in die Unterrichtsabläufe und die Heranführung von Kindern und Jugendlichen an diese Möglichkeiten erfordert eine umfassende Neugestaltung des Bildungssystems. Es geht dabei nicht um partielle Anpassungen, sondern um grundsätzliche Konzeptionen für ein zukunftsorientiertes Bildungswesen.

Das Internet ist kein technisches Spielzeug – die Nutzung des World Wide Web zur Informationsbeschaffung und zum weltweiten Informationsaustausch ist eine Kulturtechnik, die in Zukunft nicht nur im beruflichen, sondern auch im privaten Leben eine immer größere

Rolle spielen wird. Die schulische Bildung muss den Umgang mit dieser Kulturtechnik vermitteln. Dies gelingt nur dann in einer erfolgversprechenden Weise, wenn das Bildungssystem ganz grundlegend an den Anforderungen der Informations- und Wissensgesellschaft ausgerichtet wird. Die punktuelle Anpassung einzelner Teilbereiche des Bildungswesens wird dazu nicht ausreichen. Kompetenz im Umgang mit dem Internet zu lehren, muss zu einem festen Bestandteil der schulischen, universitären und auch der beruflichen Bildung werden.

Die zweite zentrale Aufgabenstellung, die es neben der Neuausrichtung des Bildungssystems zu lösen gilt, ist es, in den Schulen die erforderliche Infrastruktur für die Nutzung des Unterrichts-Instruments Internet aufzubauen. Dabei geht es nicht allein um Finanzierung der notwendigen Investitionen. Die Verantwortlichen in den Kultusbereichen und auch in den Schulen stehen auch vor weitreichenden technischen Entscheidungen im Bezug auf die Informations- und Telekommunikationstechnik. Für diese Entscheidungen fehlt es in den Schulen vielfach am erforderlichen Know-how. Daher gilt es Lösungen zu entwickeln, wie den Schulen dauerhaft das technische Wissen zur Verfügung gestellt werden kann, um Fehlinvestitionen zu vermeiden und möglichst zukunftssichere technische Einrichtungen anzuschaffen.

Tragfähige Finanzierungskonzepte und Know-how-Transfer für den zielgerichteten Ausbau der informations- und kommunikationstechnischen Infrastruktur in den Schulen – auch diese beiden wesentlichen Punkte zeigen, dass die Herausforderungen für das Bildungssystem von morgen nur gesamtgesellschaftlich zu bewältigen sind. So dürfte es kaum möglich sein, die Finanzierungskonzepte für die Investitionen in Computer, in lokale Netzwerke für die Schulen und die Internetkommunikation allein aus den Etats der Bildungsministerien zu bestreiten. Erforderlich sind vielmehr innovative Finanzierungsmodelle, die auch die lokale und regionale Wirtschaft sowie Schulfördervereine und die sie tragenden Eltern mit einbinden. Bei der Diskussion über solche Finanzierungsmodelle muss deutlich darauf hingewiesen werden, dass es bei dem zu leistenden Einsatz um Investitionen in die Zukunft der Kinder und Jugendlichen geht.

Zwischen diesen Zukunftsinvestitionen und der Leistungskraft des Wirtschaftsstandortes Deutschland gibt es einen direkten Zusammenhang. Die Attraktivität eines Standortes für die Unternehmen wird schon heute auch an Faktoren wie der Qualität des Bildungsangebotes gemessen, das die Mitarbeiterinnen und Mitarbeiter für ihre Kinder vorfinden. Ein zukunftsorientiertes Bildungssystem zu schaffen, ist und bleibt damit für das Bundesland Nordrhein-Westfalen auch im Hinblick auf die Steigerung der Qualität des Wirtschaftsstandortes ganz zweifellos eine Daueraufgabe. Und ein zukunftsorientiertes Bildungssystem ist ohne die konsequente the development of the internet in the schools in North Rhine-Westphalia. This should be an example for other companies and institutions. They, too, must be prepared – to put it bluntly – to continue to speed up the fitness programme for the education system in the 21st century.

In practical terms it is a question of two elementary questions. On the one hand concepts must be developed in which the use of the internet in schools should be used in teaching as much as possible. These concepts must also be used in teacher training, such as the preparation of timetables and the intermingling of "classical" and digital teaching materials and equipment. One thing is certain: the integration of the opportunities provided by

Erwartungsvolle Lehrer und Schüler in Bielefeld.

Hopeful teachers and pupils in Bielefeld.

the internet and the introducing of children and teenagers to these opportunities requires a comprehensive re-structuring of the education system. It is a question here not of partial adjustments but fundamental concepts for a future-oriented education system.

The internet is no technical toy – the use of the World Wide Web to obtain information and for exchanging information world wide is cultural technology that will play an increasingly greater role, not only in our professional lives but also in our private lives. A school education must teach pupils how to use this cultural technology. This will succeed only in a promising way if the education system is directed fundamentally at the demands of the information and knowledge society. The selective adjustment of individual areas of the education system will not suffice. Teaching the competent use of the internet must become an integral part of school, university and professional education.

The second central task to be solved besides the redirection of the education system is building the necessary infrastructure for the use of the internet as a teaching instrument. Here it is not solely a question of financing the necessary investment. Those in the schools and in positions of power in education are being confronted by far-reaching decisions in respect of information and telecommunications technology. The schools lack the necessary know-how for taking these decisions, so it will be necessary to develop ways of making this technical knowledge available to the schools in order to avoid making the wrong investments and of acquiring technical equipment that is as "future-proof" a possible.

Feasible finance plans and know-how transfer for the purposeful expansion of the information and communications infrastructure in the schools – both these essential points show that the challenges for the education system of tomorrow can only be solved by society as a whole. So it would hardly be possible to finance the investment in computers, local networks for the schools and internet communication out of the budget of the Ministry of Education. Rather, it requires innovative financing models that include local and regional businesses as well as school committees and parents. In the debate on such financing models it must be made quite clear that, the required funds are to be used to invest in the future of children and young people.

There is a direct relationship between these investments in the future and the capacity of Germany as a business location. Today the attractiveness of a location for a company is already being determined by factors such as the quality of education for their children that employees find in the area. There is no doubt whatsoever that creating a future-oriented education system is and will remain for the State Government of North Rhine-Westphalia a long-term task in respect of the increase in the quality of the region as a place to do business. And a future-oriented education system is inconceivable without the consistent use of the internet as part of practical learning.

There may be as few reservations between school and the business sector as there will be an avoid-

Bielefeld.

Bielefeld.

Begeisterte Computer-Kids in Düsseldorf ...

Keen Computer-Kids in Düsseldorf ...

Nutzung des Internet als Element eines praxisnahen Lernens nicht denkbar.

Berührungsängste zwischen Schulen und Unternehmen darf es dabei ebenso wenig geben, wie ein Ausweichen vor der Diskussion, in welchem Umfang sich die Eltern an den Anschaffungskosten für Schulcomputer und Internet-Zugang beteiligen können. Der Weg in die Informations- und Wissensgesellschaft und die dynamische Entwicklung der Internetkommunikation stellen etablierte Strukturen zunehmend auf den Prüfstand. In einer Zeit, in der sich Strukturen und Prozesse in den Unternehmen und in vielen gesellschaftlichen Bereichen grundlegend verändern, müssen auch die Abläufe im Bildungsbereich auf den Prüfstand gestellt werden. Ein Bildungssystem, das die Menschen auf das Leben und Arbeiten in einer globalisierten Welt vorbereiten will, muss offen sein für Lösungen, die die Voraussetzungen für eine solche Vorbereitung schaffen.

Projekte wie T@School und die „e-nitiative.nrw" weisen den Weg. Das Internet und die weiteren Anwendungsmöglichkeiten der Telekommunikation werden zu selbstverständlichen Lernmitteln in allen Schulformen. Auf der Basis der immer leistungsfähigere Telekommunikation und des direkten Informationsaustausches wandeln sich die Unternehmen immer deutlicher zu virtuellen Organisationen, die sich jeweils entsprechend der aktuellen Anforderungen der Märkte neu strukturieren. Die Schulen werden eine ähnliche Entwicklung durchlaufen müssen. Auch hier müssen Internet und Telekommunikation genutzt werden, um die Bildungseinrichtungen für die Kinder und Jugendlichen zu einer Art Informations-Drehscheibe auszugestalten. Die Lehrerinnen und Lehrer treten dabei immer stärker in die Rolle von Moderatoren, die den Umgang mit den Informations-Instrumenten koordinieren und unterstützen. Aus meiner Sicht bietet diese Entwicklung nicht nur überaus faszinierende Perspektiven für innovative Pädagogen. Diese Entwicklung eröffnet auch die Chance, die Schulen noch sehr viel stärker als bislang bereits an einem zentralen Platz in der Gesellschaft, gewissermaßen „mitten im Leben" zu verankern.

Die Schulen in Nordrhein-Westfalen gehören ganz ohne Frage in Deutschland zu den Vorreitern bei der Internetkommunikation. Der erste Schritt hin zum Bildungssystem in der Informationsgesellschaft ist in diesem Bundesland getan. Die technische Infrastruktur für das selbständige Erarbeiten von neuem Wissen als Voraussetzung zum Erlernen lebenslangen Lernens in unserer Informationsgesellschaft ist in den Schulen Nordrhein-Westfalens vorhanden. Diesem Schritt müssen weitere folgen. Als Wissenschaft- und Wirtschaftsstandort von Weltgeltung und im Zentrum Europas hat Nordrhein-Westfalen alle Möglichkeiten, auch bei diesen nachfolgenden Schritten für das Bildungswesen von morgen das Tempo und die Richtung der Innovationen entscheidend mitzubestimmen. Alle Schulen in Nordrhein-Westfalen sind – nicht zuletzt dank der Deutschen

... und auch in Köln.

... and in Cologne as well.

Telekom und ihrer Initiative T@School – am Netz. Viele Schulen sind mit einem eigenen Internet-Auftritt auch bereits im Netz. Der Bildungsstandort Nordrhein-Westfalen ist erkennbar auf dem Weg in die Informations- und Wissensgesellschaft des 21. Jahrhunderts. ■

Beim Start der Aktion in Köln war auch das Interesse der Eltern sehr groß.

When the scheme started even parents were very interested.

ance of discussion as to the extent to which parents can share the costs of purchasing school computers and a hook-up to the internet. The way to the information and knowledge society and the dynamic development of internet communication is putting established structures and processes in companies and in many other areas of society to the test. An education system that seeks to prepare people for life and work in a globalised world must be open for solutions that create the requirements for such preparation. Projects such as T@School and the "e-nitiative.nrw" are showing the way. The internet and other possibilities of use for telecommunications are becoming obvious ways of learning in all forms of schools. Companies are turning more distinctly into virtual organisations on the basis of increasingly efficient telecommunications and the direct exchange of information, restructuring themselves as the current demands of the market require. Schools will have to submit to a similar development. Even here internet and telecommunications must be used in order to make educational institutions into a sort of information turntable for children and teenagers. Teachers are increasingly assuming the role of moderators, coordinating and supporting the use of information instruments. In my view this development offers not only exceedingly fascinating perspectives for innovative teachers, it is also opening up the opportunity to fix schools to a central place in society – to some extent „right in the middle of life – even more strongly than before.

There is no question that the schools in North Rhine-Westphalia are leaders in internet communication. The first step on the way to an education system in the information society in this State has been completed. The technical infrastructure for the independent processing of new knowledge as a prerequisite for the learning of life-long learning in our information society is available in schools in North Rhine-Westphalia. This work must continue. As a scientific and commercial location of international standard located in the centre of Europe, North Rhine-Westphalia has all the chances in the world of making a big contribution the speed and the direction of innovations, even in the ensuing steps for the education system of tomorrow. All the schools in North Rhine-Westphalia are – not least because of the Deutsche Telekom and its T@School scheme – connected to the internet. Many schools even have their own web-site. North Rhine-Westphalia as an education location is recognisably on the way to the knowledge and information society of the 21st century. ■

IT-Weiterbildung: NT+C mit neuem Servicekonzept

Continuing Education in Information Technology: NT+C's new Concept

NT+C
Network Training and Consulting GmbH

Geschäftsführer/Manager:
Bernd Breuer
Hugo Schröer

Gründungsjahr/Year of Foundation:
1999

Mitarbeiter/Employees:
55

Geschäftstätigkeit/Business Activity:
IT-Trainings in den Trainingszentren, Schulungsprojekte und maßgeschneiderte Trainings vor Ort, Training zu Persönlichkeitsentwicklung, Consulting

Anschrift/Address:
Network Training and Consulting GmbH
Helmut Mandl
Münchener Straße 9
D-85540 Haar
Telefon +49 (89) 46 14 66-60
E-Mail h.mandl@networktraining.de
Internet www.networktraining.de

Infos Teilnehmer/Info for course members:
Infoline +49 (180) 11 77 333
(Bundesweit zum Ortstarif)

Im Bereich der Informationstechnologie ist aktuelles Wissen wichtiger denn je. Dabei werden Weiterbildungspartner bevorzugt, die mit einem hohen Grad an Kompetenz und Qualität auf dem Markt auftreten. Genau hier setzt das Konzept der Network Training and Consulting (NT+C) an, die seit Februar 2002 mit insgesamt sieben Trainingszentren in Deutschland hochwertiges IT-Training und Consulting anbietet: Berlin, Hamburg, Köln, Frankfurt, Siegen, Stuttgart und München.

Die Teilnehmer können sich bei NT+C gezielt weiterbilden zu den aktuellen Themen rund um Netzwerktechnologien, IT-Security, Linux, Microsoft Windows XP/2000/NT, Software-Engineering sowie zu Themen der Persönlichkeitsentwicklung. Zahlreiche Trainings werden abends und am Wochenende durchgeführt.

Serviceorientierung ist für NT+C das A und O. Dabei legen die Mitarbeiter besonderen Wert auf die so genannten Wohlfühlfaktoren, angefangen bei der persönlichen Betreuung der Teilnehmer, über ergonomische Schulungsmöbel bis hin zur Raumgestaltung. Außerdem spiegelt sich das Interesse für den Kunden und Menschen auch in sozialen Aktionen wider: Jeder Teilnehmer an einem klassischen IT-Training erhält z. B. ein Jahreslos der Aktion Mensch.

Informationen über IT-Training, Services und Consulting-Dienstleistungen der NT+C sowie das aktuelle Kursprogramm erhalten Sie unter der Infoline +49 (180) 11 77 333 (Bundesweit zum Ortstarif) oder im Internet unter www.networktraining.de ■

In the field of information technology up-to-date knowledge is more important than ever. This is why the preferred organisations offering continuing education in this subject are those with a high degree of competence and quality. And this is where Network Training and Consulting's (NT+C) concept starts. They have been operating in Germany since February 2002 with a total of seven training centres, offering superior IT training and consulting in Hamburg, Berlin, Cologne, Frankfurt, Siegen, Stuttgart and Munich. For example at NT+C, course members can take part in specific courses in current topics such as network technologies, IT-Security, Linux, Microsoft Windows XP/2000/NT, Software-Engineering and personality development. Countless training sessions are offered in the evening and at the weekend.

Service is the essence of NT+C's business. Here the employees put particular emphasis on so-called "feel-good" factors, starting with personal care of course members, ergonomic classroom furniture to classroom design. The company's interest in its clients and people is reflected in soci-ally useful projects – for example every course member receives an annual subscription to a German lottery which contributes funds to organisations assisting handicapped people.

Information on NT+C's IT training, services and consulting as well as the latest courses can be obtained by calling the company's information telephone number +49 (180) 11 77 333 (Germany-wide for the price of a local call) or on the internet at: www.networktraining.de ■

Wiedererkannt werden und unverwechselbar sein

Being recognised again and irreplaceable

Kreatives Design für Kreative – Arbeitsräume der Agentur in Neuss.

Creative design for creative people. The agency's offices in Neuss.

Die inhabergeführte Agentur konzipiert alle Projekte in einem Netzwerk von Spezialisten und gewährleitstet so eine interdisziplinäre und medienübergreifende Umsetzung von Kommunikationsmaßnahmen.

Integriert kommunizieren, das heißt für net:x:

• **Werben**

Beratung, Kreation, Produktion und Produktionskontrolle, Mediaplanung, Effektivitätskontrolle und Marktrecherche.

• **Gestalten**

Corporate Design, Broschüren, Internet, Multimedia, Produktentwicklung, Messe und Directmailings.

• **Informieren**

Mitarbeiterzeitschriften, Geschäftsberichte, Veranstaltungen, Presse- und Öffentlichkeitsarbeit.

In folgenden Marktsegmenten verfügt die Agentur über besondere Erfahrungen:

• Medizin und Gesundheitswesen
• Dienstleistung und Handel
• Konsumgüter und Marken
• Kultur, Kommunen und Soziales. ■

The owner-managed agency plans all projects within a network of specialists, thereby guaranteeing an interdisciplinary and multimedia implementation of communication modes.

Integrated communications – for net:x that means:

• **advertising:**

advice, creation production and production control, media planning, efficiency control and market research.

• **implementation:**

corporate design, brochures, internet, multimedia, product-development, trade fairs and direct mailing.

• **information:**

employee newspapers, company reports, events, press and public relations.

The agency has special experience in the following market segments:

• medicine and health
• the services sector and commerce
• consumer goods and brands
• cultural affairs, local authorities and social affairs. ■

Sitz der Agentur in Neuss.

The agency's headoffice in Neuss.

[net:x]

net:x
Agentur für Kommunikation

Geschäftsführung/Managing:
Gründer und Gesellschafter sind
André Winkelheck, 35 Jahre,
Kommunikationsberater und
Marc Hillen, 31 Jahre,
Dipl. Kommunikationsdesigner
Founders and Shareholders:
André Winkelheck, 35, communications consultant; Marc Hillen, 31, graduate in Communications Design

Gründungsjahr/Year of Foundation: 1997

Mitarbeiter/Employees: 13

Umsatz/Turnover:
steigend/increasing

Geschäftstätigkeit/Business Activity:
Agentur für Kommunikation
Werbung, Corporate Design, Multimedia
Communications agency - advertising, corporate design, multimedia

Anschrift/Address:
net:x an der Ruhr
Zur Eisenhütte 2
D-46047 Oberhausen
Telefon +49 (208) 8 24 89-0
Telefax +49 (208) 8 24 89-99

net:x am Rhein
Drususallee 13
D-41460 Neuss
Telefon +49 (2131) 27 21-70
Telefax +49 (2131) 27 21-68

E-Mail info@net-x.de
Internet www.net-x.de

Sitz der Agentur in Oberhausen.

The agency's headoffice in Oberhausen.

RWE Systems

RWE Systems Immobilien Gruppe

Geschäftsführung/Management:
Gert Sielaff (Vorsitzender/Chairman)
Roland J. Stauber
Stefan Niehusmann

Gründungsjahr/Year of Foundation:
2000

Mitarbeiter/Employees:
ca./approx. 400

Geschäftstätigkeit/Business Activity:
Corporate Real Estate Management
und Grundstücksgeschäfte aller Art
Corporate Real Estate Management
and property deals of all descriptions

Anschrift/Address:
Altenessener Straße 35
D-45141 Essen
Telefon +49 (201) 12-2 92 10
Telefax +49 (201) 12-2 92 11
E-Mail real.estate@rwesystems.com
Internet www.rwe.com

Full-Service-Dienstleister der Immobilienwirtschaft

A Full-Service Company in the Property Business

Als Managementgesellschaft im RWE-Konzern reicht die Erfahrung der RWE Systems Immobilien Gruppe vom komplexen Industriebau bis zum Bau von Verwaltungsgebäuden und Wohnanlagen. Von Standort- und Projektentwicklungen, über Realisierung und Vermarktung bis zum Facility-Management. Die rund 400 Mitarbeiter der Gruppe arbeiten in unterschiedlichsten Disziplinen, um im Rahmen eines modernen Corporate Real Estate Managements alle Erfolgspotenziale ausschöpfen zu können. Gewachsene, partnerschaftliche Verbindungen des RWE-Konzerns zu öffentlichen Verwaltungen sowie zahlreiche Mitgliedschaften in Regionalverbänden oder Wirtschaftsförderungsgesellschaften ermöglichen eine schnelle und kooperative Abwicklung unserer Projekte.

Ob einzelne, bedarfsgerechte Dienstleistungen oder komplexe Managementaufgaben – die RWE Systems Immobilien Experten arbeiten vernetzt und mit System. Das macht sie zu einem der wenigen Full-Service-Dienstleister in der Immobilienwirtschaft.

Zahlreiche Areale stehen in NRW für die gewerbliche Nutzung zur Verfügung. So vermarktet die Gruppe mit dem Industriegebiet **econova** in Essen einen der derzeit größten industriellen Ansiedlungsbereiche des Ruhrgebiets. In der florierenden Region wird vor allem überregional tätigen Produktionsbetrieben und Handelsunternehmen, die auf das nationale und internationale Verkehrsnetz angewiesen sind, ein optimaler Standort angeboten. ■

As a management company in the RWE Group the experience of the RWE Systems Property Group extend from the construction of complex manufacturing plants to commercial buildings and residential properties and from property development projects, building and marketing to facility management. The approximately 400 employees work in disciplines of all sorts to be able to make use of all the potential for success in modern real estate management. Mature, partner-based links of the RWE Group to the authorities and countless memberships in regional associations or business promotion companies enable rapid and cooperative completion of our projects.

Whether individual, needs-based services or complex management tasks – experts from the RWE

Systems Property Group work systematically and as part of a network. This makes the company one of the few full service companies in the property sector. Countless properties in North Rhine-Westphalia are available for commercial and industrial use. With the **econova** industrial park in Essen the group is marketing one of the largest industrial areas in the Ruhr Valley. An ideal area is being offered to mostly national manufacturing companies and trading companies dependent on national and international transport routes in this flourishing region. ■

Innovationen in Spezialgraphit

SGL Carbon Group – Innovations in Graphite Specialties

Das Unternehmen ist einer der weltweit führenden Anbieter von Spezialgraphiten und der einzige, der alle Herstellungsverfahren beherrscht. Spezialgraphite sind einzigartige Werkstoffe, die heute unverzichtbar für wichtige Produktionsprozesse in einer Vielzahl von Industrien wie zum Beispiel bei der Herstellung von leistungsfähigen Computerchips sind. Das Werk Ringsdorff nimmt im Geschäftsfeld Spezialgraphit der weltweit agierenden SGL CARBON GROUP einen wichtigen Platz ein.

Halbleitertechnik

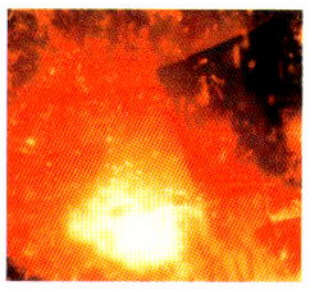

Metallurgie

Chemische Industrie

Energiewirtschaft

Umwelttechnik

Transportwesen

Maschinenbau

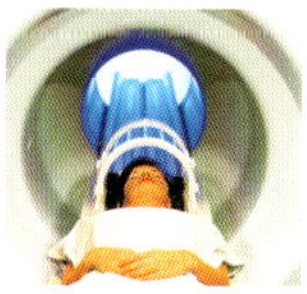

Medizin- und Labortechnik

Glas- und Keramikindustrie

Drei Linien gehören zum Geschäftsfeld Graphite Specialties von SGL CARBON:

- Industrielle Anwendungen
- Elektrische Kontakte
- Maschinenelemente

Jede Geschäftslinie hat Kompetenzzentren aufgebaut, die über spezifisches Know-how für definierte Anwendungsbereiche verfügen. Diese Struktur versetzt das Unternehmen in die Lage, auf die immer anspruchsvolleren Wünsche der Kunden einzugehen. Der permanente Daten- und Erfahrungsaustausch zwischen diesen Expertengruppen ermöglicht es, Trends zu erkennen und Innovationen schneller als andere umzusetzen.

Der international hohe Qualitätsstandard wird durch ein ISO-9000-zertifiziertes Qualitäts-Management-System aufrecht erhalten.

Die besondere Stärke von SGL CARBON liegt in der Programmierung der Werkstoffeigenschaften sowie in der Präzision der Bearbeitung, immer ausgerichtet auf die Anforderungen der Kunden. Um das Zusammenwirken mit den Kunden weiter zu optimieren, wird die globale Präsenz in Kundennähe weiter ausgebaut. ■

The company is one of the world's leading suppliers of Graphite Specialties and is the only company that has the capabilities of all production processes of these products. Graphite Specialties are unique materials, essential for important processes in many industries such as the production of high-performance computer chips. As part of the internationally active SGL CARBON GROUP the Ringsdorff factory occupies an important position in the business area of Graphite Specialties.

SGL CARBON's Graphite Specialties product group consists of three lines:

- industrial applications
- electrical contacts
- mechanical carbons

Each business line has built up competence centres that have specific know-how in defined areas of applications. This structure enables the company to accommodate the wishes of its increasingly demanding customers. The permanent exchange of information and experience makes it possible to recognise trends and to implement innovations more rapidly than other companies. The internationally high standard of quality is maintained by means of an ISO-9000-certified quality management system.
SGL Carbon's special strength lies in the programming of the properties of the materials and in the precision of machining, always in line with the wishes of its customers. In order to further improve cooperation with its customers the company's international presence is being further extended. ■

SGL CARBON GROUP

Vorsitzender des Aufsichtsrates/
Executive Chairman of the Supervisory Board:
Prof. Dr. rer. nat. Utz-Hellmuth Felcht

Vorstand/Executive Board:
Robert J. Koehler, Chairman of the Board
Theodore H. Breyer
Klaus Warning
Bruno Toniolo
Hariolf Kottmann

SGL CARBON GmbH
Werk Ringsdorff

Geschäftsführung/Management:
Wilhelm Hauf
Stefan Holzamer

Gründungsjahr/Year of Foundation:
1886 in Essen
seit 1910 Bonn

Mitarbeiter/Employees:
650

Umsatz/Turnover:
80 Mio. €

Geschäftstätigkeit/Business Activity:
Herstellung von Kohlenstoff- und Graphitprodukten
Production of carbon and graphite products

Anschrift/Address:
Drachenburgstraße 1
D-53170 Bonn
Telefon +49 (228) 841-0
Telefax +49 (228) 841-512
Internet www.sglcarbon.com

Schadstofffreier Dampfantrieb.
Zero-emission steam-power.

Good Citizens – Unternehmen werden zu Bürgern

Good Citizens – Companies become Citizens

Unternehmen initiieren Wissens-Netzwerke und handeln als Good Citizens verstärkt in der Region.

Menschen stehen im Mittelpunkt

Die Globalisierung hat die Regionen unbeabsichtigt ins Rampenlicht gestellt. Der Ort, die Sehnsucht des Menschen nach Verwurzelung, spielt eine überraschende und wichtige Rolle in der neuen Arbeitswelt[1]. Dies gilt für die Bürger einer Region, einer Stadt als auch in zunehmendem Maße für die ansässigen Unternehmen. Der Ortswunsch der Menschen richtet sich nach Lebensbedürfnissen. Die emotionale Verbundenheit zu ihm liegt keinesfalls in der Zugehörigkeit zu einem Technologie-Land begründet oder richtet sich nach dem Hightech-Standard der Region; vielmehr bilden emotionale Bezugspunkte das neue Benchmarking der Ortszugehörigkeit.

Corporate Citizenship

Diese emotionalen Bedingungen haben Folgen: Politische, wirtschaftliche und ethische Diskussionen werden derzeit über das bürgerschaftliche Engagement von Unternehmen geführt. Unternehmen möchten heute auf die Bedürfnisse der Lebensqualität der Menschen, das heißt auch ihrer Mitarbeiter und deren Umfeld, positiv einwirken. Dass dieses Engagement in übergreifender Weise von der Wirtschaft gefördert wird, dokumentiert zum Beispiel die Initiative „Freiheit und Verantwortung“ von BDA, BDI, DIHKK und ZDH und der „Wirtschaftswoche“. In diesem Zusammenhang diskutiert man Für und Wider der Weiterentwicklung der Sozialen Marktwirtschaft.

Während Städte sich auf diese Entwicklung einstellen, bilden sich neue Chancen für die Regionen und wächst das Interesse der Unternehmer. Der aus den USA übernommene Begriff „corporate citizenship“ (Unternehmensbürgerschaft) macht deutlich, dass es sich beim regionalen Engagement der Unternehmen nicht nur um vereinzelte Spenden handelt – wie in den vergangenen Sponsoringjahrzehnten – sondern um standortbezogene Zusammenarbeit. Viele kleine Unternehmen, aber vor allem der Mittelstand, engagieren sich seit langem ohnehin lokal bis regional. Für die oft noch im Familienbesitz befindlichen Mittelständler ist ihr Engagement für ihr regionales Umfeld

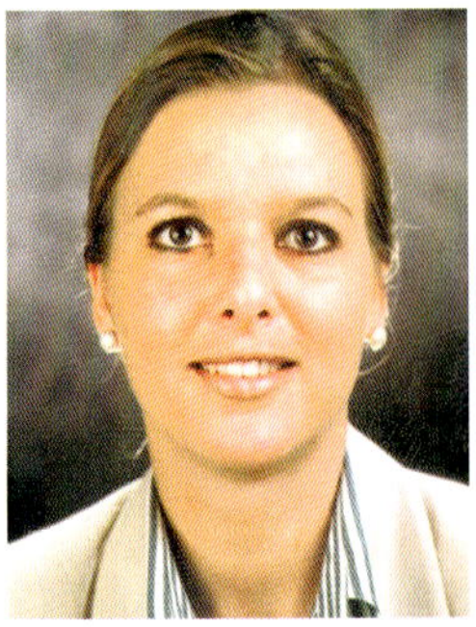

Evi Carola Ahrendt

Die 1971 geborene Autorin studierte Kunstgeschichte, Sprachwissenschaft und Neuere/Neueste Geschichte an der Albert-Ludwigs-Universität Freiburg i. Br. mit dem Abschluss als Kunsthistorikerin, M. A. Anschließend war sie beim Vitra Design Museum in Weil am Rhein Ausstellungskuratorin und Projektleiterin von länderübergreifenden Designworkshops.
Seit 1998 ist sie für KPMG tätig, seit zwei Jahren in der Essener Niederlassung für die Bereiche corporate citizenship, Key Account sowie Knowledge Management.

The author, who was born in 1971, studied Art History, Linguistics and Modern/Contemporary History at the University of Freiburg im Breisgau, where she graduated with an MA majoring in Art History. She then worked as Exhibitions Curator and Project Leader of interstate design workshops at the Vitra Design Museum in Weil am Rhein.
She has been with KPMG since 1998, where she has been working in the areas of Corporate Citizenship, Key Accounts and Knowledge Management.

Stiftung museum kunst palast und Neubau der e.on Hauptverwaltung von Oswald Matthias Ungers. Projekt: e.on und Stadt Düsseldorf.

Trust Museum art palace and new e.on headquarters (a German energy conglomerate) by Oswald Matthias Ungers. Project: e.on and the City of Düsseldorf.

Künstler Karl-Heinz Mauermann erläutert sein Konzept „Aquarium" KPMG-Mitarbeitern. Projekt: corporate citizenship ART 1, KPMG/Kunsthaus Essen.

Artist Karl-Heinz Mauermann explains his concept "Aquarium" to KPMG employees. Project: corporate citizenship ART 1, KPMG/Kunsthaus Essen.

Local business is establishing knowledge networks and is acting more and more as a good citizen in the region.

An Emphasis on People

Globalisation has unintentionally put the regions in the limelight. The place, the peoples longing for rootedness ‚plays a surprising and important role in the new working world[1]. This applies as much to the inhabitants of a region or a city as much as it does increasingly for the companies based there. What the peoples' want for an area is determined by their needs. The emotional relationship to it is in no way based on the membership of a technology land or is determined by the high-tech standard of the region. Rather, affiliation with the local area is determined by emotional relationships.

Corporate Citizenship

These emotional conditions have consequences – at the moment people are having political, economic and ethical discussions about civic involvement of local business. Local business wants to have a positive effect on the needs of peoples' quality of life, including that of its employees and their environment. The fact that this involvement is being also supported by the commercial sector, is documented by the "Freedom and Responsibility" Scheme, which is supported by the German Employers' Association, the German Industry Association, the German Association of Chambers of Industry and Commerce, the German Trades Chambers Association and the German business weekly "Wirtschaftswoche". In this context people are debating the pro's and con's of the further development of the social market economy.

While cities are adjusting to this development, new opportunities are arising for the regions and the interest of the commercial sector is growing. The concept "corporate citizenship", imported form the USA, makes clear that regional involvement doesn't just mean occasional donations – as in the past decades of sponsoring – but local co-operation. Lots of small companies, but especially the middle-sized ones, have been getting involved at local and regional level for a long time. For these middle-sized companies, often family-owned, their involvement in regional affairs goes without saying. A good example is the Deichmann company. Apart from its international involvement in charitable causes, this well-known shoe retail chain also assists the homeless in the city of Essen. The middle-sized publishing company Sutter is active in the area of corporate citizenship. Christian Sutter's involvement in shaping cooperation, creating jobs and the unusual artist's workshop Bursary "Kunstkäfig" ("art cage") on the company premises was awarded Germany's Bundesverdienstkreuz (Federal Cross for Service) at the end of June 2001.

War for Talents

The competition for talented employees is changing corporate culture. Through slogans like "War for Talents" it is becoming clear that an intense competition between individual companies for highly-qualified employees is now going on. The employees now decide which job to take on the basis, not just of pay but also as to a company's

Die internationale Kongress-Messe „E-world of energy" in Essen wurde unter Mitwirkung ansässiger Konzerne ins Leben gerufen.

The international Congress and Trade Exhibition "E-world of energy" in Essen was brought to life by local companies.

Carnival
der Kulturen

PowerSchool-Projekt der RWE Plus AG, RWE Powerline GmbH, umgesetzt an der Maria-Wächtler-Schule in Essen.

The first PowerSchool-Projects are being put into practice in NRW. Project: Maria-Wächtler-Schule in Essen, RWE Plus AG, RWE Powerline GmbH.

ployees on subjects that closely concern them. The multi-cultural festival "Carnival of Cultures", which is held in Essen as well as other European cities, makes clear how closely related the concerns of cities, schools, universities, churches and companies are. It is a question of how people of different cultures can live together in the same region, a city or a company, and it is a question of recognising and using this potential.

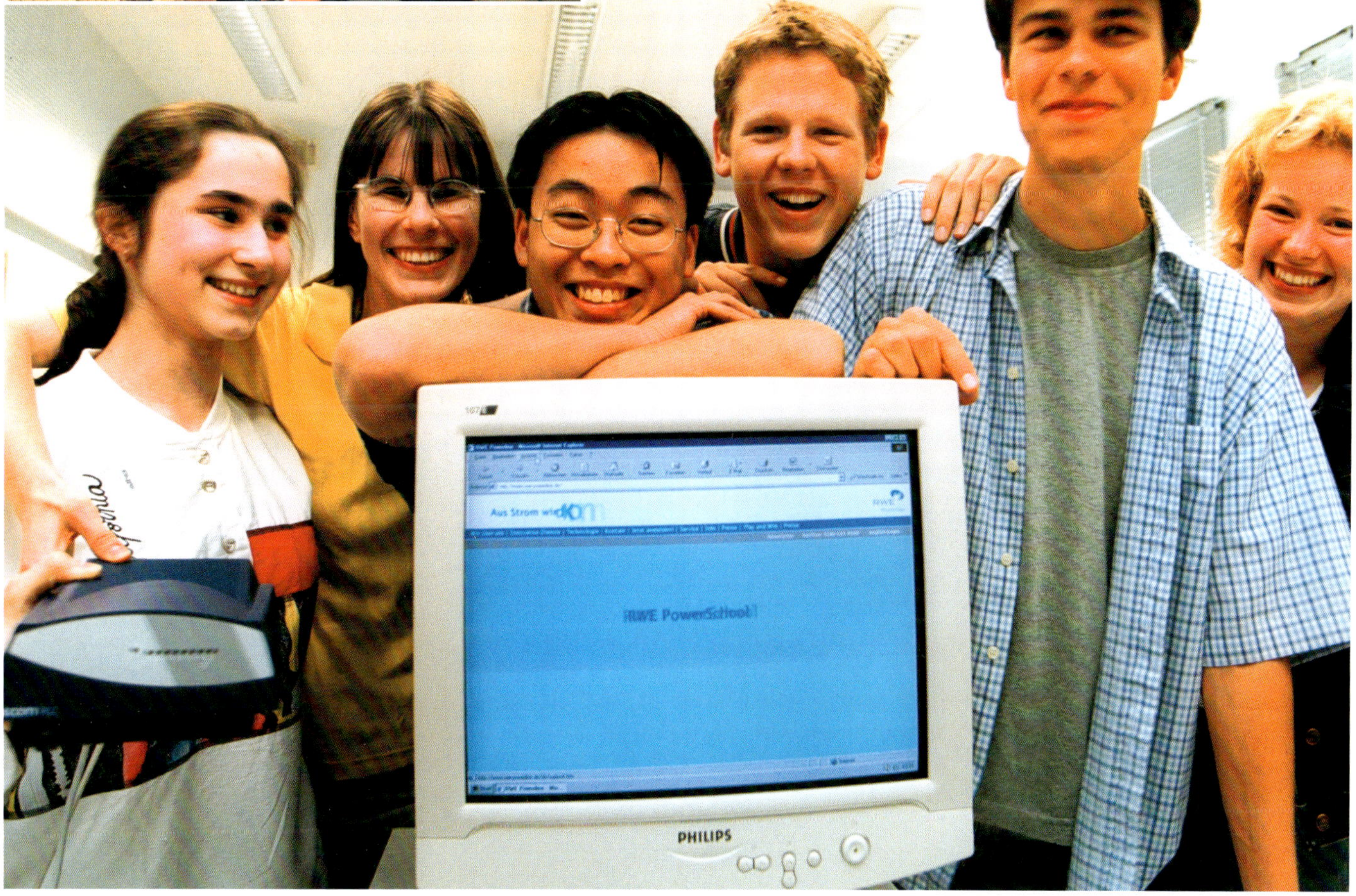

flexibility and are now voicing demands concerning personal needs and the quality of each location more loudly. The "High Potentials" no longer appear to react to purely the quantitative factors of each location. Today "soft" location factors, which for years were at the bottom of companies' list of priorities, decide to which a talented employee feels drawn.

Multikulturelles Stadtfest mit Umzug „Carnival der Kulturen" in Essen; Projekt Ethno Art Ruhr mit Unterstützung von RWE, Sparkasse, Coca Cola, GFKL und WAZ Mediengruppe u. a.

A multicultural city festival with a "Carnival of Cultures" parade in Essen; Project Ethno Art Ruhr with the support of RWE, Sparkasse (Savings Bank), Coca Cola, GFKL and the WAZ Media Group with a PowerSchool-Project by RWE Plus AG, RWE Powerline GmbH.

Acting Credibly

The age of the knowledge and service economy is on a search for identification. Company communication no longer refers to products but to their talented creators and the "how", i. e. how they are made, as well as their origin. Companies in North Rhine-Westphalia (NRW) are seizing this chance. Many people are demanding a discussion by em-

Although in the area of education the relation between society and business seems to be direct, things were got going only in the last few years. Schemes such as School and Business, "Schools on the Net" and "The Ruhr Valley Alliance for Learning" have started countless projects that today are models. Even here people are learning that a sponsored PC in a classroom is not enough if the carpet is worn out, if there are no curtains to darken the room for films or if there are no suitable desks. Concrete projects have the decided advantage that realities are perceived and that for this reason, communities of interest develop where things happen spontaneously. Here the much-quoted

Erste PowerSchool-Projekte werden in NRW realisiert. Projekt: Maria-Wächtler-Schule in Essen, RWE Plus AG, RWE Powerline GmbH.

The first PowerSchool-Projects are being put into practice in NRW. Project: Maria-Wächtler-Schule in Essen, RWE Plus AG, RWE Powerline GmbH.

selbstverständlich. Ein gutes Beispiel ist die Firma Deichmann; der bekannte Schuheinzelhändler unterstützt neben seinem internationalen, karitativen Engagement auch die Hilfe für Obdachlose in Essen. Die mittelständische Verlagsgruppe Sutter agiert im Sinne des corporate citizenship: Das Engagement von Christian Sutter mit der Gestaltung erfolgreicher Kooperationen, die Schaffung von Arbeitsplätzen und das außergewöhnliche Atelierstipendium „Kunstkäfig" auf dem Firmengelände wurde Ende Juni 2001 mit dem Bundesverdienstkreuz honoriert.

War for Talents

Der Wettbewerb um talentierte Mitarbeiter verändert die Firmenkulturen. Durch Schlagwörter wie „War for Talents" wird deutlich, dass um die hoch qualifizierten Mitarbeiter inzwischen ein intensiver Wettbewerb der Unternehmen herrscht. Diese entscheiden sich heute bei der Arbeitsplatzwahl neben dem Gehalt auch nach der Flexibilität eines Unternehmens und lassen zudem Forderungen nach Lebensbedürfnissen und Standortqualitäten lauter werden. Auf rein quantitative Kennzahlen eines Standorts scheinen die „High Potentials" nicht mehr zu reagieren. Heute entscheiden weiche Standortfaktoren, die jahrelang unverändert die unteren Plätze auf der Prioritätenliste der Unternehmen belegten, wo ein talentierter Mitarbeiter sich hingezogen fühlt.

Glaubwürdig handeln

Das Wissens- und Dienstleistungszeitalter ist auf der Suche nach Identifikationen. Die Unternehmenskommunikation verweist nicht mehr auf Produkte, sondern auf deren kreative Schöpfer und das „Wie" bzw. den Entstehungsprozess. Unternehmen in NRW ergreifen diese Chance. Viele fördern eine Auseinandersetzung von Mitarbeitern mit den Themen im unmittelbaren Umfeld, was durchaus zu transferierende Sujets der Unternehmen sind. Das multikulturelle Festival „Carnival der Kulturen", das neben europäischen Großstädten auch in Essen durchgeführt wird, macht deutlich, wie dicht die Anliegen der Stadt, der Schulen, Universitäten, Kirchen und Unternehmen beieinander liegen: Es geht um das Zusammenleben verschiedener Kulturen in einer Region, in einer Stadt, in einem Unternehmen und auch darum, dieses Potenzial zu erkennen und zu erschließen.

Obwohl im Bereich der Bildung der Bezug zwischen Gesellschaft und Wirtschaft unmittelbar erscheint, wurde erst in den letzten Jahren gehandelt: Initiativen wie Schule & Wirtschaft, „Schulen ans Netz" und „Lernallianz Ruhr" haben zahlreiche Projekte ins Leben gerufen, die heute Modellcharakter aufweisen. Auch hierbei wird gelernt, dass es mit einem gesponserten PC im Klassenzimmer nicht getan ist, wenn die Tapete marode, Vorhänge an den Fenstern zur Verdunkelung fehlen und keine geeigneten Arbeitstische vorhanden sind. Konkrete Projekte haben den entscheidenden Vorteil, dass Realitäten wahrgenommen werden und sich deshalb schneller Interessengemeinschaften finden, in denen spontan gehandelt wird. Hier kommen die viel zitierten Dienstleistungen zum Einsatz: der eine, der Computer installiert, der nächste, der beratend tätig ist, der dritte, der Lehrerfortbildungen durchführt und die Firma, die Farbe spendet. Die Rückkehr zu den Urformen des Gemeinsinns.

Public Private Partnership

Hinter dem Konzept der Public Private Partnership steht die Zusammenarbeit privater und öffentlicher Organisationen im beiderseitigen Interesse und am Gemeinwohl orientiert. In den USA spielen Public Private Partnerships bereits seit langem eine unverzichtbare Rolle. Auch in

Die neue Folkwangbrücke verbindet Orte der Kultur in Essen: Projekt Land Nordrhein-Westfalen, Stadt Essen, Steag AG.

The new Folkwang bridge connects various cultural locations in Essen: Project Land Nordrhein-Westfalen, City of Essen, Steag AG.

Deutschland bilden sich angesichts der Finanzknappheit öffentlicher Haushalte neue Formen der Zusammenarbeit von Kultur, Wissenschaft und Wirtschaft heraus. Allen Anfeindungen zum Trotz, birgt diese oft kritisch gesehene gesellschaftliche Einflussnahme von Unternehmen zahlreiche Möglichkeiten. Das Engagement der Unternehmen in NRW hat bewiesen, was durch partnerschaftliche Kooperation mit Kultur-, Umwelt- und sozialen Einrichtungen bewegt werden kann.

Edutainment: Meteorit von André Heller in Essen. Projekt RWE AG.

Edutainment: A meteorite by André Heller in Essen. Project RWE AG.

Netzwerke erhöhen Kompetenz

Was die Entwicklung hin zu corporate citizenship für das bevölkerungsreichste Bundesland NRW mit seinen 30 Großstädten[2], dessen Unternehmensranking sich wie die Geschichte deutscher Wirtschaft liest, bedeuten kann, lässt sich an der Bildung von erfolgreichen formellen wie informellen Netzwerken ablesen.

Betrachtet man die Anzahl von 600 Museen, 150 Theatern, 53 Universitäten, 500.000 Studenten, 69 Technologiezentren und 21 Forschungsinstituten, ist dies ein außergewöhnliches Potenzial für Netzwerke im Sinne von corporate citizenship. Um komplexe Projekte kompetent zu realisieren, schlossen sich zum Beispiel in Essen zahlreiche Unternehmen zur Interessengemeinschaft Essener Wirtschaft zusammen und arbeiten zusammen mit der Stadt an der Umsetzung von Maßnahmen in den Profilfeldern Bildung, Kultur, Design, Wellness, Energie, Umwelt u. a.

Kunst im Büro: „Glaskörper" von Gerda Schlembach. Projekt: corporate citizenship ART 1, KPMG/Kunsthaus Essen.

Art in the office: "Glass body" by Gerda Schlembach. Project: corporate citizenship ART 1, KPMG/Kunsthaus Essen.

Einen anderen Weg hat das Unternehmen Henkel beschritten: Kulturelle oder karitative Initiativen und Vereine, in denen Henkel-Mitarbeiter aktiv sind, werden – neben klassischen Sachspenden – auch durch fachliches Know-how unterstützt. Henkels „Mach-Mit-Team" erstellte darüber hinaus eine interne Datenbank, in der sich alle Beschäftigten über die bürgerschaftlichen Aktivitäten ihrer Kollegen informieren können. Das Prinzip der „Hilfe zur Selbsthilfe" ist die richtungweisende Grundlage.

Hoch im Kurs: Regionales Sponsoring

„Mobile Arbeitsnomaden prägen die Arbeitswelt der Zukunft, und diese Klientel bevorzugt Standorte mit intakter Natur und gelungener Regionalität"[3], schrieb Zukunftsforscher Mathias Horx im vergangenen Jahr. Die Frage, „warum sollten wir den einstellen?", heißt heute vielmehr, „warum sollte ich mich mit denen zusammentun?"[4] Dies hat zur Konsequenz, dass die Komplexität der Gesellschaft wahrgenommen und dass Kooperationen zwischen gesellschaftlichen Bereichen gefordert und gefördert werden.

Regionalsponsoren sind beliebt und in hohem Maße akzeptiert. Ob bei Stadtfesten, im Sportverein, bei Theateraufführungen, Kunstausstellungen oder öffentlichen Parties. Die Mehrheit der Bevölkerung in Deutschland steht dem Sponsoring vor ihrer Haustür positiv gegenüber. Zu diesem Ergebnis kommt eine repräsentative Verbraucherumfrage des Hamburger Marktforschungsinstituts Ipsos Deutschland unter 1.000 Bundesbürgern ab 14 Jahren, die in Zusammenarbeit mit der ESB – Europäische Sponsoring-Börse – im April vergangenen Jahres durchgeführt wurde.[5] ■

1 Vgl. Sennett, Richard; Der flexible Mensch. Die Kultur des neuen Kapitalismus; Berlin 1998.
2 Gesellschaft für Wirtschaftsförderung Nordrhein-Westfalen mbH (GfW).
3 Horx, Matthias; Die acht Sphären der Zukunft. Ein Wegweiser in die Kultur des 21. Jahrhunderts; Wien/Hamburg 2000.
4 Vgl. Fast Company, 11/1998 und Horx, Matthias; Die acht Sphären der Zukunft, 2000.
5 Weitere Informationen im Internet unter: www.esb-online.com

services are put into use - someone installs a computer, someone else provides advice, and someone else again provides continuing education courses for teachers, and the firm that donates paint. This is the return to the original form of a sense of solidarity.

A Public Private Partnership

Behind the concept of the public private partnership is the cooperation of private and public organisations working in their mutual interest and oriented to the public good. In the USA public private partnerships have played an essential role for a long time. Even in Germany new forms of cooperation have been forming in the areas of culture, science and commerce in spite of tight public budgets. In spite of all the animosity this often critically regarded social influence of companies conceals countless opportunities. The involvement of companies in NRW has proved what can be brought about through cooperation with cultural, environmental and social institutions.

Networks Increase Competence.

What the development towards corporate citizenship may mean for NRW as the most heavily-populated State in Germany, with its 30 metropolis, whose company ranking reads like the history of the German economy, can be seen in the formation of successful formal and informal networks. If one looks at the number of 600 museums, 150 theatres, 53 universities, 500,000 students, 69 technology centres and 21 research institutes, this is an extraordinary potential for networks in the sense of corporate citizenship. In order to implement complex projects, for example, a group of companies got together and formed the Essen Businessmens' Interest Group and are working together to implement measures in the professional areas of education, culture, design, "wellness", energy, the environment and other matters. The Henkel company has chosen another route: Cultural or charitable schemes and clubs in which Henkel employees are active, receive assistance in the form of practical know-how as well as classical donations. Henkel's "Join In" team also produced an internal data base in which all employees can find out what those colleagues who are members of associations, are doing. The principle of "helping others to help themselves" sets the tone.

Very Popular: Regional Sponsoring

"Mobile working nomads will distinguish the working world of the future and this clientele

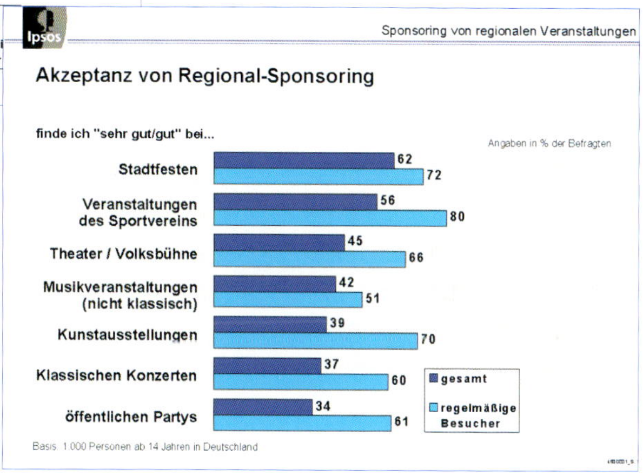

prefers locations with an intact natural environment and successful regionality"[5], wrote future researcher Mathias Horx last year. The question "why should we employ him?" is nowadays "Why should I work with them?"[4] The consequence of this is that the complexity of society is perceived and that cooperation between areas of society are being called on to play their part and are receiving support.

Regional sponsors are popular and enjoy a large degree of acceptance. Whether in town festivals, sports clubs, theatre performances, art exhibitions or public parties, the majority of Germans support sponsoring on their doorsteps. This was the result of a representative consumer survey of 1,000 Germans aged from 14 years or more by the Hamburg market research institute Ipsos Deutschland. The survey was carried out in cooperation with the ESB - European Sponsoring Exchange - in April 2001. ■

[1] C. f. Originally published as "The Corrision of Character: The Personal Consequences of Work in the New Capitalism".
[2] The North Rhine-Westphalia Business Promotion Society mbH.
[3] Horx, Matthias; Die acht Sphären der Zukunft. Ein Wegweiser in die Kultur des 21. Jahrhunderts; Vienna/Hamburg 2000.
[4] C. f. Fast Company, 11/1998 and Horx, Matthias; Die acht Sphären der Zukunft, 2000.
[5] For more information, see the internet site: www.esb-online.com

Bitech AG
An der Schusterinsel 15
D-51379 Leverkusen
Telefon +49 (2171) 72 30-0
Telefax +49 (2171) 72 30-72
Internet www.bitech.de S. 120

C. D. Wälzholz Unternehmensgruppe
Feldmühlenstraße 55
D-58093 Hagen
Telefon +49 (2331) 964-0
Telefax +49 (2331) 964-301
Internet www.cdw.de S. 84

Der Grüne Punkt –
Duales System Deutschland AG
Frankfurter Straße 720–726
D-51145 Köln (Porz-Eil)
Telefon +49 (2203) 937-0
Telefax +49 (2203) 937-190
Internet www.gruener-punkt.de S. 34

DHPG Dr. Harzem & Partner
Godesberger Allee 125-127
D-53175 Bonn
Telefon +49 (228) 81 00 0-0
Telefax +49 (228) 81 00 0-20
Internet www.dhpg.de S. 110

EDS
Regionalcenter Ruhrgebiet
Semerteichstraße 50
D-44141 Dortmund
Telefon +49 (231) 944-0
Telafax +49 (231) 944-1023
Internet www.eds.com S. 109

Energie Nordrhein Westfalen GmbH
Werdener Straße 4
D-40227 Düsseldorf
Telefon +49 (211) 600 68 40
Fax +49 (211) 600 68 61
Internet www.enrw-gmbh.de S. 76

Gebra Unternehmensgruppe
Schloss-Rahe-Straße 3
D-52072 Aachen
Telefon +49 (241) 120 24
Telafax +49 (241) 120 26
Internet www.gebra-aachen.de S. 46

Häfen und Güterverkehr Köln AG
Bayenstraße 2
D-50678 Köln
Telefon +49 (221) 390 0
Telefax +49 (221) 390 13 43
Internet www.hgk.de S. 64

Heinrich-Heine-Universität
Universitätsstraße 1
D-40225 Düsseldorf
Telefon +49 (211) 81 13 26 5
Telafax +49 (211) 81 12 42 2
Internet www.uni-duesseldorf.de S. 92

König-Brauerei GmbH & Co. KG
Friedrich-Ebert-Straße 255–263
D-47139 Duisburg
Telefon +49 (2 03) 45 5-0
Telefax +49 (2 03) 45 5-25 15
Internet www.koenig.de S. 103

KPMG
Am Bonneshof 35
D-40474 Düsseldorf
Telefon +49 (211) 475-7000
Telefax +49 (211) 475-6000
Internet www.kpmg.de S. 23

MPA NRW
Materialprüfungsamt Nordrhein-Westfalen
Marsbruchstraße 186
D-44287 Dortmund
Telefon +49 (231) 45 02-0
Telefax +49 (231) 45 85 49
Internet www.mpanrw.de S. 22

META-Regalbau GmbH & Co.KG
Eichenkamp
D-59759 Arnsberg
Telefon +49 (29 32) 9 57-0
Telefax +49 (29 32) 9 57-202
Internet www.meta-online.de S. 75

MEURO Maschinen GmbH & Co
Vertriebs KG
Prinz-Regent-Straße 44
D-44795 Bochum
Telefon +49 (234) 7 30 96
Telefax +49 (234) 9 77 28 44
Internet www.meuro.de S. 53

Mitsubishi Electric Europe B. V.
Niederlassung Deutschland
Gothaer Straße 8
D-40880 Ratingen
Telefon +49 (2102) 4 86-0
Telefax +49 (2102) 4 86-1120
Internet www.mitsubishi-electric.de S. 94

Network Training and Consulting GmbH
Münchener Straße 9
D-85540 Haar
Telefon +49 (89) 46 14 66-12
Internet www.networktraining.de S. 130

net:x
Agentur für Kommunikation
Zur Eisenhütte 2
D-46047 Oberhausen
Telefon +49 (208) 8 24 89-0
Telefax +49 (208) 8 24 89-99
Internet www.net-x.de S. 131

Nikon GmbH
Tiefenbroicher Weg 25
D-40472 Düsseldorf
Telefon +49 (211) 94 14-0
Telefax +49 (211) 94 14-311
Internet www.nikon.de S. 108

Privatbrauerei Jacob Stauder GmbH & Co.
Stauderstraße 88
D-45326 Essen
Telefon +49 (201) 36 16-0
Telefax +49 (201) 36 16-133
Internet www.stauder.de S. 102

Provinzial
Die Versicherung der Sparkassen
Provinzialplatz 1
D-40591 Düsseldorf
Telefon +49 (211) 9 78-0
Telefax +49 (211) 9 78 17 00
Internet www.provinzial.com S. 118

RAG Aktiengesellschaft
Rellinghauser Straße 1-11
D-45128 Essen
Telefon +49 (201) 177-01
Telefax +49 (201) 177-3475
Internet www.rag.de S. 62

RAG Immobilien AG
Rellinghauser Straße 7
D-45128 Essen
Telefon +49 (201) 17 70 6
Telefax +49 (201) 17 74 12 8
Internet www.rag-immobilien.de S. 74

RWE Systems Immobilien Gruppe
Altenessener Straße 35
D-45141 Essen
Telefon +49 (201) 12-2 92 10
Telefax +49 (201) 12-2 92 11
Internet www.rwe.com S. 132

RWW Rheinisch-Westfälische
Wasserwerksgesellschaft mbH
Am Schloss Broich 1-3
D-45479 Mülheim an der Ruhr
Telefon +49 (208) 44 33-1
Telefax +49 (208) 44 33-233
Internet www.rww.de S. 32

SGL CARBON GmbH
Drachenburgstraße 1
D-53170 Bonn
Telefon +49 (228) 841-0
Telefax +49 (228) 841-512
Internet www.sglcarbon.com S. 133

SIG Combibloc GmbH & Co. KG
Rurstraße 58
D-52441 Linnich
Telefon +49 (2462) 79-0
Telefax +49 (2462) 79-2519
Internet www.sigcombibloc.com S. 33

Trienekens AG
Greefsallee 1-5
D-41747 Viersen
Telefon +49 (2162) 376-0
Telefax +49 (2162) 154 67
Internet www.trienekens.de S. 121

TSTG Thyssen Schienen Technik GmbH
Kaiser-Wilhelm-Straße 100
D-47166 Duisburg
Telefon +49 (203) 5 22 46-93
Telefax +49 (203) 5 22 46-94
Internet www.tstg.de S. 65

WEPA Papierfabrik
P. Krengel GmbH & Co.KG
Rönkhauser Straße 26
D-59757 Arnsberg
Telefon +49 (2932) 307-0
Telafax +49 (2932) 307-179
Internet www.wepa.de S. 52

ZAGREB-MONTAZA GmbH
Börnestraße 7
D-40211 Düsseldorf
Telefon +49 (211) 1 72 04-0
Telefax +49 (211) 1 72 04-21
Internet www.zagreb-montaza.com S. 65

Wirtschaftsstandort Nordrhein-Westfalen
Business Location North Rhine-Westphalia

Verlag/Publishing House	EUROPÄISCHER WIRTSCHAFTS VERLAG GmbH Ein Unternehmen der MEDIEN GRUPPE KIRK HOLDING AG Groß-Gerauer Weg 1 in D-64295 Darmstadt Telefon (06151) 17 70-0 Telefax (06151) 17 70-10 LeoPro (06151) 17 70-48 E-mail ewv@medien-gruppe.com Homepage www.medien-gruppe.com
Internet	www.ebn24.com
Herausgeber/Publisher	Christian Kirk © in Zusammenarbeit mit dem Land Nordrhein-Westfalen
Realisation	Dieses Projekt wurde realisiert unter Mitarbeit der Autoren Wolfgang Clement, Ernst Schwanhold, Jörg Bickenbach, Petra Wassner, Heinz Lison, Hans Joachim Peters, Karlheinz Wismer, Gabriele Behler, S. E. Issei Nomura, Dr. Michael Vesper, Hartmut Mehdorn, Dr. Gabriela S. Jaworek, Dr. Ron Sommer, Evi Carola Ahrendt M. A, Christiana Weber M. A. (Schlussredaktion) sowie in der Organisation Doris Böttner, Wolfgang Imhof, Jürgen Scheffel, Christopher Zulauf, Immacolata Rametti, Julia Schmitt und Monika Burger
Gesamtherstellung/Collect-run Production	MEDIA TEAM Gesellschaft für Kommunikation mbH
Chefredaktion/Editor-in-Chief	Heinz-Dieter Krage
Grafik & Satz/Graphics & Typesetting	Walter Keller, Steffi Sauermann-Schliebs, Christiane Schimmel, Daniela Kraft, Eva-Maria Prinz, Kirsten Ruths, Tobias Schulze
Verantwortliche Übersetzer/Responsible for translation	Robert McMurray
Bildnachweis/Picture credits	DB AG/Bedeschinski, Koch, Mann, Matthias Leupold; Deutsche Telekom AG, Zentrales Competence Center Multimedia Münster, Deutsche Telekom AG, Pressestelle/Fotoredaktion, Bonn, Die Fotografen Sommer & Beez, Düsseldorf, Holger Gerdes/Landespresse- und Informationsamt NRW, Flughafen Düsseldorf GmbH, Museum Kunst Palast, MPA-NRW Pressestelle, Photo Schmidt, Mühlheim a. d. Ruhr, Wiese 12/1998, A. van Treek 10/2000, Dohmen 5/1998, Ulrich Bouke, Stadtmarketing Bocholt, Michael Sondermann, Presseamt der Bundesstadt Bonn, Daniel Sumesguter, Peter Wieler, Diethelm Sauerland, Barbara Lübbehusen, RAG Aktiengesellschaft, Flughafen Köln/Bonn GmbH, Shell Foto, Bayer AG, RTL Media, Dagmar Knebel-Moersdorf, Max-Planck-Institute for Neurological Research
EBV, Computer to Plate	digitaltype GmbH, Darmstadt
Druck/Printers	ZECHNER® Datenservice und Druck
Papier/Paper	Classen-Papier GmbH, Darmstadt. Papiersorte: Volley®Silk matt, 135 gr/m²
Vervielfältigung & Nachdruck/ Reproduction & reprints	Alle Rechte vorbehalten. Kein Teil dieses Buches darf ohne schriftliche Genehmigung des Verlages vervielfältigt oder verarbeitet werden. Unter dieses Verbot fällt insbesondere die gewerbliche Vervielfältigung per Kopie, die Aufnahme ins Internet bzw. andere elektronische Datenbanken und die Vervielfältigung auf CD. Verstöße werden rechtlich verfolgt. Redaktionsschluss: 15. März 2002
ISBN	3-932845-80-3, Ausgabe 2002/2002